L'ALBUM RUSSE

Dans sa version originale anglaise,
L'Album russe a reçu le prix du
Gouverneur général en 1988.

Michael Ignatieff

L'ALBUM RUSSE
traduit de l'anglais
par Gérard Boulad

Boréal

Conception graphique: Gianni Caccia
Illustration de la couverture: Shui-Bo Wang

Cet ouvrage a été publié pour la première fois
en Angleterre par Chatto & Windus, 1987.

© Les Éditions Payot, pour tous les pays francophones.

© Les Éditions du Boréal
Dépôt légal: 4ᵉ trimestre 1990
Bibliothèque nationale du Québec

Diffusion au Canada: Dimedia

Données de catalogage avant publication (Canada)

Ignatieff, Michael
L'album russe
Traduction de: The Russian album.
ISBN 2-89052-347-0
1. Ignatieff (Famille). 2. Ignatieff, Michael — Famille
3. Biélorussie — Biographies.
4. U.R.S.S. — Biographies. I. Titre.
CT1217.I3813814 1990   947'.65   C90-096453-7

Pour Théo et son grand-père.

ARBRE GÉNÉALOGIQUE DES FAMILLES IGNATIEFF ET MESTCHERSKY

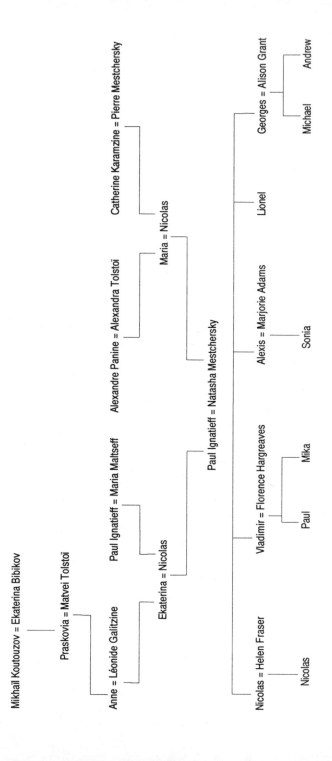

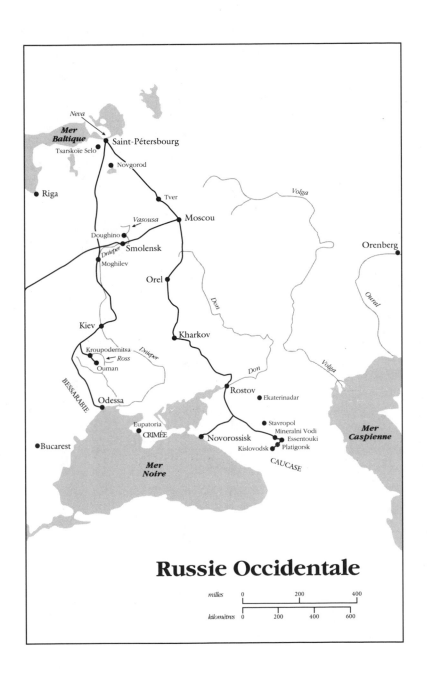

Neva

Mer Baltique

Tsarskoïe Selo • • Saint-Pétersbourg

• Novgorod

• Riga

Volga

• Tver

Vasousa

Doughino • Moscou

Dnieper Smolensk

Moghilev

Orenberg

Orel •

Oural

Don

Kiev •

Kharkov •

Kroupodernitsa •

← *Ross*

Ouman

Dnieper

Don

Volga

BESSARABIE

Rostov •

Odessa • Ekaterinadar •

Eupatoria

CRIMÉE

Stavropol •

Mineralni Vodi

Essentouki

Mer Caspienne

• Bucarest

Novorossisk

Kislovodsk • Platigorsk

Mer Noire

CAUCASE

Russie Occidentale

milles 0   200   400

kilomètres 0   200   400   600

SOURCES

Dans ce livre, je me suis largement inspiré des *Mémoires* du comte Paul et de ceux de la comtesse Natasha Ignatieff actuellement déposés aux Archives publiques du Canada, à Ottawa.

REMARQUE

Ma grand-mère était connue sous ses deux prénoms, Nathalie et Natasha, indifféremment employés. Dans le texte qui suit, j'ai opté pour la forme russe, Natasha.

I

Le sentier brisé

Arrête-toi sur le passé et tu perdras un œil
N'en tiens pas compte et tu perdras les deux.

(Vieux proverbe russe)

Des gens que je connais, aucun n'habite la maison dans laquelle il a grandi, ni même la ville ou le village où il a passé son enfance. La plupart de mes amis vivent séparés de leurs parents. Nombre d'entre eux ont vu le jour dans un pays et vivent maintenant dans un autre. Certains ont épousé l'exil, formant leurs concepts dans une seconde langue au milieu d'étrangers. J'en connais quelques-uns dont la mémoire familiale s'est consumée dans les camps de concentration. L'époque les a rendus orphelins. Ce siècle a fait de l'exil, de la migration, de l'expatriation la norme, et de l'enracinement l'exception. Descendre, comme moi, d'une famille hybride de Russes blancs exilés qui se sont alliés à des Canadiens d'ascendance écossaise, c'est tout à la fois avoir de la chance — nous avons survécu — et être un cas d'espèce.

Comme l'exil, l'émigration et l'expatriation constituent maintenant les conditions normales de l'existence, il devient quasiment impossible de trouver le mot juste pour exprimer l'enracinement et l'appartenance. La soif du pays natal se traduit en termes de dépossession. Une chose est sûre: pour éprouver cette soif, il faut déjà se trouver sans feu ni lieu. Dès lors, l'appartenance est rétrospection et non réalité, souvenance et non expérience, imagination et non sensation. L'existence se déroule actuellement à si vive allure que certains d'entre nous ont l'impression d'avoir littéralement vécu dans la peau d'autres personnages à des époques antérieures de leur vie. Si la continuité de notre propre personnalité nous pose quelques problèmes, que dire alors de nos liens avec nos ascendants? Des pages de l'album de famille, nos grands-parents nous regardent dans les yeux, solidement ancrés dans une époque aujourd'hui révolue, la bouche entrouverte, comme pour transmettre un message que nous ne parvenons pas à entendre.

Pour bien des familles, les photographies ne sont souvent que les seuls objets à avoir survécu aux aléas de la randonnée vers l'exil, à l'émigration, ou au mont-de-piété. Dans une société laïque, ce sont les seules icônes domesti-

ques, des témoins qui, tels des esprits tuté-
laires, exercent la fonction religieuse de faire le
lien entre les morts et les vivants et de permettre à ces derniers de situer leur identité dans
le temps. Je n'ai jamais le sentiment de bien
connaître mes amis que lorsqu'il m'est donné
de rencontrer leurs parents ou de voir leur photographie, et comme l'occasion m'en est rare-
ment offerte, il m'arrive souvent de me
demander si je connais une seule personne intimement. Si même devant nos amis nous nous
sentons étrangers, c'est parce que la connaissance que nous avons les uns des autres se situe
toujours dans une dimension temporelle qui,
dans les mœurs de nos grands-parents, serait
jugée d'une superficialité inconcevable. Il y a
cent ans à peine, chez les riches comme chez
les pauvres, chaque individu était connu comme le fils de son père, le petit-fils de sa grand-
mère et ainsi de suite. En Russie, quand on
s'adresse à quelqu'un, l'usage est de l'appeler
d'abord par son prénom, puis par son patro-
nyme, et ce genre de connaissance s'inscrit
dans la manière même dont chacun parle de
son ami ou d'une simple relation. Pour un
Russe, je suis Mikhaïl Georgevitch, le fils de
Georges, une personne enracinée dans son
passé familial. Dans le monde non russe qui est
maintenant le mien, je suis connu pour ce que
je fais et pour ce que je suis à présent, non
pour le passé que j'incarne. Regarder l'album
de famille de quelqu'un, c'est un moyen de

mieux le situer dans le temps. Mais de nos jours, avant de montrer des photos, même à un ami, il faut d'abord être devenu très intime avec lui. Au sein même de la famille, ces photos ont cessé d'être vraiment des icônes, des présences accrochées au mur. À chacun sa manière d'endosser son héritage: nous sommes libres d'assumer ou de rejeter notre passé. Les enfants d'aujourd'hui peuvent refuser de s'intéresser à ces images tout comme ils ont le droit de tenir à leurs opinions; et cependant, plus le passé est sujet à caution, plus il devient mythique, et plus intense est son emprise, plus son invention intervient dans l'art de se construire une personnalité. Ils sont finalement bien peu nombreux ceux d'entre nous qui, en rentrant chez eux à la fin d'un week-end, ne se dirigent pas vers le dernier tiroir de la commode pour en sortir une vieille boîte à chaussures d'où ils tireront ces images pour les éparpiller sur le sol autour d'eux.

> *Father has his arm around Tereze.*
> *She squints. My thumb*
> *is in my mouth: my fifth autumn.*
> *Near the copper beech*
> *the spaniel dozes in the shadows.*
> *Not one of us does not avert his eyes.*

> (Louise Gluck, *Still Life*)*

---

* Papa a son bras autour de Thérèse / Elle cligne des yeux; je mordille / mon pouce: c'est l'automne de mes cinq ans. / Près du hêtre roussissant, / l'épagneul somnole sous l'ombrage. / Pas un d'entre nous ne détourne le regard.

Dès son apparition, la photographie a été saluée comme un nouveau moyen, pour les familles, de prendre conscience du passé. Comme l'écrivait en 1877 un collaborateur du *Macmillan's Magazine*: «Tous ceux qui connaissent l'importance des liens familiaux pour les gens des classes inférieures et qui ont pu voir la galerie de petits portraits ornant la cheminée de l'humble travailleur conviendront sans doute avec moi que, en réagissant contre les courants sociaux et industriels qui minent, jour après jour, les sentiments familiaux les plus sains, la photo de quatre sous a fait davantage pour le pauvre que tous les philanthropes du monde» (cité par Susan Sontag dans *On Photography*). En démocratisant le privilège de la galerie des portraits de famille, la photographie bon marché a mérité sa place dans l'histoire sociale de l'individualisme moderne. Grâce à cet art, les familles sans ressources se sont constitué un patrimoine d'un nouveau genre: des jetons-témoins de quatre sous portant les marques de leur héritage génétique. Si ces familles n'avaient pas de biens à transmettre à leurs enfants, du moins ont-elles pu leur léguer l'histoire d'une autre transmission: celle du dessin d'une lèvre, du relief d'un front, de la forme d'une mâchoire. En offrant aux générations disparues leur présence silencieuse et en répandant cette présence à travers l'ensemble de notre culture, la photographie a contribué à placer la question de l'identité personnelle au centre des préoccupations culturelles. La conscience du fait que nous devons nous créer nous-mêmes et trouver notre propre appartenance était autrefois le privilège d'une élite éclairée; c'est maintenant un phénomène culturel généralisé. En effet, en nous aidant à établir notre identité dans la durée, la photographie pose également le problème de la liberté dont dispose chaque individu de réaliser son propre présent. Lorsque vous regardez une photo ancienne et découvrez que vous avez hérité de quelqu'un la forme de ses yeux, quand vous entendez dire par vos parents que vous avez aussi reçu d'eux votre tempérament, vous sentez que vous occupez une nouvelle place dans le temps, mais vous éprouvez du même coup les prémices d'une sensation d'emprisonnement. La recherche passionnée des racines, loisir de masse de l'histoire familiale, refoule l'impression d'étouffement que ces photos peuvent faire naître. C'est l'une des raisons pour lesquelles le paquet d'anciennes photos demeure relégué dans la vieille boîte à chaussures, au fond d'un tiroir. Nous avons besoin d'elles, mais nous ne voulons pas qu'elles s'arrogent des droits sur nous. Nous confrontant avec un héritage irréversible, les photos posent le problème de notre liberté: elles nous semblent circonscrire les possibilités de développement de notre personnalité propre.

Les photographies d'un album de famille nous rapprochent du passé et cependant, par leur côté éminemment tangible, palpable, elles nous remettent en mémoire toute la distance qui nous en sépare. À ce titre, elles ont participé à l'émergence de ce sentiment tout à fait moderne qui nous fait percevoir le passé comme un pays perdu. La première fois que j'ai ressenti cela, c'était dans ma prime jeunesse. J'étais devant le poste de télévision et j'assistais à l'interview d'un Noir très âgé. C'était, disait-on, le dernier Américain à avoir vécu en esclavage. Il racontait en murmurant qu'il était né dans une contrée correspondant sans doute au Libéria actuel et il expliquait comment on l'avait incité à embarquer en lui faisant miroiter la perspective d'un pays où les galettes de maïs poussaient sur les arbres, sans qu'on ait rien à faire à longueur de journée. Je me souviens encore m'être dit, à cette époque, que si ce vieillard chétif, à la voix éteinte et à la peau parcheminée, venait à disparaître, l'histoire ancienne de l'esclavage, les chaînes, les mélopées et tout ce passé m'échapperaient, glisseraient loin de moi comme une falaise s'écroulant dans la mer. Même maintenant, je ne puis me débarrasser du sentiment chimérique que le seul passé qui ait une consistance réelle, le seul qui ait jamais existé, est celui qui est enchâssé dans la mémoire des vivants. Quand vient leur tour de mourir, c'est toute la mémoire qu'ils portent en eux qui s'évanouit en fumée, et les générations suivantes, incapables d'hériter leur expérience, ne peuvent que préserver le mythe de son existence. Nous pouvons marquer d'un signe l'endroit où la falaise a sombré, mais nous ne saurions réparer la faille que la mer a provoquée. Au cours de mon existence, les dernières personnes nées avant la révolution russe disparaîtront. De cette génération d'arrière-garde, mon père était l'un des ultimes représentants: il avait quatre ans en février 1917, tout juste l'âge de se souvenir de l'éclat des baïonnettes, luisant comme du cristal sous les fenêtres de sa maison de Petrograd, le matin du jour où les soldats montèrent à l'assaut de la Douma en criant qu'ils en avaient assez de se battre et de crever de faim. Ses souvenirs chevauchaient l'abîme qui sépare deux mondes, celui d'avant la révolution et celui d'après. Pour moi, à mon tour, je suis d'une génération qui sera la dernière à connaître ceux de la sienne, la dernière à pouvoir sonder leur mémoire, à sentir la présence de leur passé dans le timbre de leur voix, dans le regard qu'ils jettent rétrospectivement sur leurs souvenirs. Déjà je me sens si loin de tout ce qui s'est passé, tellement dans la peau d'un Canadien né à notre époque, en ce lieu et nulle part ailleurs, que j'ai l'impression de commettre une fraude quand je cherche à puiser dans l'expérience évanescente d'une autre génération; et cependant, si rapide est la course du temps que si je ne m'attelle à la tâche de conserver cette mémoire, bientôt il ne restera plus que des photographies, et les photographies ne font qu'attester la distance parcourue par les ans; elles sont incapables de relier le présent au passé en leur donnant un sens.

Je suis historien, et les historiens, à ce qu'on dit, croient pouvoir se transporter d'une époque à l'autre pour retrouver l'expérience que la disparition des générations précédentes a balayée. Dans la recherche historique la plus rigoureusement scientifique, entrent en jeu l'espoir de faire renaître les choses, la confiance dans le pouvoir de l'imagination et l'empathie qui vous permet de franchir le fossé du temps. S'ils veulent vraiment faire leur travail, les historiens doivent être convaincus que la connaissance peut assouvir le désir, qu'en s'absorbant patiemment et fastidieusement dans les archives du passé ils pourront, en fin de compte, réaliser leur ambition qui est de triompher des lacunes du temps. À la source de l'imagination historique, il y a les notions de perte, de dépossession et de réclusion, soit les mêmes épreuves qui conduisent à l'exil et à l'émigration; et cette imagination s'enflamme quand on ne peut plus considérer le passé comme un fait acquis, une tradition éprouvée, ou quand ce passé devient un fardeau dont le présent tend à se libérer. C'est ce sentiment de rupture ou celui d'emprisonnement qui renvoie l'historien aux archives, aux *Mémoires*, aux voix qui s'échappent des bandes magnétiques. Ce rapport entre la perte et l'imagination se teinte pourtant d'une profonde ironie. L'histoire a moins de pouvoirs que la mémoire, moins de légitimité que la tradition. Jamais, pour se faire entendre, elle ne pourra emprunter la seule voix que réclame notre besoin d'appartenance, jamais elle ne pourra cicatriser la blessure de la perte. Ce que nous connaîtrons du passé est incapable d'en étancher la soif et ce que nous pourrions en appréhender n'a rien à voir avec ce que nous voudrions en tirer.

Les photographies de nos aïeux semblent saisir précisément le caractère ironique de ce rapport. Dans mon album de famille, mon grand-père paraît bien réel, on dirait presque qu'il va parler. Mais ses habits, sa redingote, ses mains à plat sur la soutache de son uniforme de cour le désignent comme un personnage historique, irrévocablement éloigné dans le temps. Plus la photo rend sa présence palpable et plus je me rends compte que l'abîme qui me sépare de mes aïeux concerne mon destin de mortel en même temps que le leur.

Que *ma propre* mort soit ici en jeu et non pas seulement celle de mon grand-père, c'est une évidence qui frappe quiconque se regarde en photo. Ces images éveillent un sentiment de perte en ce sens qu'elles agissent contre la fonction de l'oubli. Ce sont des cadres qui figent le temps pour nous rappeler à quel point nous vivons dans la discontinuité. Le tissu de notre propre continuité est tramé dans l'entrelacs bien serré des fils de l'oubli et de la mémoire sélective. Cette faculté d'oubli nous permet de maintenir suspendue la certitude de notre propre mort, nous accordant ainsi le temps de croire à notre existence. À la fin de sa vie, donnant une conférence devant un auditoire de jeunes gens, Roland Barthes parla de l'espoir et du goût passionné de la vie que l'oubli rend possibles: «Si je veux vivre, je dois oublier que mon corps est historique, je dois me jeter dans l'illusion que je suis contemporain des jeunes corps présents, et non de mon propre corps passé. Bref, périodiquement, je dois renaître, me faire plus jeune que je ne suis. (...) J'entreprends de me laisser porter par la force de toute vie vivante: l'oubli.» (*Le Nouvel Observateur*, 31 mars 1980.)

Les photographies ne servent pas toujours de support au processus de l'oubli et de la souvenance grâce auquel nous forgeons sur la durée notre moi stable et intégral. L'album de famille ne fait pas toujours resurgir le courant de l'apaisante mémoire qui relie celui que je suis à celui que j'étais. Le plus souvent, ces photos perturbent seulement l'enchaînement que la mémoire développe à partir de l'expérience. La photographie arrête le temps et nous le restitue en pièces détachées. La mémoire intègre l'image réelle à une texture de mythe. Elle est en effet mythologique, la trame qu'ourdissent le souvenir et l'oubli en unissant les fils du passé et du présent, parce que le moi est constamment imaginé, construit, inventé à partir des éléments qu'il désire se rappeler. Par rapport au moi, la photo agit comme un miroir sous une lumière crue, tout comme l'historien confronté aux illusoires réalisations du discours nationaliste ou du boniment politique. Prenez une photo de vous à l'âge de quatre ou cinq ans et regardez-la: Pensez-vous, honnêtement, que vous êtes encore, toujours, cette même et tendre créature qui regarde l'appareil? Témoin attestant notre faculté d'oubli, la photographie a contribué à faire naître le soupçon typiquement moderne que notre conscience se tend des pièges en s'auto-illusionnant. La mémoire cicatrise les stigmates du temps; la photographie en conserve les blessures.

Ainsi donc ce ne sont pas seulement nos aïeux décédés qui semblent flotter à des années-lumière, mais aussi ces versions de nous-mêmes plus jeunes qui occupent dans l'album familial la place nous revenant. C'est ce double processus de perte — perte des aïeux, perte de soi — que l'épreuve de l'écriture tente d'enrayer.

> *His pursuit was a form of evasion.*
> *The more he tried to uncover*
> *the more there was to conceal*
> *the less he understood.*
> *If he kept it up*
> *he would lose everything.*
> *He knew this*
> *and remembered what he could —*
> *always at a distance,*
> *on the other side of the lake,*

or across the lawn,
always vanishing, always there.

(Mark Strand, *The Untelling*)*

Ce sentiment de perte n'est pourtant que l'une des émotions qu'éveillent en nous l'exil et la dépossession. Il y a aussi la «secousse syncopale», cette libération d'énergies emmagasinées dont parle Vladimir Nabokov dans «Autres rivages» comme étant l'une des grâces les plus inattendues de l'exil. C'est l'expatriation qui a fait de Nabokov un écrivain; c'est elle qui a transformé un passé bien réel en un territoire légendaire qu'il lui a fallu reconquérir, pouce par pouce, en s'armant de sa plume. Tout comme, à l'heure du sauve-qui-peut, ils se saisissent de ces petits trésors qui les accompagneront sur la route de l'exil, les expatriés doivent choisir le passé qu'ils emporteront avec eux, la version qu'ils en donneront, celle à laquelle eux-mêmes prêteront foi. Ce passé qui n'était qu'une sorte de patrimoine dévalorisé, voilà qu'il devient leur invention, leur histoire à eux.

Une fois cette histoire transmise de la première génération à la deuxième, le passé fami-

---

* Sa quête était une forme d'évasion. / Plus il cherchait à découvrir, / plus il y avait à cacher / et moins il comprenait. / S'il continuait de la sorte, / il risquait de tout perdre. / Cela il le savait / et il grava dans sa mémoire tout ce dont il pouvait se souvenir — / c'était toujours à quelque distance, / de l'autre côté du lac, / ou sur la pelouse, / toujours échappant aux regards, et pourtant toujours là.

lial voit s'estomper encore davantage son caractère de «fatalité» pour devenir à tout jamais un récit inventé. Pour quelqu'un comme moi, émigré de la deuxième génération, le passé est devenu l'histoire que l'on écrit pour donner du poids et un sens au hasard qui a marqué nos vies. Dans cette invention du passé, à vrai dire, nous ne partons pas de zéro: il y a des photos, des mémoires, des récits, et il arrive que notre invention consiste surtout à désavouer ce qui nous a été transmis; et cependant, même si nous refusons de l'admettre, c'est à travers nos rejets que nous nous inventons un passé. Le problème que pose l'invention est l'authenticité. Arrivés au stade de la deuxième génération, nous sommes libres de nous choisir un passé, mais celui pour lequel nous optons ne peut jamais paraître aussi réel, aussi vrai que celui de la première génération.

En ce qui me concerne, je possède deux passés. Du côté de ma mère, mes grands-parents, issus des familles Grant et Perkins, étaient des citoyens originaires de la Nouvelle-Écosse. D'une grande élévation d'esprit, ils s'installèrent à Toronto au cours du siècle passé et s'y firent un nom en écrivant et en enseignant. J'étais très proche d'eux durant mon enfance, aussi proche que je pouvais l'être de la maison de ma grand-mère, avenue Prince-Arthur à Toronto.

C'est en Russie que se situe le passé de mon père. Mon grand-père, Paul Ignatieff, fut ministre de l'Éducation dans le dernier cabinet du tsar Nicolas II. Son père, Nicolas Ignatieff, fut le diplomate de la cour impériale qui négocia avec la Chine, en 1860, le traité de l'Amour-Oussouri définissant la frontière entre les deux pays dans la région en bordure du Pacifique Nord, demeuré en vigueur à ce jour; en 1878, il négocia un autre traité, celui qui mit un terme à la guerre russo-turque, et en 1881 il fut le ministre dont le nom demeure associé aux mesures législatives prises à l'encontre des Juifs.

Née princesse Natasha Mestchersky, ma grand-mère vit le jour dans un domaine des environs de Smolensk qui avait été légué aux ancêtres de sa mère par la Grande Catherine, impératrice de Russie, vers la fin du XVIIIe siècle. Elle comptait parmi les membres de sa famille un ministre des Affaires étrangères, un général et le premier historien moderne de son propre pays, Nicolas Karamzine.

Quand mon grand-père russe eut dix-neuf ans, l'âge de se choisir une carrière, son avenir était déjà tout tracé: pour respecter la tradition familiale, il entrerait dans un régiment de la garde, tout comme l'avaient fait avant lui son père, son grand-père et son arrière-grand-père. Après quoi il poursuivrait sa carrière dans l'armée, ou bien il retournerait chez lui, dans l'une des propriétés familiales, pour y vivre en gentleman-farmer. À un moment donné de son existence, il serait probablement appelé à quitter son domaine et à servir le tsar, à l'instar de son père et de son grand-père; il devrait, comme il le disait, «endosser les chaînes du service». C'est dans ce sens très précis — un destin hérité et endossé sans discussion — que son identité diffère irrévocablement de la mienne. Ma propre identité, ma manière d'appartenir à ce passé qu'il m'a légué, se définit par le choix des mots que je coucherai sur une feuille; et je suis bien heureux qu'il en soit ainsi: un destin, une identité tels que les siens, je n'en voudrais pour rien au monde. Mais c'est cette différence qui rend impossible une parfaite intelligence entre nous deux.

La personnalité de ma grand-mère s'est construite à partir d'un éventail de choix encore plus restreints que ceux de son mari: elle devait d'abord être une fille soumise à ses parents, ensuite une femme fidèle à son mari. Le pivot de son existence, le seul moment où le destin pouvait s'infléchir dans un sens ou dans l'autre, c'était le mariage. Elle aurait alors l'occasion d'exercer un choix relatif parmi les jeunes officiers en uniforme à la taille de guêpe qui seraient autorisés à l'inviter à danser aux bals des débutantes de Saint-Pétersbourg. Mais c'était une princesse Mestchersky et, une fois que ses regards se seraient arrêtés sur un homme, la famille se mettrait à éplucher le «pedigree» de l'élu en remontant jusqu'à Adam et Ève; si quelque quartier de noblesse venait à manquer, elle serait tenue de refaire son choix.

Tous les deux, grand-père et grand-mère, étaient nés à une époque où le passé et le futur étaient intimement mêlés: la vie avait sa propre nécessité; ce n'était pas une trame qu'ils tissaient eux-mêmes. À l'âge où ils grandirent, le temps se réglait sur l'étiquette qu'imposait le décorum familial. Quand leur existence prit fin, le temps n'avait plus de forme: c'était celui de l'exil, un temps sans avenir et dont le passé même demeurait suspendu, inaccessible. Quand ils débarquèrent en Angleterre durant l'été 1919, ils n'étaient plus d'âge à tout recommencer, plus d'âge à ressentir cette énergie libératrice qui peut naître de l'expatriation. Tout ce que mes grands-parents pouvaient faire, c'était se souvenir du passé: ils n'étaient plus capables d'inventer le présent.

Entre mes deux passés, le canadien et le russe, il me fallait choisir. L'exotique exercera toujours une fascination bien plus grande que le familier et, après tout, j'étais bien le fils de mon père. J'arrêtai mon choix sur le passé qui avait disparu, celui sur lequel la révolution avait tiré un trait. Je pouvais tabler sur le patrimoine de ma mère, il était toujours présent. Ce qui m'importait davantage, c'était le passé de mon père, car c'était celui qu'il me fallait conquérir, celui que je devais faire mien.

Quand j'évoque mon souvenir le plus ancien, ce n'est pas moi que je vois, mais plutôt l'image de mon père parlant de ses aïeux. Autant qu'il m'en souvienne, nous traversions l'Atlantique à bord du *Queen Mary* de New York à Southampton. C'était en 1953, j'avais six ans et j'écoutais mon père raconter comment son grand-père Nicolas avait mis six semaines pour couvrir, à cheval, la distance de Pékin à Saint-Pétersbourg afin d'apporter au tsar la nouvelle du traité qu'il venait de signer avec l'empereur de Chine. Lorsque le blizzard s'était déchaîné sur la plaine sibérienne, Nicolas avait fait disposer en cercle les cavaliers cosaques sous son commandement, il avait installé son bivouac au milieu d'eux et, tout le temps que la tempête avait fait rage, ils s'étaient réchauffés au souffle de leurs montures.

Comme mon père était alors diplomate et qu'à cette époque de mon enfance, nous déménagions tous les dix-huit mois dans un nouveau poste, j'en vins à considérer comme symboles de stabilité non pas les maisons dans lesquelles nous vivions, puisque nous passions notre temps à en changer, mais les quelques objets russes que nous transportions dans chaque nouvelle affectation. Il y avait d'abord une aiguière et un bassin en argent qui avaient trôné successivement sur diverses tables de salle à manger dans divers appartements officiels et dont mon arrière-grand-mère maternelle se servait pour se laver les mains à son réveil, le matin à la campagne, dans les années 1880. Ces objets en argent, ainsi que l'étoile en diamant du sultan que ma mère portait lors des grandes réunions familiales, étaient d'indispensables symboles de continuité pour un enfant privé de points de repère fixes. Il en restait encore quelques-uns, fort peu: les volumes en cuir gaufré de *L'Histoire de l'État russe* de Nicolas Karamzine, une ou deux icônes accrochées au mur, au-dessus du lit de mes parents... Certains de ces objets se retrouvaient parfois sur des photographies de famille. Je me souviens encore du plaisir que j'ai éprouvé lorsque j'ai découvert, encore enfant, qu'un des bijoux portés par ma mère apparaissait sur une photo de ma grand-mère Natasha prise quelque soixante-dix ans auparavant. Ce fut pour moi comme si la petite perle et la broche en diamant s'étaient échappées de la prison ambrée de la photographie, enjambant la barrière du temps qui se dressait entre elle et moi.

Dans mon enfance, j'ai fort peu entendu parler le russe: mon père ne le parlait jamais à la maison. Dans les villes où j'ai grandi — New York, Toronto, Ottawa, Belgrade, Paris, Genève et Londres —, je l'accompagnais à l'église russe et j'étais impressionné par le service religieux parce que je n'y comprenais rien. Debout près de lui, je l'observais tandis qu'il allumait ses bougies, disait ses prières ou chantait d'une voix profonde et vibrante, et il me donnait toujours l'impression de s'être éclipsé dans les airs par quelque porte invisible. Mais en général il se tenait à l'écart de la communauté des Russes émigrés, refusant de s'associer à leurs intrigues de clocher et à leurs jeux politiques surannés.

En public, pendant toute mon enfance, il se présenta comme le type même du diplomate canadien parfaitement assimilé; toute sa vie, et bien plus que moi, il fut un patriote épris de son pays, le Canada. Pour lui, c'était la terre qui lui avait permis de prendre un nouveau départ. Pour moi, le fait d'être canadien n'était qu'un de ces privilèges que je tenais pour acquis.

Souvent, dans le cadre de ses fonctions, il arrivait à mon père de rencontrer des diplomates soviétiques; il s'entretenait alors toujours en russe avec eux. Mais ces rencontres étaient parfois grinçantes. Je me souviens en particulier d'un de ces diplomates, habillé comme un banquier zurichois, un gros anneau en onyx noir au doigt, qui nous avait été présenté à tous deux dans le hall des Nations Unies à New York. Il ôta sa toque d'astrakan et, dans un grand geste qui balayait le sol, lui dit en anglais: «En ma qualité de fils de paysan, je vous salue.» D'autres officiels soviétiques manifestèrent, à l'égard du passé de notre famille, la même attitude où le respect se mêlait à l'ironie. En 1955, mon père retourna en URSS comme membre d'une délégation officielle canadienne conduite par le ministre des Affaires extérieures, Mike Pearson. Les hauts fonctionnaires soviétiques, qui avaient à leur tête nul autre que Nikita Khrouchtchev, s'adressèrent à mon père en l'appelant *Graf* (comte). Puis, l'entraînant à l'écart, ils lui demandèrent, en toute sincérité, pourquoi il ne rentrerait pas «chez lui» pour y continuer l'œuvre diplomatique de son grand-père au lieu de mener la même carrière au service d'une petite puissance satellite des États-Unis. Mais mon père ne se sentait pas du tout chez lui dans l'Union soviétique des années 50. Les moments où le passé lui revint furent brefs, comme cela se produisit quand on lui montra sa chambre à l'hôtel Astoria de Leningrad, figé dans son décor d'avant la révolution, et qu'il vit sur la table de travail deux oursons en argent exactement pareils à ceux qui décoraient le bureau de son père, dans la même ville, quarante ans auparavant. C'est également au cours de cette visite qu'il se rendit compte combien le russe qu'il parlait pouvait paraître archaïque aux oreilles des citoyens soviétiques et qu'il prit conscience de la difficulté qu'il avait à s'exprimer. Il se surprit à ânonner dans sa langue maternelle.

Pour en revenir à la maison et à la famille, les membres de la branche russe étaient fortement unis par les liens familiaux, mais il n'arrivait pas souvent que nous soyons réunis tous ensemble. Pendant toute mon enfance, les rameaux de cette branche demeurèrent dispersés à l'étranger. Nicolas, le plus âgé de mes oncles paternels, était mort alors que j'étais encore très jeune, et les quatre autres frères étaient séparés par des milliers de kilomètres. Quand ils se retrouvèrent tous ensemble à l'occasion du mariage de ma cousine Mika, nous nous arrangeâmes pour leur faire une petite place à part et ils s'installèrent sur leur couche, ces quatre géants de presque deux mètres au crâne dégarni, qui discutaient entre eux en russe alors que nous n'en comprenions pas un traître mot. Ils s'étaient tous mariés en dehors du clan des Russes, de sorte que leurs enfants grandirent sans jamais parler leur langue. C'est ainsi que, pour ma part, je ne l'ai jamais apprise.

Dans mon incapacité à assimiler cette langue, je peux voir maintenant le degré de résistance que j'opposais à un passé que je voulais pourtant m'approprier. On n'avait jamais cherché à m'en imposer les récits légendaires, de sorte que ma résistance n'était pas dirigée contre mon père ou mes oncles, mais plutôt contre l'avidité que j'éprouvais pour ces histoires, ou contre ce que je tenais pour une faiblesse de ma part, le désir de construire ma petite existence sur l'ascendant de la leur. Je n'étais pas certain de pouvoir me réclamer de ce passé, et même si j'en avais le droit, je ne voulais pas tirer parti d'un tel privilège. Mais comme le dit un de mes amis en prenant un air entendu chaque fois que je parle ainsi, nul ne peut renoncer à ses prérogatives. De sorte que j'ai utilisé ce passé quand j'en ai eu besoin, mais je l'ai fait avec mauvaise conscience. Mes amis avaient un passé de banlieusards ou des histoires anciennes qu'ils préféraient passer sous silence. Le mien était constitué d'aventuriers tsaristes, de survivants de révolutions, d'exilés à la conduite héroïque; et cependant, plus mon besoin d'eux se faisait sentir et plus s'affirmait la nécessité de les désavouer, de voler enfin de mes propres ailes. Avoir choisi mon passé revenait à délimiter jusqu'à quel point il pouvait empiéter sur moi.

Mon père m'avait toujours dit que j'étais davantage Mestchersky qu'Ignatieff, que je ressemblais plus à sa mère qu'à son père. Comme il était lui-même davantage Ignatieff que Mestchersky, une telle affirmation ne pouvait que souligner la complexité des liens génétiques entre nous. L'hérédité est toujours une cause d'anxiété autant que de fierté. Si j'étais un Mestchersky, qu'allais-je pouvoir faire de moi-même? Comment arriverais-je jamais à maîtriser mon caractère, ce faisceau bien serré de terreurs et d'angoisses qui semblait me tenir sous son emprise? Dès le départ, sur le projet de fouiller dans mon passé sont venus se greffer mes efforts pour contrôler l'anxiété de son empire sur moi.

En outre, j'ai dû faire face à ce que j'aime le moins dans mon caractère. La rengaine favorite de mon grand-père était: «La vie n'est pas un jeu, ce n'est pas une plaisanterie. C'est seulement quand il endosse les chaînes du service que l'homme est capable d'accomplir sa destinée sur cette terre.» Chaque fois que Paul prononçait cette phrase, ma grand-mère Natasha marmonnait: «Les Ignatieff feraient du paradis un enfer.»

J'ai appris très tôt que mon père et mon oncle Nicolas avaient tous deux projeté d'écrire l'histoire de la famille. Mon père avait même été jusqu'à se rendre en Bulgarie pour se renseigner sur le rôle que son grand-père avait joué dans la création de ce pays, après la défaite de la Turquie dans la guerre russo-turque de 1877-1878. Nicolas avait eu la même intention, mais il était mort et son manuscrit dormait dans la cave de la maison de sa veuve. Mon père étant très occupé, son projet tardait toujours à se réaliser. Ainsi avait germé l'idée d'une histoire de la famille: c'était une entreprise que je pouvais mener à bien, si je le voulais. Mais je me retenais de le faire.

J'étais adolescent quand je lus pour la première fois les *Mémoires* de mes grands-parents. C'est en septembre 1940, dans une maison de campagne d'Upper Melbourne, au Québec, que ma grand-mère Natasha s'était installée devant sa machine à écrire et avait entrepris de rédiger un premier jet d'associations libres, en commençant par son enfance dans le domaine, puis son mariage avec mon grand-père Paul Ignatieff, sa vie à Saint-Pétersbourg, la révolution, la guerre civile et la fuite. Elle écrivait dans l'anglais qu'elle avait appris de sa gouvernante, cette langue qu'elle savait que ses petits-enfants parleraient en grandissant. Une fois arrivée à l'année 1919, le moment où ils durent quitter la Russie, elle s'arrêta. À partir de là, tout devenait plus dur, plus pénible à dire, et toute la période de l'exil fut passée sous silence. Il y avait déjà plus de 250 pages, un fouillis de souvenirs que ma tante Florence ordonna et qu'elle recopia à la machine après la mort de ma grand-mère.

Mon grand-père Paul avait rédigé ses *Mémoires* dans les années 20, durant les séjours qu'il fit dans le Sussex et à Paris. Il les avait écrits directement en russe et ce n'est que bien plus tard qu'il les traduisit en anglais avec l'aide d'un ami canadien. Les souvenirs de ma grand-mère sont le reflet fidèle et sincère de la femme qu'elle était, transcrits directement dans son langage parlé, avec ses tournures et ses digressions; mais le style de son mari, sec, méthodique et retenu était, ou du moins me parut être, un parfait exercice de discrétion et de non-dits. Il s'était borné à décrire sa carrière officielle, sa vie de gentleman-farmer, puis de gouverneur de la province de Kiev, de ministre adjoint de l'Agriculture et enfin de ministre de l'Éducation dans le dernier cabinet du tsar. C'est un document public empreint d'une grande réserve; il n'y a qu'un moment où l'émotion jaillit du carcan des phrases bien calculées, c'est lorsqu'il décrit son ultime rencontre avec Nicolas II, dans les derniers jours du régime.

Les *Mémoires* de mes grands-parents étaient impubliables, ceux de ma grand-mère parce que leur vive spontanéité les rendait illisibles, ceux de mon grand-père parce qu'il avait

35

trop pris soin d'exclure tout élément personnel, et aussi parce que les événements qu'il rap-
portait avaient été dits et redits jusqu'à l'épuisement dans les nombreuses chroniques tsaristes.
Je décidai donc, il y a une dizaine d'années, de
récrire leur histoire avec mes propres mots. En
ma qualité d'historien, j'estimais qu'il me fallait
avant tout les situer dans leur contexte historique et me démarquer d'eux en tant que
membres de ma famille en les traitant comme
des représentants de leur époque, comme des
objets d'étude. Il me fallut un certain temps
avant de me rendre compte des conséquences
imprévues que cette méthode allait entraîner.
Je revois encore le moment où la chose se produisit, dans les premiers jours où j'entrepris ma
recherche. J'étais en train de lire, sur les
bobines d'un microfilm usé par le temps, le
procès-verbal d'une commission russe sur la réforme agraire de 1902 pour y trouver mention
des propriétés de la famille. Mon grand-père
étant un maréchal de la noblesse de sa région,
il était tenu de rédiger un rapport à l'intention
de la commission. Pour la première fois, je lisais
un texte de sa plume qui n'était pas adressé à
la famille: ses *Mémoires* ou les lettres que
j'avais déjà lues, c'était à nous qu'il les destinait
avant tout. Dans ce petit rapport dont il était
l'auteur, il apparaissait soudain comme un minuscule personnage dans une grande fresque
historique. Par une étrange ironie, les efforts
que je tentais pour le «traquer» jusque dans le

contexte de son époque n'aboutirent pas à donner à son caractère des traits plus marqués.
Bien au contraire, plus j'apprenais à le connaître en tant que personnage historique —
comme un membre tout à fait caractéristique
de l'aristocratie libérale servant dans l'administration, comme un soutien de la monarchie
constitutionnelle sans attaches partisanes —,
plus je le sentais m'échapper et devenir inaccessible. À mesure que je parvenais à cerner
son caractère d'«acteur de l'histoire», l'image du
grand-père qu'il avait été pour moi s'estompait
sous mon regard. Si je voulais le voir comme
un personnage historique, je ne pouvais le saisir que dans la pluralité; en tant qu'objet de
ma quête, je le recherchais à travers sa singu-
larité. Dans ma démarche pour trouver en lui
une figure exemplaire de l'empire, je perdis
mon grand-père. La méthode qu'on emploie en
histoire pour appréhender le passé consiste à
placer un personnage contre la toile de fond
de la chronologie; ce que je voulais, c'était
exactement le contraire, le rapprocher de moi,
le rendre présent dans mon temps. Pourtant
j'avais toujours su que c'était là un désir irréa-
lisable et que même raconter l'histoire de leur
vie serait une entreprise vouée à l'échec. Jamais
je ne parviendrais à faire revivre le passé de la
manière dont mes oncles s'en souvenaient, pas
plus que je ne pouvais espérer accorder les vio-
lons dans la cacophonie des mémoires disso-
nantes. Jusqu'à présent, mes oncles se lançaient

toujours dans de véhémentes discussions sur tel ou tel point et j'étais incapable de déterminer qui avait raison. Avant toute chose, je ne pouvais prétendre faire revivre Paul et Natasha. Les gestes les plus courants de leur existence quotidienne, la manière dont elle écartait les cheveux de son visage, l'habitude qu'il avait de faire claquer un livre quand il en refermait les pages après la lecture, même ces simples détails exigeaient de ma part de pénibles efforts de reconstitution; pour mon père, la banalité de ces souvenirs était telle qu'il ne se donnait même pas la peine de les mentionner. Je ne tardais pas à me rendre à l'évidence: le seul portrait que je pouvais espérer peindre de Paul et de Natasha ne serait qu'une grossière esquisse, une manière d'explorer l'infranchissable fossé séparant la première de la deuxième génération. Je me suis dit alors, et pendant longtemps, que si, de toute façon, le projet historique était voué à l'échec, il valait mieux que j'abandonne l'histoire et que je convertisse le récit de leur existence en fiction. L'idée, il faut le dire, était séduisante: mes personnages seraient suffisamment ancrés dans la réalité du passé pour être authentiques, tout en étant parfaitement maniables. Ils porteraient les vêtements que je leur donnerais, diraient les répliques que je leur soufflerais, vivraient mes drames jusqu'au bout et réaliseraient mes aspirations. En les créant, je me créerais moi-même. Au bout du compte cependant, mon idée s'effondra lorsque je pris conscience qu'un tel roman serait peuplé de personnages sans aucune consistance réelle, outre qu'ils ne seraient même pas fidèles à leurs modèles originaux.

Des années passèrent avant que je ne commence à percevoir Paul et Natasha en dehors du besoin que j'avais d'eux. J'appris à ne pas considérer leur existence comme une aventure qui s'était passée pour que je l'exploite dans le sens où je l'entendais. Leur histoire contenait trop de silences, trop de choses dont la connaissance m'échappait pour me mettre à fureter dans leur vie à des fins qui m'étaient personnelles. Très lentement je m'éveillai à la conscience de cette réalité: ce n'était pas *eux qui me devaient* le secret de mon existence, mais plutôt *moi qui leur devais* d'être fidèle à celle qu'ils avaient menée. Toute fiction aurait été une trahison. Il me fallait revenir sur mes pas, me rapprocher du choc initial que j'avais éprouvé lorsque j'étais tombé sur leurs photos: ce sentiment que tous deux étaient à la fois présents pour moi dans toute leur densité physique et aussi loin de moi que les étoiles. En leur redonnant vie aussi fidèlement qu'il m'était possible, il fallait que je respecte la distance qui nous séparait, que je consacre mon attention à ce qu'ils avaient laissé dans les ombres du non-dit. J'aurais à signaler les fragments que la mémoire serait incapable de récupérer. Il n'était pas question que je gomme ces silences par l'artifice de la fiction.

À deux reprises je me suis rendu en Union soviétique pour retrouver leurs traces. Il y avait beaucoup à découvrir: jusqu'à la chute de Khrouchtchev, la saga populaire de la reconstruction historique avait justifié la démolition des palais et la conversion des églises en ateliers d'imprimerie et en dépôts de bois. Seuls la misère et le sous-développement avaient permis aux anciens édifices d'échapper à la destruction. Un pays qui était trop pauvre pour les remplacer traversait l'aventure de la nouveauté dans les décors loqueteux de la scène ancienne. À la fin des années 60 et dans les années 70, le vandalisme du modernisme khrouchtchévien entraîna une contre-réaction: on renoua avec les traditions nationales que le communisme n'avait pu subvertir. Maintenant ce n'étaient plus seulement les grands palais et les monastères auxquels on redonnait du lustre, mais tout ce qui avait la patine de l'âge commençait à bénéficier d'un regain d'intérêt. On se mit à édifier un «nouveau» passé national englobant les périodes antérieure et postérieure à 1917 en occultant astucieusement toute l'œuvre destructrice de la révolution. Cette tentative de récupération du passé tsariste, avec toute l'ironie et les difficultés qu'elle comportait, fit que, sous certains aspects, il devenait plus facile de retrouver les traces du passé d'une famille du temps des tsars en Union soviétique qu'en Occident. Au cimetière du couvent de Novodevichy, à Moscou, non loin des tombes de

Khrouchtchev et de la femme de Staline, nous découvrîmes, à l'ombre des arbres feuillus, la sépulture du renégat de la famille, l'oncle Alyocha, qui avait commencé sa carrière comme officier du tsar et l'avait terminée comme général de l'Armée rouge. À Leningrad, nous retrouvâmes la demeure familiale de la rue Fourstatskaya, celle-là même d'où mon père avait assisté aux premières manifestations de la révolution de février 1917. C'est maintenant le Palais des mariages de Leningrad. Dans la salle de bal où ma grand-mère faisait autrefois servir le thé, les jeunes couples se succédaient, deux par deux toutes les dix minutes, et se faisaient unir par une femme imposante, vêtue d'une robe de soirée rouge que ceignait l'écharpe de sa charge. À l'étage en dessous, dans la salle d'études où mes oncles avaient pris des leçons de français avec leur précepteur «Monsieur» Darier, des mères de famille, des épingles à la bouche, apportaient des retouches de dernière minute à la robe de mariage de leur fille; et, au bout d'un petit corridor vers l'arrière, mon père retrouva, avec, sur les murs, des portraits ternis de Lénine et un calendrier de l'Intourist représentant des vues d'une station balnéaire de Crimée, sa chambre d'enfant.

À Kislovodsk, ville d'eaux située au sud du Caucase, entre la mer Noire et la mer Caspienne, mon père et moi avons retrouvé, par une après-midi de septembre, le portail vert du parc où s'élevait la maison qui les avait abrités, lui et sa famille, durant la guerre civile de 1917-1918. Depuis les années noires qu'ils y avaient vécues, plusieurs maisons y avaient été entassées, mais dans le fond, on pouvait encore y voir des pommiers et des peupliers, tels qu'ils existaient en 1918.

L'apparente facilité avec laquelle nous exhumions les vestiges du passé familial en Union soviétique se révéla cependant décevante. Je me souviens d'avoir soudain perçu l'invisible barrière qui me séparait de mon passé alors que je me trouvais au musée Pouchkine de Moscou, planté devant les toiles de Matisse qui, toutes, avaient été acquises par des marchands d'art tsaristes, avant la Première Guerre mondiale. Pour les Russes qui visitaient le musée, ces Matisse représentaient une étrange et discordante déviation du réalisme qui caractérisait la peinture russe du XIXe siècle. Ils devaient paraître aussi étrangers aux tenants du réalisme socialiste qui allaient transmettre le flambeau de cette tradition jusque sous le régime des Soviets. Il s'ensuit que pour les Russes, ces œuvres de Matisse sont des fragments épars du modernisme, coupées de la tradition européenne dont elles se sont pourtant nourries; tandis que pour nous, ces peintures sont les toiles de fond sur lesquelles s'appuie notre propre vision des choses. Alors que je regardais les ateliers baignés de soleil, la chaise longue inondée de lumière, le vase de fleurs et la femme à la robe bleue satinée et que je relevais les dates de composition de ces œuvres, 1910, 1911, 1912, je me rendis compte qu'elles avaient été rassemblées par des gens de la génération de mes grands-parents. Cette génération fut la première à résoudre le vieux dilemme qui se posait aux Russes, à savoir s'ils étaient un peuple d'Europe ou un peuple d'Asie. Natasha réfléchissait et s'exprimait en anglais et en allemand; son dentiste était un Américain résidant à Dresde; elle achetait ses vêtements à Nice et quand elle était toute petite, dans sa chambre d'enfant, on lui faisait boire, en guise de thé, du Lyle Golden Syrup. Quant à Paul, son éducation fut confiée à des précepteurs français, et c'est en français qu'il pensa et s'exprima en grandissant. Rien de tout ceci ne les empêcha d'être passionnément attachés à la religion de leur pays natal, à ses us et coutumes, au style de son architecture, aux odeurs qui en émanaient, à ses calamités et à son chaos.

Franchissant des frontières toujours ouvertes, ils se rendaient dans des contrées dont ils considéraient la peinture, la cuisine ou les paysages comme les leurs. Elle était à eux, la lumière méditerranéenne des Matisse, tout comme l'était l'impérissable lumière d'été de Saint-Pétersbourg. Leur génération fut la première à concilier les deux identités, l'européenne et la russe, mais c'est aussi la dernière qui le fit. De part et d'autre de cette Europe qui, dans leur vision d'autrefois, s'étendait de Moscou jusqu'à l'Atlantique, on a élevé une enceinte de barbelés, de projecteurs et de batteries, et lorsque j'essaie de revenir sur leurs pas et de traverser cette frontière, je me rends compte que je m'engage dans un pays qui ressemble davantage maintenant à un nouvel et singulier empire asiatique qu'à un ancien bastion de la culture européenne. La distance qu'il me faut tenter de franchir entre eux et moi représente bien plus que la barrière du temps. C'est le gouffre béant que signale un no man's land de barbelés divisant cette culture en deux camps bien armés.

Mes guides soviétiques étaient souvent déconcertés par le détachement que j'affichais à l'égard de leur pays. Quand je cherchais à entrer en contact avec des gens, ils voulaient me venir en aide, ils téléphonaient aux musées d'histoire de certaines localités pour arriver à savoir comment on avait rebaptisé les rues que nous ne connaissions que par leur ancien nom mentionné dans l'édition 1914 du guide Baedeker de Russie. Ils allaient jusqu'à nous aider à retrouver les prisons et les salles d'interrogatoire où mon grand-père avait passé les heures les plus solitaires de sa vie en 1918. Ces guides soviétiques étaient émerveillés par l'accent légèrement suranné de mon père, sa prononciation plus douce et plus moelleuse que la leur, et ils parurent surpris, mais sans se départir de leur politesse, quand ils apprirent de ma bouche que je ne comprenais pas un seul mot de la langue maternelle de mon père. Il nous fut impossible de visiter certains des lieux que nous avions projeté de revoir, tel Kroupodernitsa, propriété des Ignatieff en Ukraine et lieu de sépulture de mon arrière-grand-père et de mon arrière-grand-mère. Ce site était apparemment interdit d'accès, même si les raisons de l'interdiction ne nous furent jamais communiquées. Mais les autorités envoyèrent un photographe jusqu'à l'église du village et il prit des photos des tombeaux de la famille ornés de bouquets de fleurs fraîchement cueillies. On nous fit savoir que la propriété avait été convertie en école de village. Du domaine de Doughino, près de Smolensk, qui datait du XVIIIe siècle et où ma grand-mère avait passé son enfance et son adolescence, il n'y avait plus aucune trace. Il avait brûlé de fond en comble en 1917. Quand mon père quitta la Russie, il avait les larmes aux yeux. Mais les miens étaient secs.

Il doit y avoir quelque chose de vrai dans la croyance populaire qui veut qu'en retrouvant certains lieux on opère un retour sur soi dans le temps jusqu'à redevenir la personne que l'on a été autrefois en ces mêmes lieux. Mon père avait six ans quand il quitta la Russie en 1919 et ses souvenirs sont vagues et peu nombreux; et cependant, lors de ce retour, il vécut une sorte de catharsis, comme si, ce faisant, il avait bouclé la boucle. Pour moi, ces voyages en Union soviétique ne firent que renforcer le sentiment de la distance irrémédiable qui me séparait du passé familial. Mais par un paradoxe qui doit relever de l'essence même de l'écriture, plus ce passé s'éloignait de moi et plus je ressentais l'urgence de le raconter, avant que la disparition de la génération de mon père ne brise les derniers liens qui subsistaient encore.

Mon père et ses frères ont fait tout ce qui était en leur pouvoir pour m'aider, mais ils ne pouvaient dissimuler leur appréhension. J'avais l'impression d'être un commissaire-priseur mandaté pour évaluer des trésors qu'ils chercheraient à vendre. Les longues séances devant le magnétophone étaient comme des signes annonciateurs de leur trépas. À maintes reprises, je me suis dit qu'il valait mieux renoncer pour le moment à ce projet et ne le reprendre qu'une fois qu'ils seraient morts et enterrés. Alors, me disais-je, je serais libre de tout raconter. Mais dire tout ce que nous n'avons jamais osé exprimer en face, est-ce cela la liberté? Une liberté qui ne serait pas troublée par des silences, par ces moments où la vérité se dérobe entre un père et son fils, entre une mère et sa fille, ces occasions qui finissent par nous échapper jusqu'au tombeau? Je ne voulais pas manquer une telle occasion.

J'ai fait de mon mieux pour démêler l'histoire du mythe, le réel de l'imaginaire, mais parvenu au terme du récit, je ne puis en assurer l'exactitude, pas plus celle des événements survenus que celle de la mémoire gardée: je n'étais pas là. Tout ce que j'ai pu faire, c'est recueillir les fruits de leurs efforts de mémoire et je peux leur dire que la vague a vraiment atteint le rivage. Paul et Natasha ont pu se souvenir de ce qu'ils ont fait et ils ont su le transmettre; c'est pourquoi je leur dois la conviction que ma propre existence n'a pas commencé à ma naissance mais à la leur, il y a quelque cent ans, dans un pays étranger; et maintenant que le dernier survivant de la génération qui a vécu derrière le rideau rouge de la révolution s'apprête à quitter ce monde, je sais que c'est à moi de transmettre le flambeau de leur mémoire à ceux qui prendront la relève.

Après toutes ces années de recherche, je peux enfin entendre leur voix comme s'ils étaient présents dans cette pièce. Voici le début des souvenirs de Natasha, la première phrase qu'elle écrivit:

«J'ai décidé, pendant que j'ai encore l'esprit alerte, de coucher sur le papier toutes les dates et les années des principaux épisodes de nos deux vies, celle de mon cher mari et la mienne, afin que, lorsque nous serons passés dans l'éternité, nos fils et leurs familles puissent se représenter plus ou moins les circonstances intéressantes qui ont marqué notre existence, une existence pleine de couleurs grâce à des événements si nombreux et si frappants, et aux terribles bouleversements par lesquels nous avons dû passer au milieu de notre vie, qui ont laissé une empreinte totalement différente sur le temps qui nous restait à vivre.»

II

Mère et fille

Dans les années 1880, tous les matins d'été au domaine campagnard des Mestchersky commençaient par le même rituel. Déjà lavées, peignées et habillées par leur gouvernante, Natasha et sa sœur Véra faisaient leur entrée dans la chambre à coucher de leur mère et l'embrassaient pour lui dire bonjour. Ensuite, leur mère s'asseyait sur son lit et avalait un œuf cru. La bonne l'apportait dans un gobelet posé sur un plateau d'argent et la mère l'ingurgitait avec un reniflement vif et convulsif. Puis la bonne versait de l'eau chaude d'une aiguière dans un bassin en argent et la mère se lavait les mains. Assises au bout du lit, les deux sœurs, Natasha et Véra, assistaient à la scène.

L'aiguière et le bassin d'argent sont à peu près les seuls objets qui aient survécu à ces matinées passées à Doughino, la propriété familiale située dans la province de Smolensk, en

Russie occidentale. Ils sont de forme unie, rectangulaire et sans fioritures, simplement gravés aux armoiries de la famille. Leur place habituelle était sur la table de la salle à manger de notre maison d'Ottawa et ma mère utilisait le pichet comme vase pour les fleurs. De ma prime enfance, j'en garde un souvenir de pétales à la pourpre ondulante, qui se fanaient en embaumant avant de tomber dans l'argent du bassin.

Le rite de l'œuf et du lavage des mains une fois terminé, la bonne apportait à chacune des trois, Natasha, Véra et leur mère, une tasse de thé de Ceylan avec un pot de crème chaude qui venait de la laiterie du domaine. Pendant qu'on nattait, relevait et ramassait en deux chignons bien serrés au-dessus des oreilles ses cheveux d'un noir de jais, la mère bombardait ses filles de questions: Avaient-elles dit leurs prières? S'étaient-elles lavées? Étaient-elles prêtes pour leur leçon? Les deux fillettes en tablier se tenaient par la main et répondaient avec un bel ensemble. La famille avait l'habitude de tourner en ridicule cette manière qu'elles avaient, chaque fois qu'on s'adressait à elles, de répondre en chœur avec une petite voix de souris. Leur mère leur faisait signe d'approcher, elle ajustait les tabliers, passait la main dans les cheveux de Natasha: Pourquoi ne bouclaient-ils pas? Il fallait que Natasha ait une autre séance avec miss Saunders et son fer à friser.

À l'apparition du majordome apportant le courrier sur un plateau, les fillettes étaient renvoyées avec un baiser sur le front. La mère faisait ensuite sa correspondance, dictant ses lettres de son lit à une secrétaire, et les filles se rendaient dans la salle d'études. Miss Saunders et, après elle, Mr Sharples, le précepteur d'anglais, leur donnaient leurs leçons. Dans la nursery — c'est le mot qui convient —, on observait les manières et les coutumes anglaises: à l'heure du goûter, c'était du *bread pudding* accompagné de Lyle Golden Syrup, et des biscuits Huntley & Palmer dans les boîtes en étain, rouges et carrées, qui venaient des boutiques anglaises de Moscou.

Natasha, princesse Mestchersky, était née en août 1877 dans une famille de six filles et deux garçons, dans l'ordre: Catherine, Alexandre (appelé Sacha), Alexandra, Maria, Sonia, Pierre, Véra et Natasha. Elle était la petite dernière, aux manières gauches, conçue par ses parents dans leur maturité. Sa mère, Maria Panine, descendait de Nikita Panine, ministre des Affaires étrangères sous Catherine II, dont le frère Pierre avait dirigé l'écrasement de la révolte des serfs menée par le brigand Pougatchev dans les années 1773-1774. Les Panine avaient reçu en cadeau de l'impératrice ce domaine familial de Doughino. Quant au père de Natasha, le prince Nicolas Mestchersky, il était recteur de l'Université de Moscou.

Il ne reste qu'une seule photo des parents

de Natasha. Ils sont assis côte à côte, le père et la mère, sur un divan à Doughino. Lui paraît grand et mince, de fine ossature et le visage allongé. Sa longue barbe blanche pend sur le devant de sa redingote. Il s'incline pour effleurer de ses lèvres la main de sa femme. Tandis que ses yeux la contemplent avec dévotion, elle ne lui fait pas grâce d'un regard. Ses yeux à elle sont braqués sur l'appareil, elle a l'air lourde, corpulente et laide, avec ses bottines noires impeccablement cirées qui pointent au-dessous de sa robe noire en taffetas. Ses cheveux sont tirés en arrière en un chignon serré. Ses joues sont épaisses, et sous la paupière tombante, son regard jauge le photographe avec un amusement condescendant. Il fut un temps, au cours du XVIIe siècle, où les Panine s'appelaient Panini, mais avaient quitté l'Italie pour s'établir en Russie et y faire fortune. C'est d'eux que la mère de Natasha tenait son teint olivâtre et son goût pour la discussion. Ses filles disaient d'elle qu'elle avait un «cerveau d'homme»; elle perdait patience devant la candide et timide indécision des femmes de son époque et de son milieu. Disgracieuse et pleine de verve, tranchante et raisonneuse, elle régnait sur Doughino durant l'été et sur les hautes sphères de la société moscovite durant l'hiver. Dans les années 1880, elle y avait formé, en compagnie de la comtesse Chérémétieff et d'une certaine miss Tuitcheff, une sorte de triumvirat appelé le *Conseil des infaillibles*. À elles trois, elles composaient le tribunal qui tranchait en dernier ressort les questions de bienséance, de maintien et de mariage. Dans ses beaux jours, elle avait été célèbre pour le mordant de ses reparties. Un jour que le prince Volkonsky l'avait prise par la main au cours d'un dîner de gala pour lui débiter les commérages déplaisants qui circulaient en ville, elle avait plongé la main dans son réticule et en avait tiré un petit cadenas qu'elle lui avait tendu en lui disant en français, d'un ton caustique, que s'il ne pouvait s'empêcher de colporter des potins sur ses amis, il n'avait qu'à se cadenasser la bouche. Elle les tenait tous sous son emprise, mari, enfants, domestiques: chaque été, ses filles mariées étaient priées de venir des quatre coins de la Russie occidentale et de se présenter à Doughino, maris et enfants compris, avec toute la smala des nurses et gouvernantes, précepteurs et cochers, pour passer la saison tous ensemble sous son regard vigilant et désapprobateur.

Le père de Natasha était un gentleman de la vieille école, aux manières douces et aux opinions conventionnelles, qui se laissait mener par sa femme et ses filles. Natasha lui ressemblait par le physique et le caractère. C'était un homme de grande taille, à la fine ossature, son front haut surmontant un nez droit et allongé. Dans l'éducation de ses enfants, il semble n'avoir joué qu'un seul rôle, celui de les aligner devant lui chaque matin dans son bureau et de leur administrer une cuillerée d'huile de foie de morue, suivie d'une tranche de pain bis pour faire passer le mauvais goût.

C'était un homme généreux et distrait. Quand il partait à pied le matin pour l'université, tout le long du trajet il distribuait des pièces de monnaie aux mendiants de la ville. Un jour que Natasha l'accompagnait, un de ces mendiants l'accosta. Le père lui dit qu'il était désolé mais qu'il avait oublié de se munir de petite monnaie, ce à quoi le mendiant répliqua qu'il en avait, lui, beaucoup; et Natasha vit son père attendre debout, avec un sourire absent, que le mendiant, qui avait pris le billet d'un rouble, lui rende suffisamment de kopecks pour que la transaction satisfasse les deux parties. Qu'il s'agisse de faire la charité ou de tenir la maison, le père de Natasha était un patriarche dominé par les autres.

Le prince Mestchersky avait un frère, personnage aussi équivoque qu'il était, lui, respectable. Homosexuel et antisémite, toujours escorté de jeunes officiers de la garde, il était connu dans les cercles de Saint-Pétersbourg sous le sobriquet de prince de Sodome. Il dirigeait la publication d'une feuille, le *Grazhdanin* (Le Citoyen), lecture obligatoire des réactionnaires de son temps. À cause de cet oncle Vladimir, quand les Mestchersky voulaient faire allusion aux homosexuels, ils employaient entre eux la formule-code «un certain genre de citoyen». Sur ce quidam, les cancans allaient bon train: c'était, au choix, «un minable mouchard, une langue de vipère, un lèche-cul, un pervers sexuel, un feuilletoniste de bazar, un chevalier d'industrie...». Sa femme l'avait, dit-on, pris en flagrant délit avec un trompettiste de la garde et l'on chuchotait qu'il lui arrivait aussi de s'affubler de vêtements féminins. Mais le laxisme de ses mœurs ne semblait pas gêner ceux qui le lisaient pour ses opinions. En 1881, au lendemain de l'assassinat du tsar Émancipateur (surnom d'Alexandre II), Vladimir Mestchersky fit paraître dans *Le Citoyen* un éditorial qui clamait haut et fort le leitmotiv des temps nouveaux: «Où que l'on aille, on n'entend qu'un seul cri proféré par le peuple: Battez-les! Battez-les! Et comment les autorités y répondent-elles? Par tous les moyens, sauf par le fouet. Quelles seront les conséquences d'une telle contradiction? Une terrible absence de discipline, la ruine de l'autorité paternelle au sein des familles, les méfaits de l'alcoolisme, le crime et ainsi de suite...»

Lorsque cette année-là, 1881, le nouveau tsar Alexandre III monta sur le trône, peu de gens, parmi ceux qui faisaient l'opinion, pouvaient lui plaire autant que le prince Vladimir Mestchersky. Les parents de la petite Natasha interdisaient l'accès de leur maison au vieux débauché, mais il semble bien qu'ils partageaient la plupart de ses idées, avec moins de violence toutefois.

Les Mestchersky formaient une famille d'hypocondres extrêmement nerveux. Semblables en cela à de nombreuses familles russes de leur temps, ils appelaient le médecin au moindre toussotement ou à la plus légère fièvre. Dans leur cas, toutefois, les craintes qu'ils entretenaient sur la santé de la famille n'étaient pas dénuées de tout fondement. On avait envoyé Catherine, l'aînée des sœurs de Natasha, prendre l'air de la mer dans un hôtel d'Ostende et elle était morte de «consomption galopante» (l'expression en usage pour la tuberculose) à l'âge de vingt ans. Affligés par cette perte, les parents veillaient sur le reste de leur progéniture avec une sollicitude qui tendait à l'obsession. La troisième fille, Maria, avait fait une chute de cheval qui l'avait rendue invalide et, pour qu'elle s'en remette, sa mère l'avait emmenée faire le tour du monde. Quant au fils aîné, Sacha, géant au dos voûté mesurant près de deux mètres, c'était un garçon doux et affable qui se passionnait pour les serres de sa mère: il cultivait les œillets à partir de boutures et manifesta un tel engouement pour la couleur verte qu'il se vêtit d'un costume de serge verte, se coiffa d'un chapeau de chasse de même couleur et se lança dans des expériences sur toutes les variétés d'orchidées vertes. Son plat favori était la soupe de petits pois.

Il fallut engager un précepteur anglais pour transformer ce garçon timide et bizarre en un gentilhomme capable d'affronter une carrière. On ne sut jamais exactement ce qui s'était passé — la mère de Natasha ne tolérait pas qu'on en parle —, mais le précepteur se mit à battre Sacha chaque fois qu'il se trompait dans ses leçons ou qu'il se masturbait dans son lit. Le pauvre garçon aurait supporté en silence toutes ces avanies n'eût été la méningite qu'il contracta. Quand il se rétablit, le pot aux roses fut découvert, le précepteur mis à la porte et les parents bien obligés d'admettre que le pauvre Sacha ne serait finalement heureux qu'en se consacrant à ses œillets Malmaison et à l'univers contrôlable de la serre.

Natasha trouvait que Sacha était un garçon aimable mais ennuyeux, et Pierre, son frère cadet, un être charmant mais faible; quant à ses sœurs, elles «étaient toutes de braves femmes, mais aucune n'était brillante». La grande et élégante Sonia aux cheveux châtains s'était montrée assez coquette avant son mariage, mais une fois mariée, elle était devenue collet monté et prenait tout au sérieux; de même pour Alexandra, que Natasha jugeait trop posée; Maria, elle, était quelque peu infirme; quant à la pauvre Véra, c'était «un véritable paquet de nerfs» et l'homme qu'elle épousa, le digne baron Offenberg, le plus assommant des individus. Passant au crible les petits défauts de son entourage, Natasha savait se montrer aussi brutale que sa mère.

La petite Natasha passait ses hivers à Moscou, dans la résidence Mestchersky qui faisait face aux bâtiments jaunes et blancs de l'université, rue Nikitskaya, juste derrière le

Kremlin, et ses étés à Doughino, de la fin mai à la fin septembre.

J'ouvre le guide Baedeker de l'empire russe, édition de 1914, et je suis la ligne du chemin de fer qui part de Moscou en direction de l'ouest; à trois cent vingt kilomètres de la capitale, c'est la province de Smolensk, et voici la rivière Vasousa dont les eaux traversaient le fond du domaine. Au printemps, elles débordaient, et ses rives ainsi que toute la campagne environnante étaient submergées; seuls des bosquets isolés surnageaient dans les champs détrempés. Lorsque, dans ces printemps mouillés, les Mestchersky arrivaient de Moscou pour ouvrir la saison d'été au domaine, ils devaient, depuis la gare, monter dans des barques à fond plat que leurs domestiques faisaient avancer à travers champs à coups de perche. Quand ils atteignaient la terre ferme, des voitures attelées les attendaient pour les conduire jusqu'à la maison perchée sur la colline, après avoir dépassé les blanches colonnes du portail et la chapelle familiale aux flèches jumelles.

La maison elle-même était une gentilhommière du XVIIIᵉ siècle à deux étages, dans les tons de pêche; des plantes grimpantes s'entrelaçaient sur ses murs et six imposantes colonnes de marbre soutenaient un portique de style corinthien. Des plantes de serre chaude agrémentaient les balcons qui surplombaient l'entrée et deux lions de marbre grandeur nature trônaient de part et d'autre du seuil. Sur

58

les photos qu'il m'en reste, je compte jusqu'à trente-quatre fenêtres qui donnent sur le jardin anglais. Il y avait en tout une centaine de pièces, entre les chambres, les salons, les écuries et les serres, et des arpents de parcs aménagés en parterres de fleurs bordés de buis et de pinèdes. Au printemps, les prés vallonnés dont les pentes descendaient jusqu'à la rivière au fond du jardin regorgeaient de fleurs de toutes sortes. Des années plus tard, et où qu'elle se trouvât, Natasha serait toujours capable de revoir les pièces disparues, de suivre le grand vestibule aux banquettes de chêne bien rangées, de remonter ensuite la double volée d'escaliers et de longer les gravures des fables de La Fontaine dans leurs cadres dorés, avant de traverser le bureau de son père jusqu'à la salle de bal et la salle à manger meublée en bois d'érable, de passer devant les vitrines aux porcelaines et d'aboutir enfin au boudoir de sa mère. Là, sa mémoire s'attardait sur le portrait de sa grand-mère dans sa robe à volants en velours marron foncé, avec ses yeux étincelants, d'un brun aussi profond que le bois du cadre.

Quelque part vers l'arrière, une porte menait à la bibliothèque. Sur les rayons d'érable s'alignaient les livres de l'ancêtre Nicolas Karamzine, piquetés de marque-pages et annotés de sa main. C'est dans ce stock d'ouvrages qu'il avait puisé les éléments de son histoire de la Russie. À chaque étape de son aventure à travers la révolution et l'exil, Natasha a toujours insisté pour emporter les trois volumes de *L'Histoire de l'État russe* de Karamzine, dans leur reliure de cuir rouge frappée de l'écusson familial. Pour elle, ces volumes étaient un talisman, tout comme l'étaient l'aiguière et le bassin de sa mère: elle s'accrochait à ces objets pour garder sa foi dans toutes les autres choses qu'elle avait dû laisser derrière elle.

Au-dessus de la bibliothèque, il y avait un petit théâtre niché sous les combles; c'était là que les enfants donnaient des spectacles l'été pour les parents et leurs invités. Quand il y avait répétition, ils étaient dispensés de leçons. Le jour du spectacle, un coiffeur venait de la ville voisine grimer les jeunes acteurs et actrices. Tous les spectateurs accouraient des villages voisins, et même les domestiques pouvaient suivre la représentation depuis le seuil. Dans leur costume de scène, Véra et Natasha demeuraient clouées sur leur siège tandis que le coiffeur opérait: de la langue il se mouillait le bout du doigt, puis le trempait dans le pot de rouge et l'appliquait légèrement sur les joues des fillettes. Dans le miroir scintillant sous l'éclat des bougies, elles se voyaient se métamorphoser en femmes.

Voici que j'interroge mes photographies de Doughino, que je rôde de chambre en chambre, armé de ma loupe. Le parquet reluit sous la lumière; projetée par la lueur diffuse qui filtre à travers les rideaux d'une fenêtre, une ombre se glisse dans une pièce. Dans les

angles, des poêles hollandais s'élèvent du sol
jusqu'au plafond; adossées au mur, figées dans
la blancheur de l'albâtre, voici les statues des
Panine entourées d'un mobilier datant du
règne d'Alexandre Ier, des fauteuils aux lignes
incurvées, conçus pour qu'on puisse se reposer
le dos quand on joue au whist dans un uniforme qui vous comprime. Dans le poli d'une
table d'acajou, j'aperçois le reflet blanchâtre
d'un pilastre corinthien. Au bout d'un corridor,
une porte est restée entrouverte. Dans la salle
de musique et de jeux, le «conservatoire», des
papiers dorment sur un secrétaire. Un journal
et une plume d'oie traînent sur un bonheur-
du-jour. Une table de jeu attend des joueurs
pour une partie de whist après dîner. Les murs
sont encombrés de portraits, véritable galerie
des ancêtres. Légèrement inclinés, les tableaux
tracent sur les murs des triangles d'ombre
noire. Du plafond peint descend un lustre et
la lumière qui tombe des fenêtres dessine sur
les lames rectangulaires du parquet luisant des
carrés qui vont en s'étirant.

Sur une photo du conservatoire, je repère,
sur le côté, une statue de Nikita Panine assis
sur son fauteuil — tel que Houdon a représenté
Voltaire —, personnage ténébreux et replet, af-
fublé d'une perruque, les jambes croisées, une
main agrippant le bras de son siège, l'autre posée sur une chemise renfermant des documents
d'État. Sur l'écharpe qui ceint sa poitrine, luit
une décoration en forme d'étoile. À ses pieds,

une lettre cachetée sculptée dans le bronze, tout comme les livres qui s'empilent sous son fauteuil. Pour quelqu'un qu'on a représenté à l'apogée de sa puissance, il affiche sur son visage fripé une expression curieusement désenchantée.

Son arrière-arrière-petite-fille Natasha a grandi en jouant à ses pieds. On avait prévenu les enfants, encore tout jeunes, que si leurs jeux devenaient trop bruyants, il descendrait de son fauteuil et viendrait leur botter les fesses de ses souliers à boucle. Plus tard, alors qu'ils étaient déjà des adolescents, on leur raconta une autre histoire, celle du jour où il était tombé en disgrâce. La scène eut lieu dans le boudoir de la Grande Catherine. Flétrie par la luxure et le pouvoir, l'impératrice passait des heures à se maquiller. Dans la pièce voisine, son ministre l'attendait; mais comme il n'était pas non plus de première fraîcheur, il s'était mis à somnoler, à la lueur vacillante des candélabres, dans cette atmosphère confinée exhalant des effluves féminins. Lorsque Catherine surgit enfin de derrière les panneaux peints du paravent japonais, la poitrine barrée de l'insigne du pouvoir impérial, les joues plâtrées et les yeux noircis de fard, elle trouva son chancelier endormi, affalé dans son fauteuil. Elle pouvait admettre qu'on discutât ses opinions sur les affaires de l'État, mais elle ne tolérait pas qu'on se montrât insensible à ses charmes. Selon la légende familiale, l'impératrice l'avait secoué pour le réveiller et l'avait expédié dans ses terres pour purger sa disgrâce.

Il avait toujours effrayé Natasha, ce vieux comte de bronze, amer et désillusionné, quand elle entrait la nuit dans le conservatoire ou qu'elle passait devant les fenêtres de la salle en quittant le jardin pour monter se coucher. Les candélabres jetaient des lueurs sur les doigts agrippés aux bras du fauteuil et des ombres noirâtres couraient dans l'orbite de ses yeux privés de vision. Serrant son fichu sur sa tête, Natasha montait l'escalier quatre à quatre, sentant le regard de la statue rivé sur son dos.

À onze heures du matin, quand il faisait beau, Fidki le cosaque promenait sa mère dans son fauteuil d'osier à travers parcs et jardins, par les allées recouvertes de gravier. Le jardinier se penchait pour entendre les ordres de sa maîtresse, puis c'était au tour du garde forestier, le *Hofmeister* Bertram, de faire son apparition. Les Bertram servaient la famille depuis l'époque lointaine du vieux comte Panine. Dans les années 1780, celui-ci les avait fait venir d'Allemagne pour exploiter à l'européenne ces forêts russes, et ils s'étaient succédé de père en fils, faisant à la fois office de médecins des arbres et de médecins de la famille. S'il arrivait à la mère de Natasha d'appeler le *Hofmeister* en pleine nuit parce qu'un des enfants avait la fièvre, ceux-ci l'entendaient monter l'escalier en clopinant, pestant en sourdine contre *diese verfluchte Familie*, cette maudite famille; et il restait ensuite au chevet du malade, penché sur lui et fleurant bon le pin.

Pour la mère de Natasha, le jardinage était une passion. Son rendez-vous matinal avec le jardinier et le *Hofmeister* se déroulait avec la gravité d'un conseil d'état-major de l'armée. Elle tenait une badine dont elle battait l'air, tandis que le *Hofmeister* s'inclinait en ronchonnant et regardait dans la direction indiquée. Les nouveaux séquoias de Californie, c'est là qu'il faudrait les planter, la nouvelle roseraie, on l'aménagerait là-bas, et puis que diable faisaient ces pissenlits sur la pelouse anglaise? Elle prenait le jardinage tellement au sérieux que lorsque son fils aîné Sacha déclara, dans le seul accès de provocation qu'on lui connût jamais, que le jour où le domaine lui reviendrait, il ferait abattre sa rangée de cyprès favorite, elle le déshérita sur-le-champ. L'incident faillit tourner au drame. Il passa des semaines à s'efforcer de la convaincre qu'il s'agissait seulement d'une plaisanterie.

Natasha adorait faire le tour des jardins avec sa mère et appréciait particulièrement la visite des serres, ces grands hangars vitrés bien aérés, avec leur terre rouge et chaude sous les pieds et, dans des niches, des statues de femmes frustes. L'hiver, ces serres étaient une luxuriante parcelle de Crimée transplantée en Russie septentrionale. À l'extérieur, la neige pouvait recouvrir d'un blanc manteau les arbres et les pelouses; à l'intérieur, pêches et citrons mûrissaient, offrant au toucher leur douce chaleur.

Entre Natasha et sa mère s'interposait une cohorte de gouvernantes, valets, précepteurs et jardiniers, sans compter ses frères et sœurs aînés. Elle était toujours au second plan, et c'est seulement lorsque les autres eurent quitté le giron familial pour fonder leur propre famille qu'elle put trouver le chemin du cœur de sa mère. Elle gardait d'elle-même le souvenir d'une fillette atrocement timide: «Quand, à peine sortie de l'enfance, je me trouvais en présence d'étrangers, je levais le bras pour me cacher le visage; cela avait le don d'irriter particulièrement ma grande sœur qui m'assurait que j'agissais ainsi par affectation.» Cette timidité, selon ses dires, était son grand malheur. À d'autres! répliquait sa tante, selon laquelle ce n'était que l'indice d'un orgueil et d'un égocentrisme excessifs: «Si tu veux bien prendre conscience, une bonne fois pour toutes, que personne ne te remarque ni même te regarde, toute ta timidité s'envolera.» Mais c'était plus fort qu'elle; elle se cachait derrière les rideaux et regardait les autres jouer.

Dernière de la portée, Natasha la maladroite, celle qui n'était jamais à l'aise, s'accrochait à sa sœur aînée, l'élégante Sonia; aussi prit-elle l'habitude de fondre en larmes lorsque celle-ci s'éclipsait pour se rendre aux bals de la société moscovite, après avoir effleuré les joues de la petite d'un baiser parfumé. Ses sœurs franchirent la frontière qui les séparait du monde des gaines et des bottines à boutons, des corsages et des problèmes spécifiquement féminins, en l'abandonnant à son état de fillette. Les soirs où venaient des invités, Natasha les contemplait dans leur boudoir pendant qu'elles s'habillaient, puis elles descendaient, la laissant seule à l'étage supérieur, assise sur la dernière marche, observant à la dérobée les danseurs qui tournoyaient en bas, par la porte ouverte de la salle à manger. Un peu plus tard, quand elle devint plus grande, pendant que ses sœurs dansaient la polka et le quadrille et que le *dirigeur*, celui qui menait la danse, leur présentait un cortège de jeunes officiers qui seraient leurs cavaliers, elle devait jouer le rôle de *bouquetière*: elle poussait une carriole chargée de fleurs dans la salle de bal, s'arrêtant de table en table pour que les officiers offrent un bouquet à leur partenaire. Un soir, on prit une photo d'elle devant sa carriole, vêtue de son tablier vert et coiffée d'une toque rose avec des rubans dans ses cheveux frisés; puis on l'expédia se coucher, tandis qu'au-dessous d'elle, dans les salles de réception brillamment éclairées, déferlaient les flonflons de la danse.

Dans son enfance, Natasha passait généralement les mois d'hiver dans la résidence familiale de la rue Nikitskaya, un vaste hôtel particulier aux nombreuses dépendances attenantes. Sur les photographies défraîchies, on découvre un jardin intérieur — des plates-bandes de gazon séparées en leur centre par une allée de gravier —, entouré de tous côtés par des corps de bâtiment aux fenêtres surmontées d'auvents. À l'extérieur, devant l'entrée empierrée, un cocher habillé de pied en cap d'une livrée crème et coiffé d'un haut-de-forme est assis sur son siège dans le coupé familial, tenant en bride une jument pie. Il attend son maître qui est sur le point de sortir. Un laquais se tient prêt à ouvrir la porte.

Certains soirs, quand toutes les lampes étaient allumées et qu'on attendait des invités pour la soirée, Natasha et Véra glissaient le long de la rampe d'escalier jusqu'à la porte d'entrée et sonnaient la cloche qui servait au laquais pour annoncer les convives. Le père apparaissait alors en haut de l'escalier et les deux fillettes bondissaient vers lui pour le surprendre. Peu de temps avant que n'arrivent les invités, le majordome passait de chambre en chambre, armé d'un long brûle-parfums suspendu à un bâton. C'était un plateau de métal chauffé dans lequel il avait versé un parfum appelé Eau-de-Cour. La fragrance humide et suave se répandait dans les corridors, passait sous les portes et s'infiltrait dans les pièces jusqu'à imprégner les draps. À l'heure où Natasha courait se glisser sous les couvertures, elle sentait encore sa présence, tel un fantôme embaumant.

La veille de Pâques, le soir du samedi saint, Natasha revêtait sa plus belle robe et s'installait devant la fenêtre ouverte en attendant que les cloches du Kremlin se mettent à sonner. Depuis le matin, les cuisiniers s'affairaient à préparer le *koulitch* et la *paskha*, et dans toute la maison flottaient des effluves de galette sucrée, de raisins et d'amandes. Vers la fin de l'après-midi, le festin de Pâques était prêt dans la salle à manger. Culminant en coupole, la masse blanche de la *paskha* trônait au centre de la grande table à tréteaux avec, tout autour, des jattes pleines d'œufs passés au colorant, marqués chacun du signe «XB» pour «Le Christ est ressuscité». Les mains de Natasha étaient alors toutes tachées de bleu et de vert car elle avait passé l'après-midi à l'office, en compagnie de sa sœur Véra, à tremper les œufs dans la teinture. Dans quelques heures, à minuit, les cloches du Kremlin commenceraient à sonner à toute volée dans l'immensité nocturne, et leurs tintements et carillons seraient repris par les clochers des églises voisines, celle au bulbe blanc du bout de la rue où Pouchkine s'était marié, celle aux briques rouges au bas de la ruelle, puis les chapelles des rues latérales, tous ces sons concertant dans un crescendo de célébration. Ce serait le moment où, lâchant le châssis de la fenêtre, Natasha se dirigerait en courant vers la chapelle familiale du troisième étage où déjà se faisaient entendre les voix du chœur: religieuses d'un couvent voisin, domestiques de la maison, solistes de la chorale Choudofsky, sans oublier ses sœurs aînées. Le majordome monterait alors les escaliers, annonçant à chaque étage: «Le service commence», et tous se précipiteraient, frères et sœurs, gouvernantes et domestiques. Dans l'ordre et derrière le majordome, le pope et ses acolytes viendraient se placer dans la procession qui monterait les marches des escaliers tournants, recouvertes d'un tapis rouge. Puis ce serait l'instant où, dans leurs blancs vêtements sacerdotaux, les officiants proclameraient: «Le Christ est ressuscité, le Christ est vraiment ressuscité!», et alors chacun des fidèles réunis dans la chapelle allumerait une bougie et embrasserait trois fois les autres assistants; et tous quitteraient la maison au point du jour pour sentir le souffle du printemps et la promesse du retour à la vie au sortir de l'hiver. Enfin, ils rentreraient à la maison et se retrouveraient devant la table de la salle à manger pour festoyer à grand renfort de *paskha* et de *koulitch*, et jouir de l'abondance du banquet pascal après l'abstinence du carême.

Au cours des dîners familiaux dans la maison de Moscou, certaines plaisanteries revenaient régulièrement. L'une d'elles, que Natasha raconterait plus tard à ses enfants, était celle du monsieur coiffé d'un haut-de-forme, assis dans un compartiment du train, qui éprouve le besoin d'uriner. Sans se gêner, il se soulage dans son haut-de-forme, le vide par la fenêtre du compartiment, s'incline avec raideur devant les dames présentes, remet son couvre-chef sur sa tête, se rassied sur son siège et reprend la lecture de son journal. Quelques minutes plus tard, le voilà qui sort un cigare de sa bague, s'incline à nouveau devant les dames et leur demande la permission de fumer. L'une d'elles lui fait remarquer qu'il n'a pas pris la peine de leur demander la permission antérieurement; ce à quoi le monsieur rétorque (en français): «*Ah, madame, ça, c'était la nécessité, mais ceci*, désignant le cigare, *c'est le plaisir!*»

Une autre anecdote évoque un vieux prêtre chargé de marier un couple d'une laideur repoussante. L'heure vient d'y aller de son petit sermon, et tout ce qu'il peut faire, c'est bougonner (toujours en français): «*Aimez-vous l'un l'autre, parce que sinon c'est le Diable qui vous aimera.*»

Le sujet de plaisanterie le plus sûr était cependant le précepteur des garçons, M. Bachinsky, qui venait de Pologne et parlait un russe approximatif. Voulant exprimer à la mère de Natasha à quel point il se sentait proche d'elle, il lui dit un jour, avec son accent prononcé: «Je sens moi-même avec vous, Princesse, comme dans ma propre chemise.» Natasha et Véra passaient leur temps à le taquiner, l'assurant que, comme il devenait vieux, il était temps qu'il se marie s'il ne voulait pas finir ses jours tout seul. Elles l'obligeaient à fléchir un genou devant elles et lui faisaient répéter, la main sur le cœur, la tirade qu'il aurait à prononcer pour sa demande en mariage. C'était merveille de le voir rougir.

Pauvre M. Bachinsky... Il n'avait pas seulement la charge de l'éducation des garçons, mais aussi celle des finances de la famille. Persuadé qu'il fallait réaliser des économies, il se fit rouler et vendit pour une bouchée de pain un domaine situé dans la province méridionale de Voronej. Quand il se rendit compte qu'on l'avait dupé, il en fut tellement affligé qu'il s'en retourna dans sa Pologne natale. Là, il tomba dans un puits de jardin et se noya.

Bien des années plus tard, il arriva souvent à Natasha de dire à ses fils (en français): «*Racontez-moi quelque chose*», lorsque ceux-ci revenaient de quelque lointaine contrée. Elle adorait qu'on lui raconte des histoires, et plus l'histoire était rocambolesque, plus elle s'en amusait; elle se mettait les mains sur la figure et pouffait silencieusement, en se balançant d'avant en arrière.

Pierre, le plus jeune de ses frères, était, disait-elle, «un spécialiste des inventions stupides, un garçon parfaitement insipide» — elle ne pouvait comprendre ce que les filles lui trouvaient —, mais il savait la faire rire. Elle restait auprès de lui, tard dans la nuit, quand il était en permission de son régiment de cavalerie, et elle l'écoutait parler tandis qu'il astiquait ses bottes. Il lui contait de longues histoires sur la famille de sa fiancée et la faisait tellement rire qu'il était obligé de la porter dans ses bras jusqu'à sa chambre, là-haut, pour la mettre au lit.

De sa prime enfance, les heures les plus heureuses furent celles où ses frères et sœurs étaient encore à la maison et où elle restait dans leur sillage. À l'âge de la mue, «l'âge de se transformer en *backfisch*» — expression allemande qu'elle employait pour désigner l'adolescence —, elle cessa de s'alimenter et commença à dépérir, résistant silencieusement à l'éveil de la féminité. On fit venir des professeurs de faculté, dont l'un était tellement imbu de sa supériorité qu'il envoyait à l'avance un assistant essayer les fauteuils dans lesquels il lui faudrait s'asseoir. Ces sommités prescrivirent la Riviera et c'est ainsi qu'elle et sa mère furent expédiées à Cannes, au grand hôtel Le Cannet, où une sinistre matrone balte lui fit prendre du poids grâce à un régime à base de sandwiches à la *poudre de viandes*. Les médecins français se montrèrent moins déférents à son égard: «C'est une enfant gâtée», déclara le professeur Cazalis de Nice, et il l'envoya prendre les eaux à Aix-les-Bains. Cures thermales, régimes alimentaires, cures de repos, elle entra dans ce cercle de sanatoriums et d'hôtels aux blanches façades où certaines personnes de sa condition semblaient passer leur vie entière. Quand elle en ressortit, elle avait retrouvé l'appétit, mais elle garda le souvenir de cette évasion possible si seulement elle arrêtait de se nourrir. Elle fut la dernière à quitter le foyer, la fille la plus soumise à l'amour de sa mère, mais aussi celle qui éprouva le plus de douleur à devenir femme.

L'hiver de ses seize ans, Natasha le passa à Nice avec sa famille. C'était la première fois qu'elle s'y rendait durant la saison froide et on pouvait la voir, pendant ces journées de février où l'on fête le carnaval, flâner au bras de son père sur la Promenade des Anglais. Ils allaient tous deux parmi la foule, courbant la tête sous le déluge de confetti, regardant les clowns, s'associant aux rondes et aux chants, échappant enfin à la cohue pour rester seuls ensemble tout au bout de la Promenade et regarder la mer d'hiver, sombre et calme.

Elle était encore à Nice l'hiver suivant (1894) en compagnie de sa mère lorsque leur parvint une dépêche de Doughino: le *Hofmeister* Bertram les priait de rentrer le plus vite possible. Le maître allait très mal. À toute vitesse, elles firent le trajet du retour, passant par Paris, Dresde et Berlin, pour trouver le père dans la phase terminale d'une infection des reins et de la vessie qui devait l'achever. Il se tordait de douleur dans son lit. Des chirurgiens et des infirmières de Moscou furent mandés au domaine pour le soigner. Ils dormaient sur des divans, dans une pièce adjacente, tandis que les filles se relayaient à son chevet. Natasha se chargea des gardes de nuit. Un matin, après des semaines de souffrances, juste avant l'aube, il sembla s'éveiller et jeter un regard autour de lui. Avant qu'elle eût le temps d'appeler sa mère qui se trouvait dans la pièce voisine, il dévisagea sa fille, puis ferma les yeux pour toujours.

73

On habilla le défunt et on le plaça dans un cercueil posé sur la table de billard dans le conservatoire. Les filles le veillèrent à tour de rôle et lurent des psaumes tout au long des nuits et des jours qui précédèrent les funérailles. Une nuit où elle était assise près du cercueil, Natasha lut un psaume de la Bible posée sur ses genoux:

> *Me revient en mémoire mon cantique dans la nuit.*
> *Je m'entretiens avec mon propre cœur.*
> *Le Seigneur me repoussera-t-il à tout jamais?*
> *Dieu aurait-il oublié toute miséricorde?*

Durant les longues heures de cette nuit où Natasha, assise près de son père, le veillait et observait son visage hâve et desséché, elle vit un rideau se soulever sous l'effet d'un courant d'air, la cire des bougies tomber goutte à goutte sur le sol et les rameaux des palmiers s'entremêler et frotter les uns contre les autres. Elle avait alors dix-sept ans.

Son mari une fois enterré dans la crypte familiale bordée des bouleaux de Doughino, c'est vers Natasha que sa veuve se tourna dans son chagrin. Elle insistait pour que sa fille l'accompagne au grenier et Natasha, installée sur des coffres, observait le dos courbé et bien-aimé de sa mère, tandis que celle-ci farfouillait de façon frénétique mais vaine dans des tas de titres et de vieux papiers, pour donner l'impression qu'elle pouvait se débrouiller toute seule.

Ce fut un choc pour sa fille de découvrir que cette femme dominatrice était devenue si vulnérable, maintenant que l'homme qu'elle tenait sous son empire avait disparu; et ce n'était pas tout: pour la première fois également, Natasha voyait en sa mère une vieille dame. Bien des années plus tard, elle écrivit: «Je sentis mon cœur éclater et, seule dans mon coin, je répandis des flots de larmes. Maintenant que je suis devenue vieille à mon tour, il me semble que depuis mon enfance j'ai redouté la vieillesse et que la vue des gens âgés m'a toujours fendu le cœur. Je trouve tellement tragique de voir les êtres qu'on aime changer sous notre regard. Je suis maintenant bien âgée moi-même, mais je crois que je n'arriverai jamais à surmonter cette terreur et cette appréhension de la vieillesse.» Natasha avait soixante-six ans quand elle écrivit ces lignes, faisant retour sur elle-même pour retrouver la jeune fille solitaire qui observait sa mère brisée par le veuvage et la douleur.

À cette époque, tous ses frères et sœurs avaient déjà commencé leur vie d'adulte: Sacha, après le lycée, était entré à l'université, Pierre se trouvait au régiment et les filles s'étaient mariées. Natasha avait pris part à tous les conseils de famille où chacun des prétendants avait été impitoyablement jaugé et leur lignage soigneusement étudié à l'aide de l'*Almanach du Gotha*. Elle avait participé à toutes les fêtes de fiançailles de ses sœurs, avait levé sa coupe de champagne à leur bonheur, présidé à leur toilette de mariage, tenu leur bouquet près du landau et fait de grands gestes d'adieu le long de l'allée lorsque les couples partaient pour leur lune de miel; et elle s'était retrouvée seule avec sa mère, la despotique doyenne dans son fauteuil roulant. Natasha devint alors d'une soumission exemplaire, la fille qui, par les longues après-midi d'été, lisait à sa mère l'*Histoire de Frédéric le Grand* de Carlyle, qui l'accompagnait à Nice et qui, dans la faible lumière de l'hiver, poussait son fauteuil le long de la Promenade des Anglais. De retour à Doughino, elle faisait tous les jours avec elle le tour des jardins, la regardant palper de ses vieilles mains les pêches de la serre et donner de petits coups de badine à ses conifères chéris. Quand sa mère commençait à se plaindre du froid, Fidki, l'indolent cosaque, faisait faire demi-tour au fauteuil roulant et le ramenait sur le gravier jusqu'à la maison, Natasha fermant la marche.

La nuit, elle dormait dans une pièce attenante à la chambre de sa mère, prête à se lever pour la réconforter, l'écoutant gémir et se lamenter. La vieille femme avait mal à la poitrine et ses douleurs ne lui laissaient aucun répit. On fit venir des guérisseurs dont l'un, qui s'appelait Blitz, prescrivit des massages. Au lieu de s'atténuer, les douleurs s'accrurent et la tumeur au sein se mit à enfler. Bientôt il fallut se rendre à l'évidence et on envoya une dépêche à un chirurgien de Moscou. Sept heures plus tard, il descendait du train à Doughino, jetait un coup d'œil sur sa malade et donnait l'ordre de faire célébrer une messe chantée à la chapelle et de désinfecter une chambre avant de procéder à l'opération.

La mère de Natasha avait une amie de longue date, la comtesse Chérémétieff, qui avait été infirmière pendant la guerre russo-turque. C'est elle qui lui tint la tête pendant qu'on lui passait sur le visage un tampon de gaze imbibé de chloroforme. Dans les vapeurs, la patiente, très agitée, criait au chirurgien qu'il aurait dû abandonner la médecine pour se consacrer à l'enseignement; ainsi aurait-il au moins œuvré pour le bien de l'humanité, au lieu de lui faire subir de telles tortures. Dans le corridor envahi par l'odeur du chloroforme, Natasha priait en écoutant sa mère tenir des propos incohérents dans la pièce voisine.

L'opération apporta à toutes deux un sursis de plusieurs années. À Doughino, la vie reprit: les enfants des moujiks se présentaient à la porte de l'office avec des paniers de baies que la cuisinière leur achetait pour faire des confitures. Au début de l'automne, on allait avec eux à la chasse aux champignons qui poussaient sous les arbres dans les moisissures des pinèdes et on ramenait la récolte à la cuisinière qui les utilisait dans la préparation de tartes. Le printemps venu, on faisait un sirop avec la sève des bouleaux et un genre de liqueur avec de jeunes fruits de cassis, parfumés de zestes de citron et d'orange et additionnés de sucre et de champagne. On se promenait en troïka durant l'été et en traîneau durant l'hiver, bien emmitouflés dans des fourrures; et quand revenait le long été, Natasha entraînait ses neveux et nièces à travers champs jusqu'à la rivière, tandis que ses sœurs montaient se reposer avec leurs maris dans les chambres aux volets clos pour se protéger de la chaleur.

Le règne de la vieille douairière touchait à sa fin, mais nul n'osait encore lui résister, ni ses filles ni ses gendres. Elle insistait pour que de juin à septembre le clan soit réuni autour d'elle, mais une fois qu'ils étaient là, elle n'avait pas vraiment envie de les voir. Elle interdit à ses petits-enfants de paraître devant elle durant sa sortie matinale et, lorsqu'ils entendaient le crissement de la chaise roulante sur le gravier, ils couraient se cacher derrière les haies de fleurs en attendant que passe la procession.

Doughino était un monde clos d'où le reste de l'univers, au-delà du blanc portail, était tenu à distance. Quand on entendait tinter les grelots d'une troïka signalant son entrée dans le parc, Natasha et les domestiques s'empressaient d'aller voir qui pouvaient bien être ces visiteurs. Parfois, c'était Chomiakoff, qui devait devenir, après 1905, l'un des présidents de la Douma, un «homme étrange», de type mongol, qui passait son temps à se contredire; d'autres fois, c'étaient les Ourousoff, très élégants dans leur tenue d'équitation aux tons fauves, personnages d'une délicatesse de phalène qui rapportaient les derniers potins de la Riviera dans un russe teinté d'un léger accent français. Celui dont elle se souvenait le mieux, c'était le professeur Rachinsky, petit homme très émotif au visage de citron pressé et au teint jaune, mais d'une grande vitalité. Cet original infatigable avait une propriété dans la province de Tver d'où il arrivait dans un effarant branle-bas; une fois à Doughino, il semblait vouloir inspecter chaque feuille du jardin, puis s'attaquait au curé du village et l'embarrassait en lui demandant où en était l'éducation morale des paysans. Chez lui, dans ses terres, il dirigeait une école pour les enfants de moujiks.

Natasha se demandait parfois si les grandes idées humanitaires de Rachinsky s'étaient jamais concrétisées dans les faits; l'un de ses jeunes élèves devint prêtre, un autre se consacra aux arts, mais le reste du troupeau retourna à sa glèbe, imperméable aux leçons du professeur. Tout comme son père, Natasha avait l'âme généreuse, mais elle ignorait la culpabilité et le sens de la responsabilité à l'égard des paysans, ce sentiment tolstoïen qui lançait le vieux professeur, tel un rouleau compresseur, dans ses tournées de bienfaisance.

Un autre personnage venait aussi lui rendre visite, un médecin lunatique comme seule la Russie en produit. Il tenait des discours semblables à ceux de Rachinsky et arborait une belle chevelure rousse. Après dîner, il s'asseyait dans le cabinet de travail près de Natasha et lui exposait les théories tolstoïennes dont il était féru. Il lui plaisait assez, bien qu'il fût hors de question qu'elle épousât un jeune médecin de campagne, mais elle aimait en lui un trait typiquement russe, l'air inspiré qu'il prenait dès qu'il parlait de mettre de l'ordre dans son pays. Il lui disait qu'il aimait ses manières austères, la simplicité de sa robe noire, l'absence de recherche dans la présentation des plats, la frugalité que l'on observait dans cette vieille maison d'une splendeur sans pareille; et il ajoutait que cette manière de vivre était une bonne façon de s'armer pour affronter tout ce que l'existence pouvait lui réserver. De tels compliments n'étaient pas sans l'amuser: l'homme qui les prononçait y mettait une sombre ferveur, comme si, pour tous deux, des nuages noirs s'amoncelaient à l'horizon.

Quand ces hommes qui venaient à Doughino parlaient de la paysannerie, ils avaient régulièrement tendance à prendre des airs importants et pleins de componction, attitude qu'affectaient les gens de la noblesse russe toutes les fois qu'ils abordaient la «question sociale». Natasha elle-même n'avait que de vagues notions sur le sujet. Pour elle, les paysans vivaient dans un autre monde, au-delà des portes du domaine. Dans son album de famille, il n'y a qu'une seule photo où l'on voit des paysans. Elle a été prise dans les années 1890 devant l'entrée de la chapelle familiale, à Doughino, au cours des célébrations de la fête de Saint-

Pierre et Saint-Paul. Cette photo montre des femmes en fichu blanc massées autour d'icônes également tendues de blanc, portées par des diacres en chasuble aux longs cheveux noirs. Tous les regards sont tournés vers les icônes, sauf celui d'une femme qui porte aussi un fichu blanc et jette un coup d'œil par-dessus son épaule. Son dos est large et solide, un tablier est noué autour de sa taille. Elle regarde fixement quelqu'un de «la grande maison» avec une expression curieuse et hardie.

Ce sont ces mêmes paysans qui, quelque vingt ans plus tard, mettront le feu à Doughino jusqu'à ce qu'il n'en reste rien et obligeront Sacha, le bossu débonnaire, à balayer les latrines dans la cour de la prison de Sichevka. L'ironie du sort — le fait que je sache ce qui va se produire alors que Natasha ne pouvait l'imaginer — est l'une des barrières qui se dressent entre nous. Il me faut oublier les événements qui vont suivre: pour communier avec son passé, je dois faire abstraction de son avenir.

Elle-même, d'ailleurs, en fit autant. Par exemple, comment s'y prit-elle pour conserver intacte, dans sa couleur originelle, la mémoire des cérémonies du couronnement de 1896 sans qu'elle soit submergée par la vague des évocations rétrospectives qui devait balayer, après 1917, tous ses souvenirs de Nicolas et d'Alexandra? Ce jour-là, elle était assise dans les tribunes installées à l'extérieur de la cathédrale de

Moscou d'où elle observait l'arrivée du couple impérial. Après coup, elle se rappela qu'elle avait ressenti comme un frisson d'angoisse au moment où elle avait vu la tsarine descendre de la calèche, raide et tendue, cramponnée au bras de son époux au tragique regard. Lorsque Alexandra passa devant leur tribune, inclinant la tête çà et là pour saluer les familles aux lettres d'ancienneté, Natasha et sa mère remarquèrent que le visage et les bras de la jeune impératrice se marbraient sous des afflux de sang, signe de nervosité et d'appréhension.

Des blessures qu'inflige l'exil, celle-ci était l'une des plus subtiles: cette manière qu'avait le futur de donner aux événements d'autrefois une teinte nouvelle, au point que Natasha, assise à sa fenêtre dans la campagne québécoise, ne pouvait s'empêcher de se sentir dépossédée de son passé. Chacun de ses souvenirs, même les rougeurs observées sur les bras de la tsarine, était dépouillé du voile innocent qui l'enveloppait, de la multiplicité de ses significations possibles, pour s'intégrer à la trajectoire fatale que dessinait le temps. Pour elle, se remémorer ces scènes, ce n'était pas seulement une manière de s'évader du cadre asphyxiant de la vieillesse, mais aussi sa façon de lutter pour échapper à l'emprise du futur sur le passé. Contemplant à travers les vitres la neige d'une terre étrangère et s'efforçant de se souvenir du nom des jardiniers de Doughino (et ce genre de loukoum aromatisé aux mûres, comment s'appelait-il déjà?), Natasha se battait pour protéger son passé de la chape de plomb que l'inéluctable futur projetait sur lui, telle une ombre maléfique.

III
Père et fils

Le plus loin qu'il remontât dans son enfance, mon grand-père Paul évoquait les dimanches qu'il passait en 1879 dans la maison de son propre grand-père Ignatieff, perspective Gagarinsky, à Saint-Pétersbourg. Il avait alors neuf ans et, accompagné de son père et de sa mère, de ses quatre frères et de ses deux sœurs, il allait assister à l'office célébré dans la chapelle de la famille. Ils s'y retrouvaient tous, oncles, tantes, cousins, cousines et proches parents, les Zouroff, les Engalicheff et les Maltseff. Au fond, près de l'entrée, s'ordonnait la kyrielle des serviteurs, femmes de chambre, hommes de peine, cochers et valets avec, à leur tête, le majordome, le serf Vassili attaché à son maître depuis son enfance.

Au premier rang se tenait le patriarche de la famille — homonyme de mon grand-père —, le comte Paul Ignatieff, conseiller d'État, prési-

85

dent du Conseil des ministres de Sa Majesté, chargé d'administrer l'État quand le tsar s'absentait pour se rendre sur le champ de bataille contre les Turcs. Le comte Paul approchait alors les quatre-vingts ans et, comme il ployait sous le poids des infirmités et des honneurs, il s'appuyait au bras de sa femme, la comtesse Maria. Derrière lui venaient ses fils et leurs familles, l'aîné étant le comte Nicolas, père de mon grand-père Paul. Celui-ci restait à côté de son père, chantant en chœur avec lui, voix de basse et de soprano entremêlées. Ils s'agenouillaient d'un même mouvement, Paul en costume de marin, son père dans son uniforme de général aux bottes de cuir montantes. Ils récitaient leurs prières et, quand l'office touchait à sa fin, chacun s'avançait vers l'autel pour embrasser la croix, en observant strictement l'ordre des préséances familiales. Ensuite, le comte Paul et la comtesse Maria faisaient demi-tour, l'air compassé, et prenaient la tête de la procession familiale en direction de la salle à manger où les attendait le repas dominical.

La table était dressée pour trente convives. Chacun avait sa place désignée et les mères veillaient à ce que les enfants se dépêchent de rejoindre la leur, mais personne ne s'asseyait avant qu'on n'ait aidé les grands-parents à s'installer aux deux bouts de la table. Le comte Paul appelait alors la bénédiction du ciel et les papotages familiaux pouvaient commencer. Paul (le jeune) racontait à ses cousins Zouroff comment l'été dernier, en Crimée, le singe de la comtesse Tiesenhausen s'était jeté de son perchoir, là-haut dans les arbres, et lui était tombé sur les épaules pour se mettre à jouer dans ses cheveux, tandis que tournoyait et cliquetait la chaîne rivée à sa patte.

On ne servait pas de vin à table: le grand-père avait décidé que ni l'alcool ni les cartes n'entreraient à la maison. Quant à la nourriture, c'était vraiment collation de soldat, des plats que le vieil homme pouvait facilement digérer, de la soupe et des *kotleti*, croquettes de volaille panées. Le petit Paul attendait le dessert, du *kissel*, canneberges battues en crème, au goût sucré et métallique.

Le grand-père Paul, qui à présent brisait son pain d'une main tremblante, avait en d'autres temps porté à bout de bras les couleurs de son régiment défilant sur les Champs-Élysées en 1815, au lendemain de l'entrée dans Paris de la garde Preobrajensky qui avait chassé Napoléon de Russie. Il n'avait alors que dix-sept ans et il était porte-étendard d'une compagnie de la garde. Fils unique d'un obscur commandant de forteresse sur la frontière polonaise, il appartenait à la génération des jeunes officiers qui, rentrant de leur victorieuse campagne contre Napoléon et retrouvant leurs baraquements russes, rêvaient de Paris et parlaient de liberté, cette génération qui devait conduire la révolte de décembre 1825 contre le tsar Nicolas 1er. De ses camarades officiers qui paradaient dans les salles de café et de billard, les bals du régiment et les revues militaires, plusieurs allaient devenir «décabristes» (ou décembristes), mais il avait promis à sa mère qu'il se montrerait raisonnable. Ce matin du mois de décembre 1825, du balcon surplombant la place du palais d'Hiver, le jeune tsar guettait avec anxiété les détachements qui viendraient l'aider à mater la révolte grondant dans les quartiers militaires; les premiers pelotons qui apparurent sous les arcades et prirent position étaient commandés par le capitaine Paul Ignatieff.

Tandis que ses amis décabristes payaient en Sibérie le prix de leurs chimères, Paul Ignatieff, lui, était comblé de grâces par le tsar. Nommé aide de camp à l'âge de vingt-huit ans, il en avait à peine trente qu'il commandait déjà le corps des pages. Pendant un quart de siècle, il devait remplir cette charge de directeur d'école pour deux générations de l'élite militaire russe. Dans chaque ministère, chaque corridor du palais d'Hiver, on trouvait des hommes formés par lui. En 1861, il fut nommé gouverneur de Saint-Pétersbourg. C'est lui qui, lors des premières manifestations d'étudiants contre le tsar Alexandre II, donna aux détachements de cosaques l'ordre de foncer sur eux dans la perspective Nevski et de les disperser du plat de leurs sabres. C'est encore lui qui signa l'ordre d'emprisonner des centaines d'étudiants et en fit renvoyer des milliers d'autres de l'université. À propos de cette répression de février, l'essayiste russe Alexandre Herzen, en exil à Londres, écrivit: «Prêtez l'oreille, car même l'obscurité ne vous empêche pas d'entendre, de tous les côtés de notre immense pays, du Don à l'Oural, de la Volga au Dniepr, une plainte qui va s'enflant. C'est le premier grondement de la lame de fond qui bientôt se déchaînera.»

Paul Ignatieff, quant à lui, estimait que Herzen racontait n'importe quoi: aucune tempête ne se préparait à l'horizon, il ne voyait là qu'une horde d'étudiants, enfants gâtés et désobéissants qui avaient besoin d'une bonne leçon. C'était un général érudit, qui connaissait le latin et le grec mais parlait peu, un homme sobre, circonspect et toujours sur ses gardes. Après avoir choisi de servir le tsar au lieu de rester fidèle à ses amis décabristes, il trouva le chemin du pouvoir et le suivit sans relâche, servant avec autant de zèle Nicolas 1er que son fils et successeur Alexandre II, l'émancipateur des serfs. C'était un solide pilier de l'autocratie, qui agissait sans discuter les ordres, et le tsar se tourna tout naturellement vers lui quand, dans les années 1870, il eut besoin d'une personne prudente et digne de confiance pour présider son Conseil des ministres.

Nicolas, l'aîné des fils de Paul Ignatieff, naquit en 1832. Alexandre II, qui n'était alors que tsarévitch, assista à son baptême et se tint à ses côtés quand on le porta sur les fonts baptismaux. Entré dans le corps des pages, il y reçut son éducation militaire et fut ensuite nommé aide de camp du tsar. Survint la guerre de Crimée. Nicolas avait alors une vingtaine d'années et il aurait pu se couvrir de gloire à la bataille d'Inkerman ou au siège de Sébastopol; au lieu de cela, il dut se contenter de prendre son service à bord du premier sous-marin russe, aventure qui tourna à l'opérette. On avait grossièrement tenté de réaliser un submersible en fer et en bois, mais l'objet chavira dès le premier essai et projeta le jeune Nicolas dans la Baltique. Après quoi, on l'envoya à Londres à l'âge de vingt-trois ans remplir les fonctions d'attaché militaire. Au Foreign Office, il fut catalogué comme un «type rusé et astucieux», mais ce séjour londonien renforça l'aversion profonde qu'il éprouvait déjà pour la politique étrangère de «la perfide Albion».

Il n'avait que vingt-six ans lorsque le tsar l'envoya, en 1858, négocier en Asie centrale un traité de commerce avec les khans et les émirs de Boukhara et de Khiva. À partir d'Orenbourg, dernière ville frontalière au sud de l'empire, c'était une expédition de deux mois à cheval et à dos de chameau en direction du sud-est, à travers les dunes de Barsak et le long des côtes septentrionales de la mer Caspienne. La partie la plus pénible du voyage fut la remontée en bateau du fleuve Oxus (l'actuel Amou-Daria), terribles journées que celles où les membres du convoi, couchés torse nu au fond des embarcations, en proie à la soif et aux myriades de mouches, durent se faire haler par des bateliers de Khiva sur des kilomètres de méandres jonchés de roseaux. Lorsque Nicolas Ignatieff et sa troupe atteignirent enfin les rouges contreforts des palais de Boukhara se dressant sur la place du marché, poussiéreuse et encombrée d'enfants sales, de femmes voilées et de boutiquiers aux dents en or, ils furent conduits à la grande tente du khan à travers un passage balisé de chaque côté par des piques surmontées de têtes, trophées noircissants de la justice et de la vengeance mongoles. Face à l'émir, Ignatieff s'assit jambes croisées sur le tapis, but du thé avec lui, procéda à l'échange rituel de cadeaux et apprit à se montrer aussi impassible et inexorable que ses hôtes. Certaines affinités rapprochaient apparemment les deux hommes, l'émissaire russe et le prince asiatique, peut-être une origine tartare commune, perceptible dans les yeux également bridés, dans les moustaches noires tombantes et dans ce mélange de bravoure et de rouerie qui les caractérisait tous deux. Le fait est qu'avant son départ Nicolas avait signé avec l'émir un traité de paix par lequel la Russie obtenait le droit de libre navigation sur l'Oxus pour les navires qui sillonnaient la mer d'Aral, la réduction du tribut imposé aux caravanes russes et la libération de ses sujets que l'émir tenait encore en captivité.

Nicolas Ignatieff et ses cosaques prirent le chemin du retour alors que se levaient les blizzards de novembre. À la mi-décembre, lorsqu'ils se retrouvèrent, pantelants, dans le fort numéro un, à la limite des frontières méridionales de la Russie, ils portaient des yachmaks khivanais sur leurs uniformes infestés de poux et leurs visages étaient noircis, comme calcinés par les bourrasques de l'hiver. Ils se précipitèrent dans la première chapelle qu'ils trouvèrent et tombèrent à genoux.

À la suite de son expédition à Khiva et Boukhara, Nicolas devint une célébrité à Saint-Pétersbourg: il était l'un des constructeurs de l'empire en Asie. L'année ne s'était pas écoulée — et il n'avait encore que vingt-sept ans — qu'il quittait la ville suivi d'un détachement de cosaques et faisait route vers Pékin avec un train de munitions. Changeant de traîneau et d'équipage à chaque auberge, passant à gué les fleuves de Sibérie à travers les glaces printanières et fonçant ensuite à cheval sur les plaines de Mongolie, il eut tôt fait de laisser loin derrière lui son convoi de bagages et de munitions. Au mois de mai, alors que frissonnaient dans le vent les fleurs des cerisiers, il franchit à cheval les portes de la Cité interdite, hirsute, mal rasé et épuisé par sa randonnée, entouré de toutes parts par des Chinois qui l'observaient en silence.

Il arrivait à l'heure décisive du pillage de l'Empire céleste par les grandes puissances. Chargées de troupes de débarquement, les flottes anglo-françaises croisaient au large, à portée de canon de Shanghaï. Nicolas proposa ses services à l'empereur de Chine, lui offrant d'agir en médiateur entre les Chinois et les envahisseurs étrangers. Pour toute réponse, l'empereur le mit aux arrêts dans ses quartiers. Pour s'évader, il fit scier à moitié par son valet l'essieu de son cabriolet puis, montant en voiture, ils partirent ensemble jusqu'au milieu de la porte principale de la Cité interdite; arrivés là, le valet sauta sur l'essieu qui se brisa, et tous deux, maître et valet, bondirent sur les chevaux et galopèrent en direction de Shanghaï, laissant les Chinois agglutinés derrière la voiture brisée. Une fois à Shanghaï, il prit contact avec les flottes anglo-françaises, promit la neutralité de la Russie, puis alla tranquillement s'étendre sur le pont d'un croiseur russe naviguant sur la mer Jaune, pendant que les Français et les Anglais débarquaient et marchaient sur Pékin. Lorsque la Cité interdite se trouva encerclée par les corps expéditionnaires européens, il renouvela son offre de médiation entre les belligérants et cette fois le céleste empereur l'accepta. Grâce à ses tractations, la dynastie mandchoue fut épargnée et la Cité interdite échappa à la mise à sac, tandis que les Européens obtenaient les concessions commerciales qu'ils étaient venus chercher. Après quoi le médiateur présenta sa facture: cession définitive à la Russie du territoire situé au nord de l'Amour et à l'est de l'Oussouri. Le traité en poche, Nicolas reprit le chemin de Saint-Pétersbourg, le 13 novembre 1860, toujours accompagné de ses cosaques. Craignant cependant que les puissances européennes n'exercent des pressions sur le tsar pour défaire son œuvre, il lança les bêtes à fond de train sur les pistes enneigées de l'Asie pour défendre en personne le traité qu'il avait conclu. Quand il arriva à Irkoutsk, début décembre, le comte Mouravieff, gouverneur général de Sibérie, ordonna de rebaptiser une rue en son honneur, et l'un de ses fonctionnaires, un prisonnier politique bâti comme un ours et connu sous le nom de Mikhaïl Bakounine, écrivit à Alexandre Herzen une lettre admirative pour lui dire qu'il venait de rencontrer un jeune colonel russe qui était le seul homme vraiment vivant du pays: «Il ne se perd pas en discussions, il écrit fort peu mais, chose rare en Russie, il *agit*.»

Le 1er janvier 1861, couvert de givre et titubant d'épuisement, Nicolas Ignatieff franchit le seuil de la maison paternelle après avoir traversé toute l'Asie à cheval en six semaines. Quand sa mère voulut l'embrasser, il recula: sa pelisse qui balayait le sol s'était rigidifiée à l'extérieur sous l'effet de la glace et grouillait de puces à l'intérieur. Vassili l'ôta de ses épaules et l'envoya au sous-sol pour qu'on la brûle. Le jeune maître courut ensuite se plonger dans un bain chaud. Le lendemain matin, il fut reçu par le tsar qui le décora de l'ordre de Saint-Vladimir, le promut général et, peu de temps après, le nomma chef du département Asie au ministère des Affaires étrangères. Sans coup férir, il avait agrandi la Russie d'un territoire encore sauvage, aussi vaste que la France et l'Allemagne réunies, constituant également l'arrière-pays de Vladivostok, nouveau port de l'empire sur la côte du Pacifique.

En juin 1861, dans la ville d'eaux allemande de Wiesbaden, le général Nicolas Ignatieff, alors âgé de vingt-neuf ans, épousa la princesse Ekaterina Galitzine, l'une des beautés de son temps et l'arrière-petite-fille du feldmaréchal Koutouzov, généralissime des armées russes pendant la guerre contre Napoléon. La jeune mariée avait dix-neuf ans, le front haut, des cheveux noirs, de grands yeux bruns et une lèvre supérieure qui se retroussait d'une manière absolument charmante. C'est elle qui allait devenir la mère de mon grand-père Paul, et, lors du déjeuner dominical à la maison Ignatieff évoqué plus haut, elle frisait la quarantaine et avait déjà cinq enfants, trois garçons et deux filles, plus un sixième «en route». Un de ses gestes typiques consistait à prendre une noix et à la faire craquer entre ses dents. C'est ce qu'elle fit ce jour-là, et elle tendit à son fils Paul une amande ainsi écalée, après avoir tamponné son costume de marin avec sa serviette pour enlever une éclaboussure de canneberges.

À la fin du repas, tout le monde se leva et Vassili aida le vieux comte à se mettre debout. Les petits-enfants s'avancèrent vers lui pour l'embrasser sur les deux joues et recevoir une tape affectueuse sur la tête; et le jeune Paul regarda son grand-père disparaître au fond du

vestibule, ses longues bottes noires crissant sur
le parquet, sa silhouette courbée se profilant,
l'espace d'une seconde, sur la lumière grise qui
filtrait des fenêtres donnant sur la Neva. Derrière lui, les portes de noyer se refermèrent. Le
vieil homme qui, en 1815, avait arboré le drapeau de son régiment tout le long des Champs-
Élysées sombra dans le sommeil sur le divan de
son bureau, pendant que Vassili, assis près de
la porte, veillait sur son repos. C'était la dernière fois que Paul voyait son grand-père: dans
l'année qui suivit, le comte mourut et ce fut la
fin de la tradition des réunions dominicales en
famille.

* * *

Ce jeune Paul qui allait devenir mon grand-
père était né en août 1870 dans la résidence
d'été de l'ambassadeur de Russie à Constantinople, une maison de couleur crème perchée
sur une hauteur dominant le Bosphore. Sur
une de mes photos, qui fut prise par un photographe de la haute société, on le voit, alors qu'il
venait d'avoir deux ans, assis sur un pouf aux
pieds de sa mère. Il porte une robe d'enfant à
volants, des bottines boutonnées haut, et une
petite écharpe lui ceint la taille. Ses cheveux
blonds ont été ramenés en arrière pour la photographie. Sa mère est vêtue d'une imposante
robe foncée qu'agrémente un tour de cou dia-
phane en tulle et crêpe, et elle se penche sur

lui dans un mouvement de la main qui lui effleure l'occiput. L'enfant a hérité de sa mère ce pli de la lèvre supérieure, et son regard, tout comme le sien, se dérobe à cette sorte d'intrusion dans le monde clos de leur attachement. Toute sa vie, dans ses heures de désarroi, il devait revenir à cette sereine présence, à cet être qui enveloppe sa frêle silhouette dans les sombres plis de sa robe et qui lui passe doucement la main dans les cheveux.

Dans la prime enfance de Paul, à vrai dire, cette présence ne se manifesta pas beaucoup. Elle était souvent absente, cette femme d'ambassadeur qui remplissait des fonctions officielles et menait grand train de maison. Laissant ses enfants aux soins des bonnes, elle se contentait parfois de venir voir son fils avant qu'il ne s'endorme et se penchait sur son petit lit pour l'embrasser; et quand Paul rampait le long du corridor jusqu'à la hauteur du palier, il pouvait la voir, près de son mari en uniforme, accueillir ses invités dans le salon de réception du rez-de-chaussée, au milieu de leurs plantons bosniaques et monténégrins, kandjars recourbés à la ceinture.

À cette époque-là, Nicolas, le père de Paul, était ambassadeur de Russie à la cour du sultan de Turquie. C'était un homme grand et massif, aux moustaches brunâtres et tombantes, au large front arrondi en dôme. Sa qualité d'ambassadeur auprès de la Sublime Porte lui valait d'être également le défenseur des minorités orthodoxes sujettes du pouvoir ottoman. Dans sa situation, il était amené à intriguer et à fomenter la révolte au sein de cet empire déclinant, en tenant les fils d'un réseau tentaculaire d'espions venant d'un peu partout, des Bulgares, des Bosniaques, des Roumains, des Crétois et des Turcs. De leur chambre donnant sur les jardins de l'ambassade, ses enfants pouvaient le voir arpenter les allées d'azalées, les mains jointes derrière le dos et plongé dans ses pensées, tandis que des kyrielles d'individus de toutes sortes, arborant généralement barbe et moustache drues et charbonneuses — des prêtres, des cochers de fiacre, des matelots, des pourvoyeurs — venaient faire leur rapport en chuchotant à son oreille. Grâce à ces gens-là, il se trouvait être l'ambassadeur le mieux informé des rives du Bosphore, l'araignée au centre de la toile, le chef d'orchestre de toutes les intrigues balkaniques. Les ambassadeurs anglais, lord Lytton et son successeur Henry Elliott, le considéraient comme un imposteur jovial et fort divertissant; l'ambassadeur français, lui, le qualifiait de «Mentir Pacha». Mais ni les uns ni l'autre n'étaient en mesure de contrecarrer son dessein: faire de la Russie la puissance dominante dans les Balkans. Au cours de la conférence de Constantinople de 1877, alors que la Turquie et la Russie étaient à deux doigts d'entrer en guerre, lord Salisbury le taquina à propos de son réseau d'espions. Ignatieff répliqua qu'il en avait effectivement des milliers:

chaque chrétien de la région qui avait eu un parent ou un ami massacré par les Turcs était prêt à lui servir spontanément d'informateur. Au cours de la même conférence, pensant que Salisbury lui tournait le dos et ne le voyait pas, Ignatieff prit la carte où était dessiné le projet de frontières établi selon le traité, en effaça les tracés et les redessina de manière à faire gagner à la Russie, en plus de ce qu'elle avait déjà, plusieurs milliers de kilomètres carrés en Bessarabie. Mais Salisbury avait remarqué le tour de passe-passe et, après un instant de stupéfaction, il s'aventura à relever la chose. Haussant les épaules, Ignatieff lui lança alors en français, avec un large sourire: «*Monsieur le Marquis est si fin, on ne peut rien lui cacher.*» Dans le rapport que Salisbury fit parvenir au cabinet de Sa Majesté britannique, il dépeignit Ignatieff sous les traits d'un «brillant et beau parleur, qui sait agrémenter sa conversation de fictions tellement invraisemblables qu'elle en devient une source d'amusement permanente».

Salisbury ne commit pas l'erreur de sous-estimer l'adversaire. En fait, il était tombé sous son charme. Le caractère d'Ignatieff était un stupéfiant mélange d'esbroufe théâtrale, de candeur bourrue, de forte émotivité slave et de pateline roublardise. En 1876, il se rendit à Londres avec sa femme, et Salisbury les invita à Hatfield House pour un week-end à la campagne. Quand la reine Victoria l'apprit, elle en fut fort irritée, persuadée que ni Salisbury ni son ambassadeur en Turquie ne faisaient suffisamment d'efforts pour empêcher les Russes de s'assurer le contrôle des Dardanelles. La note que Disraeli envoya à la reine pour lui faire part du séjour des Russes à Hatfield House était presque exclusivement consacrée à la comtesse Ignatieff, «une grande dame, jolie et, à ce qu'on dit, très facile à satisfaire, sauf quand on lui conseille de boire de l'eau d'Apollinaris. Ce n'est pas la coutume chez les dames de la société russe. Quand on lui propose du vin, un sherry ou une manzanilla, elle répond invariablement "Comme vous voudrez", mais n'en boit pas une goutte. Elle reste cependant toujours calme et maîtresse d'elle-même, et doit donc avoir été éduquée de bonne heure à cette fin. Les grandes dames, qui ont entendu dire que madame Ignatieff était encore plus grande dame qu'elles, et qui se donnent des airs, ont décidé de ne pas s'incliner sans relever le gant. Lady Londonderry ployait sous le poids des bijoux de trois grandes familles réunies.»

De retour à Constantinople, elle confia à Paul que Hatfield House était une demeure vaste et morne où, la nuit, à l'heure de se retirer, un serviteur leur passait une chandelle allumée au pied des escaliers et les laissait trouver leur chemin dans des corridors humides jusqu'à leurs lits glacés. Par rapport à la Russie, dit-elle à ses enfants, l'Angleterre est une contrée barbare.

Au milieu des années 1870, le père de Paul fut le personnage le plus puissant des rives du Bosphore et le principal confident du sultan Abdul Aziz, cependant que sa mère était le point de mire de tout le corps diplomatique. Aux réceptions qu'ils donnaient à l'ambassade, elle portait un collier fait de douzaines d'étoiles de turquoise incrustées de diamants, un cadeau du sultan, et parmi les diplomates étrangers, on ne comptait plus ceux qu'elle avait charmés et qui ne s'en cachaient pas. Pendant ce temps, son mari enjôlait le sultan, tout en poussant les gens à se soulever derrière son dos. Pour parvenir à ses fins, il n'hésitait pas à recourir au chantage. Grâce à ses espions, il avait appris des détails sur les penchants sexuels des frères d'Abdul Aziz, et d'habiles allusions à leurs «goûts particuliers» contribuèrent fortement à rendre le sultan malléable.

Avec une égale virtuosité cynique, Ignatieff fit vibrer la corde sensible de la presse européenne: s'adressant tantôt aux journalistes russes champions du panslavisme, tantôt aux libéraux anglais disciples de Gladstone, il les tenait régulièrement au courant des atrocités commises par les Turcs sur les chrétiens des Balkans. Imitateur-né, il faisait son numéro en présence de journalistes choisis; devant Russell du *Times*, il singeait la jovialité rustaude des campagnards anglais, et devant le correspondant du *Figaro*, il prononçait les «r» à la manière française. En 1876, il entreprit une tournée des capitales européennes, battant le rappel pour gagner des appuis à la cause russe contre les Turcs. À Londres, le caricaturiste Spy, qui sévissait dans *Vanity Fair*, fit un dessin de lui où il accentuait la grandeur du nez droit et charnu, la moustache rouquine et l'impressionnant bombement de la redingote. Le croquis était simplement légendé: «Un jongleur du langage.»

À Berlin, après sa rencontre avec l'ambassadeur russe, Bismarck se déclara agréablement surpris par lui. À en croire les commentaires des gazettes, son interlocuteur avait tendance à déplacer beaucoup d'air, mais il eut plutôt l'impression que c'était un homme avec qui il fallait compter. Ignatieff dit à Bismarck que la Russie était sortie humiliée de la guerre de Crimée et qu'il lui fallait une revanche; mais cette revanche, c'était par la diplomatie et non par les armes qu'il se proposait de la prendre. L'empire ottoman, ajouta-t-il, était un artichaut dont il se faisait fort d'arracher les feuilles, une par une, en prenant tout son temps.

Tandis qu'il parcourait cette Europe de 1876, donnant des interviews à la presse, posant pour des caricaturistes, engageant des pourparlers avec les grandes puissances, une impatience croissante agitait son ministre des Affaires étrangères à Saint-Pétersbourg, le prince Gorchakov. Après tout, Ignatieff n'était que son subordonné et il trouvait intolérable de le voir prendre la défense des intérêts russes à l'étranger sans se donner la peine de consulter son ministre resté au pays. Mais Gorchakov savait que, pour l'heure, Ignatieff était intouchable. La cour que cet ambassadeur itinérant faisait à la presse slavophile lui avait conféré une stature nationale dans son pays; par ailleurs, son père avait suffisamment d'influence auprès du tsar pour le mettre à l'abri de toute cabale que le ministre des Affaires étrangères tenterait d'ourdir contre lui.

Au fond, Ignatieff était une anomalie: un diplomate menant sa propre politique. Mais ce n'était pas un aventurier. Il avait assez de finesse pour se rendre compte que toute fausse manœuvre dans les Balkans pouvait mener droit à la catastrophe. Il ne prit pas de gants pour prévenir les orthodoxes de Bosnie, de Serbie et du Monténégro qu'il les soutiendrait seulement tant que leur lutte contre les Turcs ne risquait pas de faire basculer la région dans une guerre entre les pays d'Europe. Il répétait à ses espions: «Ne tentez pas n'importe quoi. Abandonnez si vous ne voyez pas où cela mène, mais une fois que vous aurez entrepris quelque chose, ne lâchez jamais.» Telle était sa maxime: Payer d'audace, mais compenser par une prudence égale. Devant cette escalade de violences — révoltes des Slaves et des chrétiens, massacres suivis de représailles —, cercle vicieux qui devait précipiter la Russie et la Turquie dans la guerre de 1877, il s'efforçait de gagner du temps jusqu'à ce que l'armée russe soit en mesure d'assener les coups que sa politique s'était acharnée à monter.

À la déclaration de guerre, le petit Paul, alors âgé de sept ans, fut évacué de nuit par les falaises jusqu'au Bosphore où un canot les attendait en contrebas, lui et toute la famille Ignatieff. Ramant à tour de bras, des mariniers les menèrent à un vapeur à aubes dont tous les hublots étaient camouflés pour déjouer la surveillance des sentinelles turques. Au matin, quand il se réveilla, le bateau fendait les eaux de la mer Noire, en route pour la Crimée où ils seraient à l'abri. Puis ce fut Kroupodernitsa, le domaine familial en Ukraine où, dans les champs, il allait jouer à la guerre entre les Turcs et les Russes avec les petits paysans de son âge, tandis que son père s'empressait de rejoindre le tsar dans les petites villes boueuses des Balkans qui faisaient office de quartier général des armées. Avant de partir pour le front, le tsar avait nommé le père de Nicolas, le vieux général Paul Ignatieff, «protecteur du trône de Russie» en son absence.

Pendant les mois terribles où les troupes russes assiégèrent Plevna (aujourd'hui Pleven, en Bulgarie), Nicolas Ignatieff demeura près du tsar tandis que celui-ci pointait sa lorgnette sur les assauts effroyablement meurtriers que livraient ses troupes contre les fortifications turques. Quand la ville capitula enfin, il intervint auprès d'Alexandre pour faire campagne d'une traite jusqu'à Constantinople et donner ainsi l'occasion à la Russie de s'assurer le contrôle total des Dardanelles. Deux voix se liguèrent contre la sienne, celle de l'oncle du tsar, le grand-duc Nicolas, et celle du ministre des Affaires étrangères à Saint-Pétersbourg. Les deux jugeaient préférable d'adopter une stratégie défensive.

La guerre russo-turque de 1877-1878 inaugura une «première» en matière d'information. Ce fut en effet la première fois dans l'histoire militaire que les nouvelles d'une guerre parvenaient aux civils européens dès le lendemain, grâce aux dépêches que les correspondants envoyaient du front même. Ignatieff devint l'agent des «relations publiques» du tsar: quand il avait affaire à ces correspondants, il laissait filtrer par petits bouts des informations importantes en échange du droit de se servir de leur poste de télégraphie et de certains renseignements dont ils avaient la primeur. À l'une des phases critiques de la guerre — on se battait pour le contrôle du col de la Chipka et l'issue était incertaine —, Ignatieff tira de son cheval le messager du *Evening News* et le poussa jusqu'à la tente du tsar pour que le jeune homme éclaboussé de sang communique au souverain les dernières nouvelles des combats dans le défilé.

Après la chute de Plevna à la fin de l'automne 1877, les forces russes se lancèrent à travers les champs de glace des corridors balkaniques en direction de Constantinople. Bientôt elles atteignirent les abords de la ville. Des unités de la flotte anglaise patrouillaient dans les Dardanelles et l'on était à la veille d'un affrontement avec Sa Majesté britannique. Le grandduc demanda une trêve et conclut un armistice avec les Turcs. À Bucarest où il se trouvait à ce moment-là, Ignatieff fut hors de lui à la pensée que quinze ans de complots inlassablement ourdis par lui allaient être anéantis par des atermoiements sur le champ de bataille. Empruntant à son tour les défilés enneigés, il se hâta de rejoindre le quartier général des forces russes. Il traversait un passage à pic sur un ravin quand son traîneau se renversa, le projetant dans le précipice avec ses documents et ses bagages, mais il réussit à en sortir, enfourcha le cheval d'un garde de sa suite et piqua des deux jusqu'au quartier général. Il avait à peine mis pied à terre qu'il apostrophait le grand-duc et lui passait un savon en présence de l'état-major. À son tour le grand-duc sortit de ses gonds et s'écria qu'il préférait être damné que de laisser Ignatieff faire porter à la Russie le poids d'une guerre avec l'Angleterre. L'armée russe resterait là où elle se trouvait.

Alors qu'il avait espéré présider une conférence où l'empire ottoman serait démembré, Ignatieff reçut l'ordre de convertir l'armistice en paix définitive. À San Stefano, village situé au bord de la mer de Marmara, entre la mer Égée et la mer Noire, il redessina la carte de l'empire ottoman pendant que les Turcs vaincus le regardaient faire dans un silence accablé. La

Bessarabie, que la Russie avait perdue à la suite de la guerre de Crimée, lui était restituée. Trois nations accédaient à l'indépendance, la Bosnie, la Serbie et l'Herzégovine; et surtout, fut créé un nouvel État, satellite de l'empire russe, la Bulgarie, dont les frontières devaient s'étendre jusqu'à une centaine de kilomètres de Constantinople à l'est, et à quelques kilomètres à peine de la mer Égée au sud.

L'encre qui avait servi à rédiger les clauses du traité n'était pas encore sèche que déjà Bismarck à Berlin, Disraeli à Londres et Andrassy à Vienne manœuvraient pour l'abroger, aidés en cela par Gorchakov et le ministre russe des Affaires étrangères à Saint-Pétersbourg. Disraeli estimait qu'un État satellite de la Russie ayant accès à la mer Égée et aux Dardanelles constituait une menace pour les routes que les navires anglais devaient emprunter. Les Austro-Hongrois voyaient d'un mauvais œil l'indépendance des nouveaux États balkaniques parce que cela contrecarrait leurs plans de suprématie sur la péninsule des Balkans. Quant à Bismarck, il fit savoir qu'il ne reconnaîtrait l'existence du nouvel État bulgare que s'il avait à sa tête un prince allemand. Pour le tsar qui, à Saint-Pétersbourg, se heurtait à l'opposition concertée des grandes puissances et de son propre ministre des Affaires étrangères, la mesure était comble. On réussit à le persuader qu'Ignatieff était allé trop loin.

Pour l'ambassadeur, la roue de la Fortune commença à tourner. En février 1878, le traité de San Stefano avait fait de lui un héros national; en avril, le tsar anoblit la famille: il décida que tous les descendants mâles de Paul Ignatieff porteraient le titre de comte; mais, dès le mois suivant, le comte Nicolas fut chassé de la Cour et exilé sur ses terres, au sud de Kiev. En septembre de la même année, alors qu'il ressassait sa rancœur en arpentant le porche de sa gentilhommière, il apprit en lisant le compte rendu du Congrès de Berlin que les congressistes avaient abrogé le traité conclu par lui et sacrifié tout ce qu'il s'était efforcé de construire pendant quinze ans. Les frontières de la Bulgarie, qui jouxtaient les environs de Constantinople, étaient repoussées plus au nord jusqu'au col de la Chipka et plus à l'est, loin de la mer Égée, jusqu'à l'arrière-pays de la Macédoine. D'un bout à l'autre de la Russie, les journaux slavophiles hurlèrent à la trahison, mais pour sa vanité blessée, ce fut une piètre consolation.

L'humeur sombre et plein d'amertume, il décida de partir pour Nice avec toute sa famille pour y passer l'hiver 1878-1879, s'y gorger de soleil et oublier Saint-Pétersbourg. Dans les souvenirs de son fils Paul, il fit atrocement froid sur la Riviera cet hiver-là: dans l'âtre de la cheminée, les fagots d'oliviers brûlaient fort mal, envoyant des nuages de fumée à travers les corridors de leur villa suintant l'humidité. À l'extérieur, dans les vergers, les oranges étaient recouvertes d'un petit capuchon de neige. Paul faisait le tour de la maison sur la pointe des pieds, pendant que son père rongeait son frein et que sa mère se reposait dans la chambre à l'étage supérieur; elle attendait un autre enfant pour le mois de juin.

Sur ces entrefaites, et aussi soudainement qu'elle l'avait quitté, le père retrouva sa furieuse énergie. Il décida de rentrer chez lui et leva le camp à toute vitesse pendant la dernière semaine du carême, en ajoutant un nouvel élément à la nuée de gouvernantes, valets, bonnes et cochers qui les suivaient dans leurs déplacements: le nouveau précepteur de Paul, un «Monsieur» Castellot, ex-professeur de mathématiques au collège d'Étampes; c'était un petit homme soigné de sa personne, toujours vêtu d'une redingote et coiffé d'un haut-de-forme, qui arborait au revers de son habit le ruban bleu des palmes académiques.

Via Florence et Vienne, tout ce bataillon s'élança à travers l'Europe et descendit du train dans une petite gare d'Ukraine pour parcourir le reste du chemin en diligence. Grandiose procession que ce retour sous le toit familial, quatre voitures en cortège, la première abritant les parents de Paul, la deuxième les garçons accompagnés de M. Castellot, la troisième les filles avec leurs nurses et la quatrième le reste de la domesticité. Dans un grondement de tonnerre, les voitures roulaient sur des routes poussiéreuses et M. Castellot, assis sur le siège près du cocher, les pans de sa redingote pliés sur ses genoux, ne faisait qu'ouvrir et fermer la bouche, plein d'effroi lorsque les roues passaient avec fracas sur les madriers taillés à coups de serpe des ponts de campagne ou, s'il n'y avait pas de pont, tournoyaient dans le courant des rivières pour remonter de l'autre côté et rejoindre les pistes qui serpentaient à travers champs jusqu'au domaine familial.

Sur le chemin du retour, ils passèrent une nuit à Porechie, propriété abandonnée que le père de Paul était tenté d'acquérir. La vieille véranda de bois s'affaissait par endroits et les fenêtres étaient tapissées de toiles d'araignées. Un intendant les escorta jusqu'à leurs chambres humides et lézardées, retirant d'une main preste les housses du mobilier. Le chef de famille s'allongea sur un canapé couvert de poussière, ramena son pardessus sur ses épaules et annonça qu'ils camperaient là pour la nuit. On trouva un vieux sofa dont on fit un lit pour l'épouse enceinte et on envoya les garçons dans un local voisin avec M. Castellot. L'intendant répandit du foin sur le sol pour qu'ils puissent s'y étendre. Mais Paul ne devait pas oublier cette nuit-là: les garçons la passèrent à se lancer de la paille à la figure dans un épouvantable vacarme. C'est en vain que M. Castellot s'efforçait de mettre de l'ordre dans ce tohu-bohu; toute la nuit, il se demanda quelle idée lui avait pris de quitter son collège d'Étampes pour suivre cette horde de sauvages.

Le lendemain, les voitures franchissaient le portail de Kroupodernitsa, le domaine familial aux champs de betteraves et aux épis ondulants qui s'étendaient au sud-ouest de Kiev. La propriété n'avait rien de grandiose, pas de colonnades de style empire ou de pelouses à l'anglaise; ce n'était qu'une simple demeure ukrainienne de trois étages, blanchie à la chaux et se composant d'un corps de logis avec deux ailes. Elle avait été construite par Nicolas dans les années 1860. La crête des toits était ornée de motifs ukrainiens en éventail et les persiennes en lattis, rainurées de bois ouvragé, se refermaient sur de petites pièces aux rideaux de chintz où s'entassaient les portraits d'ancêtres et le bric-à-brac des souvenirs rapportés de Pékin, Khiva, Boukhara et Constantinople: sabres et soieries, mousquetons et tapisseries. Une terre rocailleuse recouvrait l'allée qui menait à l'entrée et, à l'arrière, les jardins qui descendaient jusqu'à la rivière Ross ressemblaient à une forêt vierge que coupaient çà et là des allées de marronniers. Partout l'on voyait courir des fils de moujiks: certains faisaient la queue à la porte de l'office, proposant à la cuisinière des paniers de baies pour qu'elle en fasse des confitures, d'autres se rangeaient devant les appartements de la comtesse pour qu'elle soigne leurs coupures ou leur fièvre avec ses remèdes homéopathiques. On pouvait se rendre à pied jusqu'à l'église, modèle réduit de Sainte-Sophie, construction de briques dominant la rivière, autour de laquelle s'agglutinaient les toits de chaume et les murs chaulés d'un village fangeux.

À la belle saison, Paul retrouvait ce domaine où il partageait la vie des enfants de la campagne. Les étés ukrainiens étaient secs et chauds, et de puissantes odeurs de grains et de fumier s'exhalaient des champs voisins. Des cris d'enfants plongeant dans la rivière troublaient la quiétude de ces après-midi où tout souffle d'air semblait suspendu. Le soir, Paul partait à la chasse dans les marécages avec M. Castellot et le cocher; ses compagnons le chargeaient de rapporter le gibier, mais à la fin de l'expédition, Paul était tellement épuisé par ses courses que les chasseurs rentraient à la maison en le portant dans leurs bras à tour de rôle.

Lorsqu'il fut en âge de harnacher des poneys et de tendre des pièges, Paul prit l'habitude de partir en carriole dans la fraîcheur et l'éclat du matin, filant bon train par les chênaies jusqu'à Bossibrod, petite gare toute en bois, construite spécialement pour la famille sur la ligne de Kiev à Odessa. Là, il ramassait le courrier de son père et rentrait chez lui à toute allure, les journaux — *Le Figaro*, *The Times* et le *Novoe Vremie* de Saint-Pétersbourg — bringuebalant sur le siège voisin. Sur la véranda, faisant les cent pas et sirotant son café, son père attendait en robe de chambre le moment de s'absorber dans la lecture de la presse pour savoir de quel côté soufflait le vent à

Saint-Pétersbourg. Il portait son bannissement avec dépit et brûlait de revenir au pouvoir.

Il fut effectivement rappelé pour quelques mois en 1879, mais seulement pour exercer à titre temporaire les fonctions de gouverneur de la halle et de la foire commerciale qui se tenait annuellement à Nijni-Novgorod. Avec son énergie coutumière, il fit abattre les vieilles baraques de bois et de tôle, bidonville qui servait de marché depuis des siècles, et les fit remplacer par des hangars vitrés sous des ogives d'acier, dans le genre de ce qu'il avait vu aux Halles de Paris. Cependant, ce n'était pas le mandat qu'il briguait et il ne tarda pas à retrouver sa véranda de Kroupodernitsa, l'arpentant de nouveau l'humeur morose, quand il ne faisait pas la tournée des environs pour visiter avec furie des propriétés inoccupées qu'il cherchait à acquérir. Il se lança dans la spéculation avec la même ardeur qu'il avait mise autrefois dans ses aventures asiatiques. Des hommes d'affaires vinrent le voir avec des propositions et bientôt il se trouva embarqué dans le commerce du caviar de la mer Caspienne et l'armement de navires sillonnant la Volga. L'intérêt qu'il prenait à ces affaires était fantasque et très irrégulier; aussi finit-il par les confier à un intendant qui s'était insinué dans ses bonnes grâces, un certain Grinevetsky. La famille ne tarda pas à suspecter les agissements de ce Grinevetsky dont elle avait appris qu'il vivait dans le meilleur hôtel de Kiev, tirant profit de tout ce qu'il pouvait prélever des entreprises Ignatieff. La femme de Nicolas tenta de persuader son mari de mettre un frein à ses foucades, mais il n'avait jamais admis qu'elle se mêle de ses affaires. Il répondit en grognant que si on ne voulait pas le laisser servir son pays, qu'on lui permette au moins d'améliorer son environnement. C'est ainsi que furent acquis et remis en état des domaines délabrés et que l'on vit des vapeurs, baptisés du nom de *Général Ignatieff*, naviguer sur la Volga. Pour le moment, tout au moins, il avait assez d'argent pour appliquer ce luxueux lénitif sur son orgueil blessé.

Il finit par être rappelé à Saint-Pétersbourg en mars 1881, à l'heure où le pays traversait une crise. L'ancien «patron» de Nicolas, le tsar Alexandre II, qui avait émancipé les serfs en 1861 et triomphé des Turcs en 1878, avait été assassiné par des terroristes dans une rue de cette ville. Son successeur, Alexandre III, personnage massif et à l'esprit borné, se mit à la recherche d'hommes assez déterminés pour démanteler ce qu'il pensait être une conspiration menaçant l'avenir même de la dynastie. Le nouveau tsar avait servi dans l'armée au cours de la campagne contre les Turcs, et il se souvenait de certaines conversations qu'il avait eues, tard dans la nuit, avec le général Ignatieff, pendant le siège de Plevna. Comme il lui demandait des conseils sur son futur règne, le général lui avait répondu d'un ton bourru et péremptoire: «Rapprochez-vous du peuple!»

Alexandre III était allé consulter son oncle, le grand-duc Nicolas, qui lui avait dit qu'Ignatieff «mentait souvent pour les petites choses», mais qu'on pouvait lui faire confiance dans les grandes. Pour ambiguë qu'elle fût, cette recommandation avait paru suffisante au nouveau souverain. En mai 1881, Nicolas Ignatieff fut nommé ministre de l'Intérieur. Toutes son énergie contenue depuis l'épisode de San Stefano, il allait la jeter dans sa mission et venir à bout de la crise la plus grave que le pouvoir autocratique avait à affronter depuis la révolte des décabristes en 1825. Il fut le cerveau qui ordonna l'arrestation et la déportation des agitateurs, l'infiltration des groupes d'émigrés à Zurich et à Paris, le noyautage des clubs ainsi que des étudiants et des cercles en Russie même. Il réorganisa la police secrète — l'Okhrana — et laissa les agents secrets se déchaîner contre la Volonté du peuple, l'organisation populaire et terroriste qui avait abattu Alexandre II.

Le nouveau ministre de l'Intérieur apposa sa signature au bas de la Loi sur les mesures exceptionnelles et provisoires qui conférait aux gouverneurs provinciaux le pouvoir de suspendre les procédures légales ordinaires et les droits civils individuels toutes les fois que les circonstances l'exigeraient: en cas de grève, d'attentat ou d'émeute. Le décret autorisait également le gouvernement à livrer les suspects aux cours martiales expéditives, à assigner à des gens la résidence surveillée et à ordonner les perquisitions de domiciles, à déclarer illégale toute réunion, à fermer tout établissement et à suspendre n'importe quel journal, à sa convenance. Appliquées jusqu'en 1917, ces mesures devaient demeurer comme les fondements mêmes de l'autocratie, la plus importante machine de guerre dont elle pût s'armer légalement dans le combat, perdu d'avance, qu'elle livrait pour survivre. C'est leur lourdeur oppressive et répressive qui marqua la jeunesse de Lénine et de Staline et leur impartit ce mépris de la légalité qu'ils devaient manifester par la suite.

Ignatieff, cependant, tentait de contrebalancer la répression par des réformes. D'accord avec les représentants des gouvernements locaux, les *zemstvos* ou assemblées territoriales, il consentit à un plan de réduction du cens et des remboursements qui grevaient la paysannerie depuis l'abolition du servage, ainsi qu'à la création d'une banque agricole visant à aider les paysans enrichis à consolider leurs avoirs.

En sa qualité de ministre de l'Intérieur, Ignatieff n'était pas seulement responsable des grandes lignes de la politique intérieure — réprimer le terrorisme et s'assurer le soutien de la paysannerie —, il devait aussi s'occuper des mille petits détails agaçants d'une bureaucratie impériale centralisée à l'excès. Tous les dossiers aboutissaient sur son bureau, depuis la délivrance des passeports jusqu'aux dispositions réglementaires s'appliquant aux chirurgiens vétérinaires. Incapable de déléguer ses pouvoirs, c'était un «dévoreur de dossiers» omnivore. Suivi d'une cohorte d'assistants preneurs de notes, chaque matin à onze heures il faisait le tour de la salle de réunion, antichambre de son bureau, écoutait personnellement tous les quémandeurs — requêtes pour obtenir une pension ou une concession, appels à la clémence ou demandes d'emploi —, et dispensait peines et faveurs comme un potentat asiatique. Le chemin de son bureau était ouvert à tous, même aux mécontents et aux détraqués. Un matin de novembre, il se rendit compte qu'un de ces visiteurs le mettait en joue; d'instinct il se jeta à terre et la balle le manqua, mais elle tua son assistant.

Au cours de cette année, marquée par l'agitation frénétique au ministère de l'Intérieur, le jeune Paul ne vit quasiment pas son père. Ils habitaient tous la maison familiale, au point de jonction des canaux Moika et Fontanka, au cœur de cette ville de Saint-Pétersbourg prise dans l'étau des rumeurs et des complots, et surveillée par des militaires postés à tous les coins de rue. Paul eut onze ans cet hiver-là et commença à suivre les cours du lycée. Par une froide après-midi de novembre, il s'en revenait de l'école dans un petit traîneau tiré par un cheval quand il remarqua que le pont Troitski, généralement encombré des voitures de notables et des nombreux piétons rentrant du travail, était ce jour-là étrangement désert. Les policiers lui firent signe de la main, l'invitant à traverser le pont, et il se mit en route. Il était à mi-chemin lorsqu'un magnifique carrosse le dépassa. Il eut juste le temps de bondir et d'être remarqué par le couple impérial qui passait à sa hauteur. La tsarine adressa un large sourire au jeune garçon qui la saluait, brusquement figé, mais le tsar ne trouva rien de drôle là-dedans. Le lendemain matin, quand son ministre de l'Intérieur lui fit savoir que c'était son fils qu'il avait croisé, il n'en fut pas autrement radouci.

L'hiver 1882, Nicolas Ignatieff toucha au zénith de son influence: il contrôlait un vaste réseau de gouverneurs, d'espions, de policiers et de dénonciateurs, et représentait pour le tsar une source capitale de renseignements sur les tensions qui agitaient son empire. La phase critique des troubles qui avaient ébranlé la monarchie semblait cependant révolue. Il arrivait parfois qu'au sud du pays des paysans attaquent des marchands juifs et se livrent à des pogroms, mais comme ces agissements ne menaçaient pas directement le régime, la police locale mettait d'autant moins d'empressement à intervenir que les griefs des paysans contre les Juifs des villes — banquiers, meuniers, négociants ou boutiquiers — trouvaient un écho favorable dans les cercles antisémites proches du pouvoir.

D'un bout à l'autre de la Bessarabie et du sud de l'Ukraine, on détruisait et on brûlait les magasins des Juifs. Des attroupements se formaient, parfois menés par des prêtres portant des icônes, et on laissait la populace se déchaîner dans les quartiers juifs, battre ceux qui tombaient entre ses mains, piller et incendier leurs biens et se livrer à des profanations. Les chefs de la communauté israélite se rendirent en délégation au ministère de l'Intérieur et demandèrent à parler à Ignatieff. Ils lui dirent qu'ils se sentaient réduits en esclavage comme au temps des pharaons. On prétend qu'il leur aurait répondu: «Puisqu'il en est ainsi, quand aura lieu votre exode et où se trouve votre Moïse?»; et il aurait ajouté que les frontières occidentales de l'empire étaient ouvertes. S'ils désiraient quitter la Russie pour retrouver la Terre promise, ce n'était pas lui qui les en empêcherait. Ils le prirent au mot et, au cours de la décennie suivante, ils partirent par centaines de milliers, traversant l'Europe pour embarquer dans des navires à destination d'Ellis Island ou de la Palestine.

Quand les Juifs lui demandaient pourquoi ils ne jouissaient pas de la même protection policière que les autres sujets de l'empire russe, Ignatieff répondait qu'ils étaient différents d'eux. En mai 1882, il promulgua un nouveau règlement interdisant aux Juifs de sortir de leur zone de résidence, d'acquérir des terres, de vendre de l'alcool et d'ouvrir leurs boutiques le dimanche. Les chefs de la communauté israélite revinrent à la charge, se plaignant du fait que les nouvelles mesures allaient à l'encontre du mouvement de libéralisation enclenché par le tsar Alexandre II dans les années 1860, qui avait lentement mais progressivement relâché les restrictions qu'ils subissaient. À cela, Ignatieff rétorqua qu'il avait pris ces mesures précisément en vue de «protéger» les Juifs des pogroms auxquels les paysans se livraient dans les campagnes. Pour justifier le décret aux yeux du tsar, il lui soumit des rapports où était évoquée la fable classique d'une conspiration montée par la clique judéo-polonaise tenant sous son contrôle «la banque, la Bourse, le barreau et une bonne partie de la presse»; cette conspiration, poursuivait-il, pillait le trésor de l'État et prônait «l'imitation aveugle du modèle européen». La nouvelle réglementation allait permettre d'éliminer «l'écart anormal qui sépare les Juifs des autochtones, et de protéger ces derniers contre leur activité pernicieuse... qui était à l'origine des troubles».

Ici se découvre l'aspect révoltant du panslavisme d'Ignatieff, l'inadmissible expression du nationalisme orthodoxe qui avait fait de lui un constructeur d'empire en Asie et le champion de la cause des Slaves chrétiens contre les Turcs. Par son attitude, il rendait respectables les préjugés de son temps et de sa classe, croyant s'assurer ainsi une position inattaquable auprès du tsar, dans ce milieu pétersbourgeois où l'on intriguait sans cesse contre sa personne. Toutefois, en mai 1882, il eut de plus en plus de mal à se maintenir au milieu de ces cabales de courtisans. Constantin Pobiedonostsev, l'ancien précepteur du tsar et son confident attitré qui, en d'autres temps, avait soutenu Ignatieff, prit ombrage de son influence et se mit à fomenter sa chute, intriguant ouvertement avec le préfet de police de Saint-Pétersbourg. Le tsar lui-même, personnage massif et aussi cauteleux que stupide, commençait à s'irriter des élégances oratoires d'un ministre qui semblait se prendre pour le sauveur de la monarchie.

Sentant probablement que ses heures étaient comptées, Ignatieff risqua le tout pour le tout dans un dernier coup de dés. Il élabora un projet visant à convoquer une *zemski sobor*, sorte d'assemblée extraordinaire réunissant à la fois des représentants de la paysannerie, des guildes de commerçants et de la noblesse terrienne. Ignatieff pensait que tous ces délégués écouteraient passivement le tsar exposer ses desseins pour l'empire, lui donneraient respectueusement leur avis et se joindraient à lui pour l'aider à combler l'écart qui s'était creusé entre la monarchie et la société. Il n'était pas question de constituer un parlement investi du pouvoir de légiférer ou de délibérer. Ignatieff partageait la méfiance des slavophiles à l'égard de la démocratie à l'européenne qui laissait libre cours au chahut populaire si inconvenant, et étalait au grand jour le débat politique. Il voyait plutôt la convocation de cette assemblée comme un appel romantique à la réconciliation nationale, une manière de répondre à la demande unanime d'un renouveau politique par la reviviscence des jours heureux où les tsars moscovites accueillaient leurs boyards dans une *zemski sobor* le jour de leur couronnement.

Ignatieff supplia le tsar de ne pas révéler son plan à Pobiedonostsev et à la clique des comploteurs. Mais quand, un matin de mai 1882, il entra dans la salle du Conseil pour débattre de son projet, il vit devant chaque siège une copie du document établi par lui et, aux regards triomphants de Pobiedonostsev et de ses affidés, il comprit que la partie était perdue. Lorsque le tsar lui donna la parole pour ouvrir le débat, Ignatieff se leva et quitta la pièce. Il ne devait plus jamais revenir. À l'âge de cinquante ans tout juste et à la veille d'entreprendre une démarche qui, pensait-il, sauverait la monarchie, il fut démis de ses fonctions et renvoyé dans ses foyers par le tsar.

Pour cet homme dont le sang avait besoin de l'oxygène du pouvoir, le bannissement fut un coup très rude: il en vieillit en une nuit. Pendant une dizaine d'années encore, il tenta de monter des projets et lutta pour revenir dans l'orbite du pouvoir. Il s'asseyait à son bureau, entouré de ses cimeterres khivanais, de soieries ramenées de Chine et du portrait de William Ewart Gladstone, et rédigeait ses *Mé-*

moires dans lesquels il racontait ses aventures asiatiques et faisait longuement l'apologie de son action à Constantinople. Il accordait des interviews à des journalistes étrangers et, sans se gêner, il utilisait leurs colonnes pour promouvoir son propre retour au pouvoir. L'association des Slaves l'élut président, lui procurant ainsi une tribune d'où il prononçait des discours grandiloquents; la harangue terminée, les membres le portaient régulièrement en triomphe jusqu'à sa voiture. Mais au fond de lui-même, il ne se faisait pas d'illusions: en 1890, il sut qu'il était tout à fait fini.

Fébrile comme toujours, il employa une partie de son énergie trépidante à se défouler sur ses enfants. À domicile, il faisait régner une stricte discipline, interdisant le jeu, l'alcool, les cigarettes et tout écart de langage. Paul se souvient d'un soir, durant son adolescence, où deux grands-ducs, invités à une soirée dansante en famille, voulurent mettre à l'épreuve, après dîner, les dires de son père répétant à tout bout de champ qu'il n'y avait pas un seul paquet de cartes dans la maison. Ils partirent en chasse par l'obscur couloir menant à la domesticité, fouillèrent des placards, ouvrirent des portes, jetèrent des regards curieux dans des pièces plongées dans le noir. Quand ils firent irruption dans la chambre de M. Castellot, celui-ci se mit en garde comme pour les boxer et ils durent battre en retraite. Enfin, traversant la cour, ils finirent par dénicher un vieux paquet graisseux dans le bureau du concierge et revinrent au salon, l'air triomphant, l'un d'eux tenant l'objet entre le pouce et l'index.

Nicolas soumit ses enfants à un régime spartiate. Paul étudiait la Bible avec sa mère, se nourrissait frugalement, prenait des bains froids, apprenait à manier l'épée et à monter à cheval et devait, en plein hiver, faire de grandes marches dans les rues glaciales de Saint-Pétersbourg pour se fortifier les poumons et les jambes. Au cours d'une de ces promenades forcées, Paul fut tellement frigorifié que M. Castellot dut l'attraper, le fourrer dans son manteau et le porter ainsi jusqu'à la maison.

C'était un garçon angoissé et maladif, sujet à des crises d'asthme et à des maux d'estomac, et il lui arrivait de tomber en syncope. Durant les étés passés sur le Bosphore ou en Crimée, il avait appris à naviguer et avait exprimé le désir de faire carrière dans la marine, mais son père avait répondu en bougonnant que c'était hors de question, étant donné la faiblesse de sa constitution.

Si l'on analyse la situation d'un point de vue freudien, les symptômes que Paul manifestait durant son adolescence — son manque de souffle, ses évanouissements — semblent bien être la manière dont son corps protestait contre l'étouffante présence du père. En effet, la personnalité de Nicolas devait être singulièrement impressionnante. Les histoires qu'il racontait, maintenant qu'il avait atteint l'âge de la grogne

— comment il avait traversé l'Asie à cheval en six semaines, comment il avait circonvenu Bismarck et dîné avec Disraeli — étaient bien faites pour condamner un enfant affectueux à un asphyxiant mutisme. Écrasé d'un côté par ses frères aînés, qui avaient entamé leur carrière dans la garde et, de l'autre, par son père, dont l'inaltérable énergie semblait railler son tempérament plus pondéré, plus introverti, Paul eut une adolescence grave et anxieuse et ne fut vraiment heureux que lorsqu'il courait la campagne ukrainienne, loin de la pression des leçons, des réceptions mondaines et de son père.

Sa mère avait une présence plus chaleureuse, mais elle aussi était imposante. Jamais elle ne permit à ses enfants d'oublier un seul instant qu'elle était l'arrière-petite-fille du maréchal Koutouzov. Détail caractéristique, dans les souvenirs les plus précis que Paul gardait d'elle, c'est en cavalière qu'il la voyait. L'été, quand ils étaient à Kroupodernitsa, dès que sa mère exprimait le désir de faire un tour à cheval, Paul courait à l'écurie aider les valets à seller son coursier favori, l'alezan Djirid. Pour habituer la bête au port du harnais, il mettait aussi la main à la pâte, montant lui-même en amazone avec des chiffons accrochés à sa ceinture pour l'accoutumer au frou-frou de la robe bruissant contre ses flancs. Jamais il n'oublia l'allure de sa mère avançant vers son cheval dans sa tenue d'écuyère, cravache à la main, ni la manière

125

dont elle posait sa botte dans les paumes du palefrenier et sautait gracieusement en selle en jetant sur lui un regard tendrement amusé.

Il s'inscrivit à la faculté de droit de Saint-Pétersbourg, mais au cours du premier trimestre, il fut terrassé par une crise d'asthme qui l'obligea à abandonner ses études. Quand il voulut recommencer l'année suivante, ses crises le reprirent. C'était comme si le souffle lui manquait chaque fois qu'il devait gravir les échelons que son père avait fixés pour lui. En novembre 1889, ses parents l'envoyèrent à Paris et le placèrent dans la clinique du Dr Charcot, qui était en ce temps-là le grand spécialiste européen des maladies nerveuses. Assistant à une consultation que celui-ci donnait un jour à la Salpêtrière sur les causes de l'hystérie chez les femmes, son illustre élève Sigmund Freud l'entendit affirmer en grommelant: «*La chose génitale, toujours, toujours!*» Mais les hommes aussi pouvaient souffrir d'hystérie et une partie de ses symptômes s'expliquaient sans doute ainsi. Quoi qu'il en soit, Paul, qui avait alors dix-neuf ans, vécut pendant six mois dans la maison de repos de Charcot, à Passy. Pour lui tenir compagnie, il avait son vieux précepteur M. Castellot qui se remettait lui-même d'une blessure: il avait reçu une décharge de chevrotines dans le dos au cours d'une de ses parties de chasse. Le soir, ils allaient au théâtre et, dans la journée, ils suivaient le régime qu'on leur avait prescrit, une nourriture simple, beaucoup de repos et des promenades paisibles, traitement censé atténuer les tensions du système nerveux. Mais lorsque Paul prit congé du Dr Charcot au printemps de 1890, le professeur l'examina et reconnut que ce traitement n'avait réussi qu'à moitié. Il le prévint que ses «symptômes spasmodiques» allaient certainement resurgir et lui prescrivit de s'éloigner de Saint-Pétersbourg et de toute excitation urbaine. Il conclut en lui disant: «Enterrez-vous à la campagne.»

Paul suivit ce conseil à la lettre. Il loua près de Kroupodernitsa une des propriétés en mauvais état acquises par son père et, après avoir acheté des canassons sur le retour et des machines d'occasion, il engagea des paysans de la région pour ensemencer. Parfois les bêtes se retournaient et s'endormaient au bout du sillon et on devait les battre pour qu'elles se remettent sur pied. Au premier printemps, la récolte fut dérisoire, mais il persévéra et, à la fin de l'année suivante, il put raisonnablement prétendre s'être transformé en gentleman-farmer. Il adopta ce mode de vie des années durant: l'hiver il habitait Saint-Pétersbourg pour achever ses études de droit et, à la belle saison, il retrouvait ses terres, peinant souvent aux côtés de ses propres ouvriers.

Durant son séjour hivernal dans la maison de repos de Passy, il avait découvert Tolstoï et sa doctrine prônant le retour au peuple. Sous l'influence de ces idées, alliées à sa nostalgie des mœurs rurales, sentiment panslaviste qu'il tenait de son père, il se forgea de nouvelles valeurs qu'il devait conserver toute sa vie. La société russe, pensait-il, souffrait de l'écart qui s'était creusé entre les aristocrates et les paysans, et la noblesse elle-même dépérissait de s'être coupée de la terre.

Dans un premier temps, Nicolas approuva les sentiments de son fils, mais il finit par s'inquiéter quand il vit les extrêmités auxquelles ces idées l'entraînaient: conduire une charrue et creuser des sillons aux côtés des paysans à son service, c'était pousser trop loin ses convictions.

Le meilleur ami que Paul s'était fait pendant ses études de droit était Vladimir Nabokov, père et homonyme de celui qui deviendrait écrivain. Lui aussi était stupéfait de la passion de Paul pour l'agriculture. Il estimait qu'un homme digne de ce nom devait s'intéresser au tennis, à la littérature ou à la politique, mais pas aux graines et au fumier. Lorsque Nabokov, pendant les vacances d'été, lui rendait visite à Kroupodernitsa, vêtu de lin crème et coiffé d'un chapeau à larges bords, il lisait sous un parasol, tandis que Paul, accoutré d'épais velours côtelé, parlait semoirs et techniques agricoles avec ses chefs d'équipe, dans la poussière des champs de betteraves.

Dans le train qui les ramenait à Saint-Pétersbourg pour la rentrée universitaire, les deux amis discutaient politique et littérature. Paul gardait le souvenir d'une conversation qui s'était prolongée toute la nuit à propos de *La Sonate à Kreutzer,* une nouvelle de Tolstoï dans laquelle il dénonce l'esclavage sexuel du mariage. Il avait assuré à son ami qu'il comptait régler son existence sur les enseignements de Tolstoï, et c'est ce qu'il fit dès son arrivée à Saint-Pétersbourg. D'un ton quelque peu sentencieux, il annonça à son entourage qu'il voulait rester célibataire. Comme l'une de ses cousines, plutôt timide, lui demandait d'inscrire une pensée dans son florilège, Paul griffonna cette violente épigramme, digne de son auteur favori, qui devait le guider durant toute son existence:

> *La vie n'est pas un jeu, la vie n'est pas*
> *une plaisanterie.*
> *Renonciation! Renonciation!*
> *C'est seulement quand il endosse les chaînes*
> *du service que l'homme est capable d'accomplir*
> *sa destinée sur cette terre.*

Tel était le jeune homme grave et austère qui se présenta, l'été 1894, au quartier général de Gatchina pour faire son service militaire dans la garde Préobrajensky. Il aima son séjour à l'armée, les chants avec les conscrits, la rigueur de l'entraînement, le claquement rythmé des bottes sur le terrain de parade, la sueur ruisselant entre ses omoplates et, à la fin d'une longue journée, la tasse de café savourée sous la tente qu'il avait décorée de tapis ukrainiens. C'est au soir d'une de ces journées, alors que la cafetière ronronnait sur le poêle, que les pans de la tente s'écartèrent et que le jeune lieutenant se figea en voyant paraître devant lui son commandant accompagné de l'héritier du trône, le futur Nicolas II. Les visiteurs lui demandèrent une tasse de café et, pendant que Paul s'affairait, le commandant le pria d'expliquer au prince héritier les raisons pour lesquelles la monarchie était si impopulaire en Russie. Paul servit ses invités et dit sans s'émouvoir: «Si vous parlez du pouvoir autocratique qu'exerce le souverain en tant que tel, vous êtes probablement dans l'erreur. La majorité des Russes se rendent bien compte que le chef d'un pays aussi vaste, à la population aussi mélangée, doit détenir le pouvoir. Ce qui les irrite, c'est le despotisme des gratte-papier, des policiers, des gouverneurs et même des ministres.» Le commandant se mit à rire et le prince héritier fixa Paul de ses yeux bleus au regard perçant et impassible. Aucun des deux protagonistes ne devait oublier ce qui s'était passé entre eux, ni Paul ni l'héritier du trône, comme les circonstances allaient le prouver.

Bientôt prit fin le service, et Paul retrouva Kroupodernitsa, sa vie de fermier célibataire et de fils soumis. Ses frères s'étaient mariés et faisaient carrière dans l'armée ou dans la marine. Katia suivait des cours pour devenir infirmière; seuls restaient au domaine Paul et sa sœur Mika pour s'occuper des parents qui déclinaient lentement et supporter les jérémiades confuses du vieux Nicolas. Pour l'heure, ses affaires allaient mal. Son régisseur Grinevetsky l'escroquait ouvertement et Paul se vit contraint d'hypothéquer des propriétés pour tenir à distance la meute des créanciers. L'âge du père et ses vingt années loin du pouvoir avaient fini par avoir raison de son moral.

Au tournant du siècle, on a pris une photo des parents de Paul déambulant ensemble sous les marronniers du jardin de Kroupodernitsa. Cette altière et sereine beauté avec laquelle les grandes dames de Hatfield House prétendaient rivaliser trente ans auparavant n'est plus qu'une dame replète aux cheveux gris sous un châle blanc. Son mari s'appuie lourdement à son bras et porte, sous une simple casquette blanche, une capote militaire sans soutaches et des pantoufles d'intérieur. Ses yeux chassieux au regard rancunier semblent perdus dans la sombre perspective de lutter sans espoir contre la vieillesse. Cet homme qui a tant flirté avec l'aventure, joignant l'audace à l'acharnement, crevant des chevaux de poste à tous les sordides relais qui jalonnent la route d'Irkoutsk à Saint-Pétersbourg, cet homme-là est à présent vaincu par l'irrémédiable décrépitude.

À ce moment-là déjà, ses reins et sa vessie avaient commencé à flancher. Au cours de l'hiver 1903, partant pour Paris où on devait l'opérer, il ordonna à son fils de le rejoindre sur la Riviera pour lui tenir compagnie pendant sa convalescence et lui masser les pieds atteints par la goutte. En janvier, quand Paul monta dans l'express européen qui devait le conduire à Cannes via Vienne, il croisa un garçon du buffet de la gare, un vieux Tartare qui avait servi la famille et l'avait vu grandir. À ce dernier qui l'interpella et lui conseilla de prendre femme, Paul lança, au moment où le train s'ébranlait: «Il n'y a que les idiots qui se marient!»

IV

Paul et Natasha

Janvier 1903. Natasha et sa mère quittent leur maison de Moscou. Elles vont prendre le train pour la Riviera. Famille et domesticité se rendent à la gare dans une procession confuse qui se termine sur le quai par moult baisers et souhaits; après avoir installé sa mère dans son compartiment, Natasha peut enfin goûter une certaine paix, claustrée dans l'isolement du wagon-lit, confortable microcosme de sièges en peluche marron, de lavabos et de divans. Des heures durant, jusqu'à la tombée de la nuit, elle tue le temps en regardant la steppe couverte de neige défiler sous la vitre. L'aube la cueille dans son lit, au passage de la frontière allemande, et elle perçoit le changement au moment où l'on adapte les wagons des chemins de fer russes aux voies européennes, plus étroites. Celles de son pays, à large écartement, lui procuraient une sorte de bercement maternel, et maintenant qu'elle sent la rotation plus nerveuse des chemins de fer européens, elle a l'impression de s'être endormie dans un siècle et de se réveiller dans un autre. À Paris, il lui faut changer de train, et une fois encore elle s'abandonne au sommeil dans la pénombre des compartiments lambrissés du wagon-lit, en attendant le coup de sifflet annonçant le départ de la gare de Lyon. Au premier rayon de lumière, elle soulève de l'orteil le store à l'extrémité de sa couchette, et tandis que le train avale des kilomètres de falaises et de tunnels, elle aperçoit les flots de la Méditerranée, si proches qu'ils semblent vouloir lécher sa fenêtre.

La Riviera qu'elle connaissait éveillait en elle des réminiscences de poussière grise projetée par les carrosses, de pétales de roses cascadant sur elle pendant la bataille des fleurs du mardi gras et d'encens parfumant la cathédrale orthodoxe de Nice. En ce temps-là, Cannes et Nice étaient des centres de villégiature tranquilles et reposants, où le silence des longues après-midi n'était interrompu, avant l'heure du thé, que par le tintement des sabots et le crissement des fiacres transportant les familles d'un grand hôtel à l'autre. Pour Natasha et sa mère, la saison sur la côte commençait en janvier et se terminait en avril; ce qu'elles cherchaient dans ces promenades, c'était l'air de la mer et le faible soleil d'hiver, mais aussi les papotages et la société des gens qui hantaient les restaurants, les églises et les librairies russes; et surtout, elles voulaient échapper au froid et à l'obscurité qui régnaient à Moscou et à Saint-Pétersbourg. Mais une autre raison, plus particulière, les avaient poussées à passer cet hiver-là sur la côte: la mère de Natasha savait que ce serait sa dernière escapade; dans sa lutte contre le cancer, le répit qu'elle avait obtenu en se faisant opérer touchait à sa fin.

De longue date déjà, la princesse Mestchersky éprouvait de l'admiration pour les sentiments nationalistes du général Nicolas Ignatieff et la conviction qu'il y mettait. À l'issue d'une de ses harangues prononcées à l'association des Slaves de Moscou, elle s'était avancée vers lui et lui avait offert un bouquet de fleurs. Cet hiver-là précisément, Ignatieff et sa femme se trouvaient à Cannes, au Grand Hôtel de Californie, et lorsqu'ils envoyèrent un domestique à la villa Mestchersky pour prier la princesse de leur faire l'honneur d'une visite, elle leur répondit qu'elle était trop faible pour se rendre chez eux, mais que sa fille Natasha serait enchantée d'accepter l'invitation à sa place. En réalité, Natasha n'était guère enchantée, mais il n'y avait pas moyen de discuter avec sa mère et, comme elle ne pouvait y aller seule, elle se fit chaperonner par son frère Pierre qui l'accompagna en voiture de Nice à Cannes.

Dans la cour de l'hôtel plantée de palmiers, Natasha échangeait, depuis un bon moment déjà, de laborieuses plaisanteries avec le couple Ignatieff, lorsqu'un jeune homme dans la trentaine, grand et mince, portant moustaches, le front légèrement dégarni et hâlé par les embruns, descendit l'escalier principal et s'avança vers elle. Quand il lui sourit, elle remarqua le contraste entre ses yeux noirs et ses dents très blanches.

Au cours de cette première rencontre, Paul et Natasha se montrèrent timides et guindés. Chacun dans son coin, ils se contentaient d'échanger des regards pendant que Pierre prenait le relais pour faire, comme il se doit, assaut d'esprit avec les Ignatieff. Au moment de prendre congé, Paul s'inclina devant Natasha, lui baisa la main et dit qu'il espérait avoir bientôt le plaisir de la revoir. Elle rougit en inclinant la tête à son tour; pendant tout le trajet du retour, Pierre se moqua de sa sœur — cette espèce de vieille fille qui piquait un fard — et elle fut furieuse contre elle-même de s'être ainsi trahie.

Le lendemain, Paul sonna à la porte de la villa Mestchersky et présenta sa carte. Natasha le reçut dans un petit salon où elle lui servit le thé, non sans une certaine gaucherie. Il revint le jour suivant et le surlendemain. Leur manière de se faire la cour était assez démodée. Lui était posé et sérieux, et elle, timide et réservée. Pendant que d'autres Russes couraient les tables de jeu de Monte-Carlo ou se déguisaient pour aller danser au carnaval, Paul et Natasha restaient loin de tout cela et se promenaient le soir sur le balcon du casino qui surplombait la baie. Chaque jour qui passait les rapprochait, mais ils ne se touchaient pas encore; en silence ils regardaient les feux des yachts qui mouillaient dans la baie et écoutaient les roulettes du casino tournoyer dans le lointain.

Après leur première rencontre, le bruit avait couru chez les Mestchersky que le général était ruiné. De manière détournée et quelque peu embarrassée, Natasha souleva la question de la situation financière des Ignatieff. En prétendant bien stylé, Paul la rassura. Il est peu probable qu'il ait déballé toute la vérité et il ne lui vint pas à l'esprit de se demander comment une princesse élevée sur un tel pied pourrait se débrouiller dans une exploitation agricole du fin fond de l'Ukraine.

Le jeune couple ne mit pas longtemps à se rendre compte que ces deux formidables et anciennes «institutions» du XIXe siècle — les familles Ignatieff et Mestchersky — œuvraient en secret pour favoriser leur union. Natasha perçut un ton nouveau dans les discours que lui tenait sa mère: c'étaient des allusions, des regards, des soupirs; à la veille d'expirer, la princesse était impatiente de voir sa petite dernière casée avant peu. Quant à Nicolas, il avait tellement peur que son fils respecte son vœu de célibat (toujours l'influence tolstoïenne) qu'il envoya une dépêche à M. Castellot, le vieux précepteur de Paul qui vivait à Paris, pour le prier de venir le raisonner. Le brave Castellot n'eut aucun mal à accomplir sa mission.

Le 19 février, deux semaines après leur première rencontre, Paul et Natasha allèrent se promener au parc Chaplitz, sur les hauteurs de Nice, avec pour chaperons, fermant la marche, leurs frères respectifs Pierre Mestchersky et Vladimir Ignatieff, ce dernier profitant d'une permission de la flotte russe à l'ancre dans les bassins de la côte. Paul la pria de s'asseoir sur un banc sous un citronnier et se lança dans un discours qu'elle prit d'abord pour les prémices d'une demande en mariage. Il commença par s'empêtrer dans une histoire interminable et farfelue où il était question d'automobiles, et il s'arrangea si bien que Natasha finit par avoir l'impression qu'au bout du compte elle ne saurait être sa compagne pour la vie. Tout ce que les chaperons purent distinguer, de l'endroit où ils se tenaient, c'était Natasha debout, toute tendue, et Paul assis sur le banc, l'air accablé. Voyant la tournure que prenait la situation, Vladimir, le frère de Paul, s'avança et proposa à Natasha, sur un ton enjoué, de la raccompagner chez elle, ce qu'il fit en s'efforçant de meubler le silence désespéré de la jeune fille par le récit des aventures de son chien pékinois. Évoquant cette scène vers la fin de sa vie, Natasha avouait avec mélancolie: «Peut-être eût-il été préférable, pour le bonheur futur de Paul, que tout se brisât entre nous ce jour-là.» Mais, arrivée devant la porte de sa maison, elle chuchota à Vladimir qu'il lui plairait bien de faire une autre promenade dès le lendemain.

Le lendemain matin, à neuf heures précises, Vladimir et Paul sonnaient à la porte de la villa, imperméable plié sous le bras. Il avait plu, mais l'air était vif et la matinée promettait d'être lumineuse. Natasha était déjà prête, son frère aussi, et ils s'engagèrent sur la vieille route qui mène à Cimiez. Cette fois-ci, ils n'eurent pas à aller bien loin (ni par quatre chemins). Il lui posa la question sans détours, et sans détours elle répondit oui. Son frère Pierre, toujours fermant la marche, poussa un soupir de soulagement quand il les vit, à quelques pas de lui, la main dans la main et souriant gauchement. «Enfin, dit-il, j'ai pu sauver ma dernière paire de bottes.» En guise de cadeau de fiançailles, il leur offrit une reproduction miniature en argent des chaussures qu'il avait usées à traîner la patte derrière eux en tant que chaperon.

Pendant les trois semaines qui les séparaient de leur mariage, Paul se présenta chaque matin à neuf heures à la villa Mestchersky de Nice, avec des lis qu'il avait choisis lui-même au marché aux fleurs du vieux port. Assis dans la pièce donnant sur la rue, ils apprenaient à se détendre en compagnie l'un de l'autre. Ils pouvaient maintenant rire de bon cœur en se racontant les potins qui circulaient sur leurs deux familles. Paul offrit à Natasha une petite broche en forme de bleuet en lui disant que cette fleur, qui poussait communément chez lui, dans ses champs de blé, était sa préférée. Pour son trousseau, elle fit venir du linge de

Dresde, où les draps et les taies d'oreiller furent brodés aux armes de la famille, et acheta sa lingerie personnelle chez Rouff, à Nice; à une boutique de la rue Saint-Honoré, à Paris, elle commanda une malle de voyage.

Ces quelques semaines juste avant leur mariage allaient être l'unique période relativement longue où, sur les vingt années suivantes, ils resteraient seuls ensemble et l'un à l'autre. Plus tard, elle devait dire, non sans une légère ironie: «Mon mari ne s'est jamais appartenu, il a toujours servi l'État et ses concitoyens.» Le devoir, toujours le devoir. De même qu'il ne s'appartint pas, il n'appartint pas non plus à sa femme.

Dans cette aventure que fut leur mariage, ils s'étaient lancés un peu à l'aveuglette. Entre le moment où ils se connurent et où il la courtisa et la fin de leurs fiançailles, un mois à peine s'était écoulé. Qu'aurait-elle pu deviner sous cette apparence de souriante gravité? Il était aussi réservé que son père était expansif. Ce qui les attirait l'un vers l'autre, c'était ce qui avait été réprimé en chacun d'eux: Paul avait été séduit par la gaieté narquoise qu'elle dissimulait sous une apparence timide et Natasha, par son charme et son sens pratique, qui lui laissaient entrevoir le plaisir qu'elle éprouverait à vivre à ses côtés.

C'est dans la petite église orthodoxe de la rue de Longchamps, à Nice, qu'ils se marièrent le 16 avril 1903. Elle portait ce jour-là une robe de mariage blanche en crêpe de Chine à longue traîne et elle tenait à la main une couronne de fleurs d'oranger. Ses cheveux étaient également piquetés de fleurs d'oranger et elle portait une voilette que Paul écarta au moment où, devant l'autel, il l'embrassa. Elle se sentait très calme, comme détachée de son corps, aussi inerte qu'un morceau de bois. Dans les circonstances vraiment importantes de sa vie, ses sentiments semblaient toujours la déserter. De cette journée capitale, elle se souvint seulement qu'elle avait eu très faim et qu'elle avait englouti force sandwichs au pâté à la réception qui avait suivi la cérémonie. Dans l'après-midi, un landau jonché de bleuets les avait emmenés de Cannes à l'hôtel Cap d'Antibes où ils devaient passer leur lune de miel.

Après une semaine passée à se promener au bord de la mer, ce fut le retour en Ukraine. Quand ils descendirent du train, dans cette gare d'où Paul était parti deux mois plus tôt, le vieux Tartare qui lui avait fait ses adieux le vit passer avec sa jeune épouse: «Rappelle-toi, lui lança-t-il, il n'y a que les idiots qui se marient!» À mesure que Natasha avançait sur le quai, allant à la rencontre des Ignatieff dont les voix déjà l'assourdissaient, elle sentait son visage se figer et son âme craintive se dérober. Elle était terrorisée à l'idée de plonger dans cette famille étrangère et si imposante, à des milliers de kilomètres de Doughino. Ils étaient tous là, les frères et les sœurs de Paul, son père et sa mère, et leurs baisers, leurs accolades, leurs regards furtifs mais incisifs, tout cela elle le subit, avoua-t-elle plus tard, «en expiation de ses péchés».

Sur le trajet, devant chacune des chau-mières chaulées qui bordaient la route, Paul soulevait sa jeune épouse dans ses bras et la présentait au couple de paysans debout devant la porte. En hommage, ceux-ci leur offraient, posée sur un napperon brodé, la miche de pain traditionnelle percée d'une alvéole de sel pro-fondément enfouie à l'intérieur; les jeunes ma-riés embrassaient ensuite les icônes familiales placées sur une table près de l'entrée. En sa triple qualité de parrain des enfants du village, de chef de la chorale locale et de premier em-ployeur du district, Paul connaissait chacun des habitants, hommes et femmes, et les appelait par leur prénom et celui de leur père. À la nuit tombante, lorsque Natasha s'installa sur la véranda avec sa nouvelle famille, la chorale du village vint leur donner la sérénade avec des chansons ukrainiennes. Quand ils montèrent se coucher, les acclamations et les vœux de bon-heur des choristes résonnaient encore à leurs oreilles.

Le lendemain, lorsqu'elle se réveilla dans leur chambre baignée de lumière, Natasha était seule. Déjà descendu, Paul accueillait la pre-mière délégation de paysans, écoutait leurs do-léances, recevait leurs pétitions et discutait avec ses gérants des stocks et de l'ensemencement printanier. Absent depuis des mois, il lui fallait tout reprendre en main; quand Natasha descendit prendre son petit déjeuner, elle fut envahie par la crainte de l'avoir perdu, comme si la semaine qu'ils venaient de passer ensemble à l'hôtel d'Antibes n'était qu'un rêve évanoui pour toujours.

En Ukraine, tout lui parut étranger: la manière dont les paysans et les domestiques baragouinaient les dialectes locaux, les inflexions des grands fermiers du voisinage qui parlaient le russe avec un fort accent polonais, les conversations autour de la table centrées sur les semoirs, les tracteurs et l'élevage des bestiaux, même les bizarres boiseries sculptées qui ornaient la toiture de la maison. Le dimanche, quand la famille assistait à l'office dans l'église de la propriété, ils défilaient tous en bon ordre devant le pope pour embrasser la croix, d'abord le général Ignatieff et sa femme, puis leurs enfants, garçons et filles, et enfin les paysans. Au moment de quitter l'église, les villageois se pressaient sur le seuil pour baiser la main des Ignatieff, chose qu'aucun paysan ne faisait à Doughino. Elle se croyait revenue au Moyen Âge.

Cette princesse qui venait d'une grande propriété des environs de Smolensk, il est possible que la famille Ignatieff l'ait jugée snob et distante. Kroupodernitsa était incontestablement plus petit que Doughino: après tout, ce n'était qu'une robuste maison de campagne à trois étages, confortable certes, mais ni luxueuse ni ancienne. Tout en lui reconnaissant une certaine intimité douillette, jamais elle ne s'y sentit parfaitement chez elle. À l'heure des repas, sa belle-mère s'asseyait à un bout de la table, ses cheveux gris toujours recouverts d'un châle blanc; à l'autre bout, c'était son beau-père, le vieux général à l'humeur sombre, affalé sur son siège. Elle avait de la compassion pour lui. Les railleries et les chuchotements que suscitait chacun de ses fiascos financiers avaient rendu le vieil homme irritable et amer. Mais un fond d'ardeur brûlait toujours en lui et le soir, après dîner, quand il restait sur la véranda entouré de sa famille, il évoquait encore les jours épiques qu'il avait vécus en Asie centrale, à Pékin et durant la guerre russo-turque. Même dans l'état où il se trouvait, Natasha avait le sentiment d'être en présence de la personnalité la plus énergique qu'elle rencontrerait jamais dans sa vie, sa propre mère exceptée, naturellement.

Au crépuscule, dans le coupé familial, Paul emmenait sa jeune épouse sur les routes poussiéreuses et, en passant par les chênaies de Bossibrod, lui faisait visiter les bourgades de la région, Ouman et Lipovetz. Au début de l'été, par les chaudes après-midi, il la promenait en barque sur la rivière et, ramant le long des rives marécageuses, lui montrait les lieux de ses exploits du temps qu'il courait chasser avec M. Castellot. Il lui montra également les écuries où il dressait autrefois les étalons arabes de son père et tenta, mais en vain, de l'intéresser à l'équitation. Son enfance était là, tout autour de lui. Mais celle de Natasha était à des kilomètres de cette terre, dans les serres et les pelouses bien entretenues de Doughino. Pour autant qu'elle le voulût, elle n'arrivait pas à partager sa passion pour l'Ukraine. Doughino lui manquait et elle souffrait de l'absence de sa mère. Souvent, durant ces premiers mois à Kroupodernitsa, elle eut les yeux rouges à force de pleurer. Un jour qu'elle était seule dans le bureau et se tamponnait les joues de son mouchoir, elle entendit frapper à la porte et, avant de pouvoir se donner une contenance, elle se trouva en face de sa belle-mère. La comtesse Ignatieff la toisa froidement, comme une personne qui en jauge une autre, et Natasha ne put lui répondre que par un regard d'imploration muette.

L'une après l'autre, les portes encore ouvertes sur son passé allaient se fermer, à mesure que sa nouvelle existence semblait lui imposer des contraintes toujours plus pénibles. En septembre 1903, elle partit précipitamment pour Doughino assister sa mère dans ses derniers instants. Elle était déjà enceinte de son premier enfant et souhaitait le déposer dans les bras de sa mère, comme un cadeau avant qu'elle meure. Ce présent arriva trop tard. La princesse moribonde avait eu le temps de commander le trousseau de son petit-fils, mais le cancer la prit de vitesse et elle s'éteignit dans le mois, entourée de Natasha et de ses sœurs. Au lendemain des funérailles, lorsque la voiture qui l'emmenait franchit le grand portail blanc de Doughino, Natasha emportait avec elle un album de photos avec des vues du parc, des serres et des pièces lumineuses mais désormais vides, baignées d'une clarté éternelle. Plus jamais elle ne devait y revenir.

De retour en Ukraine, en ce misérable automne de 1903 où, écœurée par ses nausées matinales, elle souffrait encore d'avoir perdu sa mère, elle aida ses belles-sœurs à diriger un externat pour les enfants des paysans occupés par la moisson. Elle détestait avoir à courir, dans ses nouveaux habits empesés, après cette marmaille en haillons qui s'égaillait au bord de la rivière à travers les chaumes épineux. Elle avait envie de se confier à quelqu'un, mais Paul était toujours absent pour une raison ou une autre: il était parti à cheval du côté d'Ouman ou de Lipovetz surveiller le recrutement des ouvriers, percevoir des dîmes et des taxes ou arbitrer un conflit de bornage impliquant des paysans. Sa belle-mère, qui avait élevé six enfants, aurait pu apaiser les craintes de Natasha, mais elle se cantonna dans un silence glacé.

Cherchant quelqu'un à qui parler, Natasha se tourna vers Mika, la sœur de Paul, mais celle-ci se retranchait derrière un mur d'obligations. L'air affairé, elle partait chaque matin dans une carriole attelée, chargée de pansements et de médicaments, pour aller soigner les enfants du

146

village et inspecter les écoles et les hôpitaux construits par la famille autour du domaine. Elle adorait son frère Paul, et Natasha savait que Mika ne la croyait pas faite pour lui. Toutefois, elle commença à se dégeler à mesure qu'avançait la grossesse de sa belle-sœur. Rencontrant un jour, à la porte de l'église, un pèlerin qui allait nu-pieds et portait une plante cueillie, d'après lui, à Jérusalem, elle l'apporta à la maison et l'offrit à Natasha en l'assurant qu'elle allait fleurir, au dire du pèlerin, et que sa floraison serait le signe d'un accouchement facile. Tout au long de l'automne 1903, Natasha attendit en vain; la plante ne fleurit pas.

La sœur aînée de Paul, Katia, était encore plus sévère et imposante que Mika. En 1898, on avait envoyé des troupes en Mandchourie pour mater la révolte des Boxers, et comme elle était infirmière diplômée, elle avait soigné des soldats du corps expéditionnaire international atteints du typhus. Dans un des albums de ces années-là, une photo de Katia — ou plutôt de la comtesse Kitty, comme l'appelaient les domestiques — la présente dans le décor de Kroupodernitsa; elle fixe l'appareil d'un air énergique. Sa tenue est austère: une robe noire sur le devant de laquelle pendent les clés de la maison attachées à une chaîne. Les traits sont tendus à force de détermination et la tristesse lui cerne les yeux.

Une dizaine d'années plus tôt, au début de la décennie 90, on avait pris une autre photo d'elle — où elle paraissait bien différente — au cours d'un bal costumé donné dans la résidence du grand-duc Michel, à Saint-Pétersbourg. Alors âgée de dix-neuf ans, Katia était une attrayante beauté aux yeux ronds et comme meurtris, dans un visage ovale entouré de mèches folles tirées vers l'arrière. On la voit dans sa robe de bal en brocart, allongée aux pieds du grand-duc qui s'appuie sur une table à tréteaux autour de laquelle se pressent moult convives, tous déguisés en personnages de la Renaissance. Le grand-duc était tombé amoureux d'elle et elle de lui, et sur la photo en question, elle semble rêver, éperdue, à un avenir qu'elle ne pouvait pas se permettre d'imaginer. Il était écrit que ça ne se ferait pas. Le grand-duc était membre de la famille impériale et le tsar mit apparemment son veto à cette union. Michel partit vivre sa vie à l'étranger et Katia fit le tour du monde pour essayer de l'oublier. Quand elle rentra chez elle, c'était une autre personne: elle n'avait plus rien de sa nature tendre et blessée, elle était devenue la comtesse Kitty à l'esprit pratique et pondéré. Mais si l'on se penche sur d'autres photos prises plus tard, on peut voir encore, dans le regard braqué sur l'appareil, comme une légère trace des aspirations insensées de ses dix-neuf ans. Elle se jeta dans une série de travaux afférents au domaine et, lorsque les forces japonaises attaquèrent la base navale russe de Port-Arthur un soir de février 1904, déclenchant la guerre entre les deux pays, elle prit immédiatement le train pour Vladivostok où elle s'engagea comme infirmière.

Dans le mois qui suivit Port-Arthur, Natasha mit au monde son premier fils, à l'heure où le pays était ballotté et déchiré par la tourmente qui devait déboucher sur la révolution de 1905. Elle ignorait tout de la grossesse et de l'accouchement et voulait en savoir le moins possible. Comme des oiseaux de malheur, forceps, pansements et scalpels arrivèrent à Kroupodernitsa par la diligence de Kiev, suivis, le lendemain, par une sage-femme de la bonne société couverte de bijoux. Elle annonça *urbi et orbi* que Natasha devait se dépêcher d'accoucher, car elle n'était pas disposée à rester dans ce coin perdu une seconde de plus qu'il n'était nécessaire. Pendant la longue nuit de ses couches, Paul lut à Natasha des versets de la Bible pour la réconforter, tandis qu'un médecin de la région à l'haleine fétide restait à ses côtés et que l'accoucheuse sénile la tenait dans ses bras, tremblant de terreur à chaque cri qu'elle poussait.

Tout se passa bien pour le bébé Nicolas, mais Natasha ne se remit pas, et sa beauté en fut, selon ses propres termes, «toute tassée». Le printemps passa et l'été aussi; elle restait assise sur la véranda, convalescente, observant les paysannes qui venaient de leurs chaumières pour arroser le jardin au crépuscule. Celles-ci se penchaient très bas sur la fontaine pour emplir des seaux d'eau et les transporter jusqu'aux longues allées de pois de senteur, de tubéreuses et de lis blancs. Ainsi installée à l'ombre de la véranda dans sa robe blanche à crinoline, près du moïse où reposait Nicolas, Natasha se demandait si l'accouchement était aussi pénible pour ces femmes qu'il l'avait été pour elle. Ces paysannes qui se courbaient sur la source d'eau du jardin lui semblaient si fortes, si solides; ce fut un choc pour elle d'apprendre, d'un médecin de la région, que la plupart d'entre elles étaient brisées vers la quarantaine sous l'effet du surmenage et des grossesses.

Dans les premiers temps, Natasha ne sentit nullement vibrer en elle la fibre maternelle. C'est tout juste si elle éprouvait une vague pitié pour ce poupon si pathétique, cette petite chose désemparée couchée dans son berceau, soufflant et vagissant comme un chiot. Elle n'avait pas désiré d'enfant si tôt. Pour quelque temps encore, elle aurait voulu s'accrocher à une vie où Paul et elle auraient été seuls tous les deux, prolonger autant que possible la magie du temps où il la courtisait. Jamais cependant il n'en serait ainsi: durant les treize premières années de leur mariage, elle fut enceinte au moins neuf fois. Elle détestait et redoutait «toute l'affaire», comme elle disait, et s'en voulait en même temps à l'idée qu'elle manquait à ses devoirs envers lui. Leurs rapports sexuels furent empoisonnés par l'intervention de charlatans, l'infortune de l'irrépressible fécondité et l'insurmontable écart entre la sexualité de Paul, ardente et exigeante, et le tempérament de Natasha, marqué par sa réserve et son dégoût de ces choses-là.

À l'automne de 1904, Paul fut nommé président de la *zemstvo* (l'assemblée administrant la province). Cette nomination la remplit de joie, car ces nouvelles fonctions exigeaient qu'ils quittent Kroupodernitsa pour aller vivre seuls à Kiev. Habitant enfin sous son propre toit, loin de la domination de sa belle-mère, elle passa deux années de rêve dans un petit logis ensoleillé de la rue Levashkovskaya, à Lipki, quartier résidentiel et verdoyant de Kiev, perché sur les falaises surplombant le Dniepr. Elle servait de collaboratrice à son mari, visitait les hôpitaux et les établissements administrés par la *zemstvo*, recevait les employés de l'organisme et leur offrait des *piroshki* et de la bière.

Paul se lança à fond dans son travail. Matinal, il sortait en toute hâte de chez lui, sandwichs et journal sous le bras, et parcourait à pied la courte distance qui le séparait des bureaux de la *zemstvo*, place de l'Hôtel-de-Ville. Il rentrait à la nuit pour s'enfermer dans son bureau et se plonger dans ses papiers. Il fallait construire des hôpitaux: dans toute la province de Kiev, il n'y avait qu'un seul hôpital pour répondre aux besoins de ses quatre millions et demi d'habitants. On devait établir un relevé des chemins vicinaux et les refaire. On créa des coopératives betteravières et on réorganisa le

151

système rural d'assurance contre l'incendie pour couvrir ce risque chez les paysans vivant sous le chaume. On établit un impôt foncier pour remplacer l'ancien système du travail obligatoire qui servait à entretenir les routes, à fournir des chevaux à la chaise de poste et même à transporter des criminels. Essentiellement pratique, cette tâche minutieuse ne visait à rien moins qu'à mettre le pays à l'heure du XXe siècle. Paul s'y adonna avec un enthousiasme de tous les instants. Lui-même se targuait d'être un fermier pragmatique, un homme du terroir qui savait faire marcher une moissonneuse-batteuse, à quel moment planter les betteraves, comment parler aux paysans et tirer d'un travailleur le meilleur de lui-même. Du coup, il se découvrait des dons de meneur d'hommes et se constituait une équipe de spécialistes, vétérinaires, agronomes, topographes, enseignants, médecins, convaincus du «libéralisme à petits pas». Tels étaient les membres des *zemstvos*, — récusés par les bureaucrates de Saint-Pétersbourg, honnis par les révolutionnaires de Berne et de Zurich — qui s'efforçaient, sans tambour ni trompette, de mettre les vétustes wagons du pays rural sur les rails de la modernité. Ils conjuraient le ciel de leur en laisser le temps: chaque nouvelle usine, coopérative ou hôpital, avait besoin d'une décennie pour porter ses fruits.

Toute cette activité se déroulait avec, pour toile de fond, la guerre russo-japonaise qui s'assombrissait chaque jour davantage. Les *zems-tvos* avaient reçu instruction de prendre soin de toutes les personnes à la charge des soldats envoyés par les provinces sur le front de Mandchourie, mais on ne leur en avait pas donné les moyens. Avec d'autres dirigeants de *zemstvos*, Paul se rendit à Saint-Pétersbourg pour demander l'aide du gouvernement central. Au ministère des Finances, un fonctionnaire objecta que les *zemstvos* manquaient à leur devoir envers la patrie et il ajouta: «Ce n'est pas cet esprit qui règne au Japon!» De l'autre côté de la table, Paul lui lança: «Une seule mesure, à ce que nous sachions, a été prise pour remonter les finances du pays et lui permettre de poursuivre la guerre, c'est la taxe sur les allumettes!»

À travers les lettres que Katia lui envoyait de Vladivostok, Paul pouvait se rendre compte du tour désastreux que prenait la guerre. On manquait de tout, d'armes, de pansements, de jumelles, de canons, de bottes. La plupart des chefs militaires n'avaient pas repris de service depuis la guerre russo-turque et restaient stupéfaits devant les nouvelles techniques des Japonais. Au mess des officiers de l'état-major, on se répandait cependant en d'euphoriques discours sur la prétendue supériorité de la race slave face à l'ennemi jaune, tandis que la presse nationaliste débordait d'une confiance obstinée dans les vertus de l'arriérisme russe et la détermination du paysan qui chargeait à la baïonnette les mitrailleuses japonaises. À Kiev même, Paul entendit des recrues de la campagne embarquées dans des trains pour le front se demander pourquoi on les envoyait se faire tuer à l'est. Le bruit courait que le pays avait été entraîné dans la guerre parce que le tsar voulait favoriser un consortium de particuliers cherchant à s'emparer de concessions forestières en Corée, pays qui faisait traditionnellement partie de la zone d'influence du Japon. L'un des membres de ce consortium était le propre oncle de Paul, le général Alexis Ignatieff, personnage réactionnaire et tout en rondeurs, ancien gouverneur général de la Sibérie occidentale devenu membre du Conseil d'État.

Engagé dans la marine, Vladimir, le frère de Paul, était à bord de l'escadre russe qui, appareillant d'un port de la Baltique, fit le tour du globe avant d'aborder l'ennemi en mer de Chine. Par les lettres qu'il postait quand ils charbonnaient sur la côte et qui parvinrent en Ukraine, la famille put suivre les mouvements des vaisseaux le long des côtes africaines, puis ce fut le passage du cap Horn et la traversée de l'océan Indien, jusqu'à la fatidique rencontre avec les Japonais. Chaque lettre de Vladimir mettait sa mère à la torture. C'était son dernier-né, celui qui avait toujours su émouvoir son cœur endurci. Mais à mesure qu'approchait l'engagement fatal, les nouvelles se faisaient plus alarmantes: les vaisseaux étaient vétustes, la manœuvre incertaine, les équipages épuisés.

Un matin de juillet 1905, les docks de Vladivostok furent mis en état d'alerte: on demanda à Katia et à ses consœurs infirmières de l'hôpital maritime de se tenir prêtes pour l'arrivée de l'escadre russe. Toute la journée, Katia scruta l'horizon gris, dans l'espoir de voir au loin se profiler les cheminées, quelque ruban de fumée lui permettant de croire que son frère avait réchappé du combat. Quand la nuit fut tombée, elle sut qu'aucun navire ne paraîtrait. L'horizon était vide. À la bataille de Tsoushima, l'escadre russe avait été complètement anéantie par les Japonais. Vladimir, premier-maître sur le vaisseau amiral, sombra avec son bâtiment. Ses dernières lettres, empreintes de l'optimisme forcé d'un enfant qui veut garder le moral, arrivèrent à Kroupodernitsa après la nouvelle de son décès. Devant l'église du village, la famille fit élever un cénotaphe à sa mémoire, une croix sur un socle de basalte avec une ancre de navire à la base. Elle est toujours là, à la lisière des champs de blé, à huit cents kilomètres de la mer. Au mois d'août de cette année-là, Natasha accoucha de son deuxième fils. On lui donna le nom de Vladimir et, au moment du baptême, Paul mit le bébé dans les bras de sa mère en lui disant: «Voici ton nouveau Vladimir.»

Un mois plus tard, au début de septembre 1905, Natasha était de retour à Kiev, dans son petit appartement. Elle tenait dans ses bras le bébé Vladimir, et le petit Nicolas, âgé d'un an et demi, jouait à ses pieds lorsqu'elle vit, de sa fenêtre de l'étage supérieur, une étrange procession qui remontait lentement la rue dans sa direction. C'étaient, pour la plupart, des pauvres gens qui marchaient en rangs en chantant des cantiques. Ils portaient des icônes et «des portraits du tsar, aussi hideux que triviaux». Elle envoya son valet de chambre aux nouvelles. Quelqu'un dans la foule lui conseilla de rentrer chez lui; l'instant d'après, des pierres commencèrent à pleuvoir et les vitres de la maison d'en face, qui appartenait à un commerçant juif, volèrent en éclats. Dans le cadre étroit de l'existence de Natasha, cette soudaine irruption de la violence avait quelque chose d'irréel, de fantastique. Tandis que des éclats de verre tombaient sous ses yeux et que les pillards s'introduisaient dans la maison en enjambant les fenêtres brisées, la foule chantait des cantiques que Natasha avait appris dans son enfance. Nicolas, le nez collé à la vitre, poussait des hourras, et dans un coin de la chambre d'enfants, assise à l'écart des fenêtres, la vieille nurse marmonnait de sourdes prières dans un mouvement de va-et-vient.

Quelqu'un descendit dans la rue et se mit à discuter avec la foule: ce n'était pas chrétien, s'écriait-il, de détruire les biens des gens. Natasha observait la scène, tenant ses enfants serrés contre elle. Là-haut, de son poste qui dominait le tumulte, elle ne risquait rien. L'un des émeutiers badigeonna la porte de sa maison d'une croix blanche, signe qu'ils seraient épargnés. Puis, lentement, méthodiquement, la procession s'ébranla et reprit sa route jusqu'à l'habitation juive suivante. Pendant que les pillards brisaient les vitres à coups de pierres et bondissaient à l'intérieur pour tout saccager, les manifestants restés dans la rue continuaient à chanter des cantiques. Quand la police montra le bout de son nez, tout était fini. À ce moment-là, le valet de Natasha lui raconta que la dame juive d'en face était venue frapper à leur porte et l'avait supplié de prendre ses enfants pour les mettre à l'abri. Elle était folle d'angoisse en entendant la foule remonter la rue; mais, lui avait répondu le valet, il ne pouvait les laisser entrer sans instructions du comte Ignatieff et celui-ci se trouvait en ville, à son travail. Elle s'était alors adressée à la propriétaire de Natasha: «Je vous en prie, cachez mes enfants, ils ont la scarlatine!» Mais la dame s'était montrée intraitable, arguant que les autres enfants de la maison risquaient la contagion. Au premier jet de pierres sur son foyer, la voisine réussit à s'échapper avec ses enfants et courut se réfugier en ville.

Ce soir-là, quand il rentra chez lui, Paul était à bout de souffle. Un groupe de manifestants avaient fait irruption dans son bureau et, après avoir arraché les fils du téléphone, avaient exigé des employés de la *zemstvo* qu'ils se joignent à la grève générale. Paul avait refusé de discuter avec la masse, mais proposé d'entrer en pourparlers avec trois des meneurs. Un paysan qui faisait partie de la *zemstvo* s'en prit à un étudiant qui dirigeait les manifestants et lui lança: «Vous êtes juif, vous n'avez pas le droit de représenter des Russes!», ce qui déclencha un tohu-bohu général. Soudain, parmi la foule, des gens se mirent à crier. Du fond de la rue, cinq cosaques fonçaient sur eux à cheval, debout sur leurs étriers, prêts à frapper de leurs fouets brandis. Paul dit aux meneurs de le suivre et ouvrit la porte de service. Ils s'y engouffrèrent et disparurent dans une rue latérale.

Partout dans la ville, des rumeurs antisémites embrasaient les esprits. On prétendait qu'un avocat juif du nom de Ratner, monté sur un coursier blanc, avait descendu l'artère principale de la ville, l'avenue Krestchatik, en proclamant: «Nous vous avons donné un Sauveur; maintenant nous vous donnerons un nouveau tsar!» À l'heure du dîner, la bonne de Paul et de Natasha fit le service en arborant une montre-bracelet qu'on ne lui avait encore jamais vue. Elle l'avait ramassée parmi les débris de verre et les fragments d'auvents jonchant le sol devant les boutiques des joailliers juifs de la Krestchatik. À la campagne, des bandits «révolutionnaires» incendiaient les coopératives et les usines et razziaient les banques. Les moujiks s'emparaient des terres dont les propriétaires étaient absents. Une délégation de paysans vint rencontrer les membres de la *zemstvo*, et Paul ne devait jamais oublier l'inquiétante parabole que leur sortit l'un d'entre eux: «L'été, quand la nourriture est abondante, les abeilles ouvrières sont toutes contentes de pouvoir entretenir leur reine ainsi que les bourdons parasites; mais quand vient l'automne et qu'il y a pénurie, qu'arrive-t-il aux bourdons?» Dans le silence, le paysan fit claquer ses doigts en un sinistre présage: «Ils déguerpissent, voilà tout.»

Natasha suivit le déroulement de la révolution de 1905 avec un mélange d'irritation et d'incrédulité. Elle devait écrire, des années plus tard: «Au départ, tout allait à la débandade sans aucun contrôle. Depuis le trône jusqu'aux derniers échelons, on manquait totalement de fermeté, d'autorité, d'organisation: on laissait les choses suivre leur cours au hasard et sans espoir.»

En janvier 1906, Alexis, l'oncle de Paul, fut nommé gouverneur de la province de Tver. À l'époque où il gouvernait la Sibérie occidentale, il s'était fait une réputation de personnage réactionnaire, impitoyable avec les prisonniers politiques. Arrivant à Tver pour assumer ses fonctions, il fut convié à une réception à l'université. Comme il pénétrait dans la salle, un étudiant l'arrêta sous prétexte de lui dire deux mots et, sortant son revolver, l'abattit d'un coup de feu tiré à bout portant. Après son arrestation, on apprit que l'étudiant était de connivence avec les socialistes-révolutionnaires ainsi qu'avec la police secrète.

C'est dans cette conjoncture — une ville déchirée par les émeutes et les pogroms, un pays vacillant au bord du gouffre — que Paul fut nommé gouverneur de la province de Kiev, territoire d'une superficie égale à celle de l'Angleterre. Au début, Natasha fut contrariée de devoir quitter son logis de Levashkovskaya pour habiter la résidence du gouverneur, ses pièces officielles et froides encombrées de bustes du tsar. En plus, le climat qui régnait à cette époque n'était guère rassurant: ce n'étaient que complots ou bruits de complot, des voitures les suivaient quand ils rentraient la nuit du théâtre et, dans le courrier du matin, elle trouvait des lettres de menace, des messages haineux ou obscènes qu'elle rejetait précipitamment dans le plateau d'argent, comme si elle s'était brûlée.

Avec le temps cependant, ils furent heureux dans cette résidence qu'animaient alors les cris et les jeux de leurs quatre garçons, Nicolas, Vladimir, Alec et Paul, le dernier-né encore bébé. Au rez-de-chaussée, devant la porte du bureau du gouverneur, les solliciteurs faisaient la queue après avoir été triés par le planton Abraham qui ressemblait à un vieux corbeau tout noir; de son côté, Natasha travaillait aussi dans son propre bureau et s'occupait, avec son amie Mme Zabougina, d'organiser des bazars et des fêtes de charité au profit des hôpitaux et des orphelinats de la région. Lorsque Paul était à la maison, c'était pour elle le comble du bonheur, car elle avait l'impression qu'ils travaillaient côte à côte. Le soir, ils allaient parfois à l'Opéra de Kiev, et c'est là qu'elle vit jouer Sarah Bernhardt et entendit chanter la célèbre basse russe Chaliapine. Il y eut également des croisières sur le Dniepr à bord de yachts de millionnaires, des nuits passées sous les étoiles dans leur jardin embaumé... Enfin, ils avaient du temps à se consacrer l'un à l'autre.

Si on avait choisi Paul pour gouverner la province, c'était dans l'espoir que, avec sa réputation de libéral et en tant qu'homme connu sur la place, il serait en mesure de ramener la paix dans la ville. C'est effectivement ce qu'il fera: il apprend un jour qu'un pope sur le retour attise la haine antisémite dans ses prônes du dimanche; il le convoque dans son bureau et lui enjoint de cesser de prêcher que Jésus a été crucifié par les Juifs. Un mouvement de miliciens d'extrême droite, les Centuries noires, fait de l'agit-prop; il avertit le chef de la section locale du mouvement qu'il le tiendra personnellement responsable de toute agression de commerçants israélites. Il instruit le commandant de la police d'effectuer lui-même des rondes de surveillance dans le quartier juif de la ville et d'aviser ses hommes qu'ils risquent d'être renvoyés sur-le-champ s'ils s'abstiennent d'intervenir pour réprimer les attaques contre les domiciles ou les commerces des Juifs.

Un autre jour, ce sont les étudiants de l'Université de Kiev qui décident d'occuper les locaux. Paul donne à la cavalerie l'ordre d'encercler les salles de cours pour les amener à sortir calmement et à se rendre ensuite jusqu'à l'arsenal où ils seront nourris et logés pour la nuit. S'il se trouve parmi eux des activistes non-étudiants, ils seront identifiés et poursuivis; les autres seront renvoyés à leurs études. Il est également appelé à régler le cas de ce Polonais, fils d'un propriétaire terrien, qui avait blessé une paysanne au cours d'une partie de chasse. En réaction, les gens de son village avaient mis le feu chez le propriétaire. Paul envoie un escadron de cosaques arrêter le fils et obliger les villageois à livrer les incendiaires. Ailleurs, c'est une bande de révolutionnaires qui dévalisent une fabrique de sucre de betterave en abattant deux gardiens de nuit. Paul les fait poursuivre par sa police jusqu'à Odessa où ils sont arrêtés et condamnés. Ils n'échapperont à l'exécution qu'en avalant du poison dans leurs cellules.

En sa qualité de gouverneur civil, Paul pouvait interdire toute manifestation et dissoudre toute assemblée qu'il jugeait contraires à l'ordre public. Il pouvait même décider de fermer la *zemstvo* dont il avait été le chef, et sa police avait le droit de traduire tout contrevenant en cour martiale, en passant outre à la procédure civile habituelle. Le seul organisme qui échappait à son contrôle était l'Okhrana, la police secrète. Relevant directement du mi-

162

nistre de l'Intérieur, celle-ci tenait des dossiers sur lui et sur son personnel. Libéral par tempérament et admirateur de la monarchie constitutionnelle britannique, Paul réprouvait l'exercice de pouvoirs aussi arbitraires que les siens. Mais ces pouvoirs, d'où les tenait-il, sinon des «Mesures exceptionnelles et provisoires» de novembre 1881? Et cette loi, qui donc l'avait élaborée, sinon son propre père?

L'ironie de la situation n'avait pas dû lui échapper, mais il gardait le silence par devoir, comme il l'avait fait devant l'antisémitisme de son père. Comment évoluèrent les rapports entre ce fils libéral, persuadé qu'il fallait engager progressivement la Russie dans la voie de la monarchie constitutionnelle, et ce père qui n'avait connu que l'autocratie à son zénith? Cherchèrent-ils à évoquer leurs différences, le jour où Paul descendit jusqu'à Kroupodernitsa pour le voir et que, le tenant par le bras, il parcourut avec lui l'allée des marronniers avant de faire ensemble une pause sur le petit banc? Que de fossés à combler entre eux: celui de leurs natures si différentes, d'une part un vieillard fougueux aux maintes aventures, de l'autre un fils sérieux et pondéré; celui qu'avait creusé le temps entre un père dérouté par la révolution et un fils qui s'efforçait de maintenir le cap dans la tempête; et enfin le fossé des générations. Le fils, qui avait enfin pris confiance en lui, considérait avec un mélange de pitié et de mépris la décrépitude de cet homme dont l'ombre s'était si longtemps projetée sur sa vie. Un lourd silence dut s'installer entre eux, père et fils assis côte à côte sur le banc ensoleillé.

Sombres furent les dernières années du père: il avait perdu le plus jeune de ses fils en mer en 1905, à la bataille de Tsoushima, puis son frère, l'année suivante, tombé sous les balles d'un assassin. En 1908, son heure sonna enfin. Paul enterra son père dans la crypte familiale de Kroupodernitsa, en dessous de l'église du village; il commanda une dalle funéraire en basalte noir, sur laquelle on inscrivit le nom et le grade de Nicolas, ses dates de naissance et de décès, 1832-1908, et ces deux seuls mots en guise d'épitaphe: Pékin et San Stefano. Il avait survécu à son temps et toute son œuvre lui avait glissé entre les doigts, de sorte que le jour où il fut porté en terre, dans l'église du village, il n'y eut que sa famille pour le pleurer, en tête de laquelle marchait un fils aux yeux secs.

Le corps était à peine inhumé que les créanciers fondirent sur la succession. L'escroc Grinevetsky, qui avait été son homme de confiance, se suicida à la nouvelle du décès, et l'édifice de folles spéculations qu'il avait construit sous le couvert du nom de Nicolas s'effondra quand on ouvrit les placards et les coffres de la banque. Avec son traitement de gouverneur, la dot de sa femme et les revenus de la propriété, Paul, sans mot dire, s'employa à sauver de la déconfiture la fortune familiale. Cela lui prit dix ans.

Même si l'héritage de son père n'avait rien de glorieux, Paul tint toujours à ce qu'on sache qu'il l'avait assumé et maintenu ainsi que la tradition du service. Ce qu'il vénérait en lui, c'était le constructeur d'empire, le diplomate aux brillants succès de la guerre contre les Turcs, et il passait sous silence les mesures antisémites du ministre qui avait régné sur l'Intérieur tout au long d'une année fatidique. Lorsque certains de ses amis intimes comme Vladimir Nabokov décidèrent de se défaire de leur uniforme de cour pour protester contre les pogroms de Kishinev dont les auteurs étaient restés impunis et se lancèrent dans la politique des partis, Paul refusa de se joindre à eux. Pour lui, la politique partisane équivalait à une excommunication, une manière de renier le serment de servir le tsar qu'il avait prononcé devant lui, en personne, à l'époque où il faisait son service militaire dans la garde Préobrajensky. Peu lui importait que son père se soit ruiné au service du tsar et que les libéraux de sa génération éprouvent de plus en plus de difficultés à supporter le régime de Nicolas II; il estimait que sa vie n'avait de sens qu'en fonction de sa fidélité à la tradition familiale du service. Son existence en devint un tortueux exercice pour tenter de sauvegarder ce qui, dans ces traditions, était honorable, aux dépens de ce qui était réactionnaire, pour les conserver intactes au moment précis où l'histoire les vidait de toute signification. Alors que les libéraux de son temps décidaient de se tenir à distance d'un régime de moins en moins en accord avec sa propre société, Paul optait pour la voie qui lui tenait le plus à cœur.

Le travail qu'il avait accompli à Kiev quand il avait la charge de la province avait attiré sur sa personne l'attention du gouvernement Stolypine, à Saint-Pétersbourg, et en particulier, celle de Krivoshein, le ministre de l'Agriculture, qui invita le jeune gouverneur à prendre la tête du département de l'agriculture, l'un des services du ministère. Pour quelqu'un qui se targuait d'avoir des bottes sentant le terreau, quelqu'un qui se tenait à l'écart du tourbillon d'intrigues agitant cette ville, ce déplacement vers le centre allait être décisif. L'idée déplaisait souverainement à Natasha; elle aurait préféré rester à Kiev où elle avait ses aises et se demandait avec inquiétude comment elle se débrouillerait dans l'atmosphère froide et exaltée de la société pétersbourgeoise. Quoi qu'il en soit, la famille emménagea à Saint-Pétersbourg durant l'hiver 1908-1909 et s'installa dans un appartement sombre et étroit de la rue Galernaya, juste derrière les quais, à proximité de l'Amirauté.

Au printemps 1909, pour que les enfants prennent des forces en prévision du prochain hiver, Natasha les emmena passer des vacances dans le sud, à Eupatoria, en Crimée. C'est à partir de là que commencent les souvenirs de son fils Alec: il a trois ans, il est habillé en marin et il est assis dans une barque à rames avec un homme en bras de chemise. Soudain, la barque se renverse et il tombe à l'eau. La mer est pleine de méduses. Alec se met à hurler tandis que les suceuses, blanchâtres et gélatineuses, s'approchent jusqu'à l'encercler; il voit palpiter leurs têtes laiteuses, onduler leurs tentacules au gré des vagues... Images qui, aujourd'hui encore, hantent cet homme bientôt octogénaire lorsqu'il erre, avant de s'éveiller, dans cette *terra incognita* qui sépare la mémoire du cauchemar.

À la station balnéaire, il y avait une épidémie de typhoïde. Le bacille était partout, dans les fontaines et les robinets, dans les sorbets qu'avalaient les enfants sur la terrasse du bord de mer, dans le lait pour bébé. En deux heures seulement, deux effroyables heures, Natasha vit la maladie terrasser le petit Vladimir et emporter son dernier-né sous ses yeux. Avec le recul du temps, elle trouva la force de parler de tout ce qu'elle avait perdu, de tout ce qui lui avait été enlevé, mais jamais de cette perte-là, du souffle haletant du petit Paul s'éteignant lentement. Combien de fois, aux heures les plus secrètes de sa vie, a-t-elle dû interroger sa mémoire, se demander ce qu'elle aurait pu faire d'autre, comment elle aurait dû s'y prendre pour détourner le coup fatal. Jamais elle ne retourna en Crimée, sur les sites enchanteurs de son enfance aux si jolis noms — Koreis, Gaspra —, mais cent fois, mille fois dans sa mémoire, elle dut refaire le trajet jusqu'à sa chambre d'hôtel à Eupatoria et se pencher sur le berceau vide. Lorsqu'à la fin de sa vie, l'heure fut venue de raconter ce qui s'était passé durant cet été de 1909, elle n'écrivit pas un mot là-dessus.

Dans ce silence derrière lequel elle s'était retranchée, je crois deviner ce qui avait été cassé et ne put jamais être réparé. Paul n'était pas en Crimée, il n'avait pas vécu avec elle ces heures-là. Il était à plusieurs jours de train, à Saint-Pétersbourg, plongé dans ses papiers. N'est-ce pas cela, cette fatale séparation à un moment si terrible, qui creusa un fossé entre eux, qui fit qu'elle ne devait plus jamais trouver le même réconfort dans ses bras? Avec sa raideur habituelle, Paul se contenta de dire que «dans sa douleur, elle reporta tous ses soins sur ses autres enfants et s'isola de plus en plus de la société». Il ne fit aucune allusion à son propre chagrin, mais Natasha tira les rideaux sur la solitude de son cœur déchiré.

À travers toutes les pérégrinations qui devaient marquer le reste de sa vie, la seule petite photo qu'elle garda sur sa table de chevet, c'était, dans un cadre rond en argent, la souriante image de son enfant défunt.

V

Petrograd

Coup d'œil dans l'album familial: j'en extrais une photo de Natasha remontant à l'époque où la famille vint s'installer à Saint-Pétersbourg, dans l'appartement encombré, sans lumière, de la rue Galernaya, à deux rues de la Néva, en retrait du quai des Anglais. Assise dans un fauteuil, elle est habillée et parée pour une soirée officielle d'hiver: sous les cheveux ramassés en un chignon bien serré, la robe de velours brun s'orne d'un corsage en dentelle de Bruxelles surmonté d'un boa en renard; au cou bien droit brille un collier de perles s'étageant sur douze rangées. Elle est mince et pâle et sous les yeux sombres, enfoncés, les pommettes du visage anguleux et allongé absorbent la lumière. Par son attitude réservée et quelque peu timide, elle donne l'impression que cette corvée la contrarie. Ses mains sont croisées sur les genoux, l'index de la droite recourbé sur le majeur, comme si elle tentait de dissimuler quelque chose. Ayant toujours cherché à préserver son intimité, elle rentrait dans sa coquille quand les projecteurs de la vie publique étaient braqués sur elle. Elle ne pouvait supporter la société pétersbourgeoise et ses obligations: rendre des visites de politesse aux épouses des supérieurs de son mari, déposer sa carte de visite sur des plateaux d'argent, se lancer dans la ronde des courbettes et des papotages et, pendant tout ce temps, se sentir comme le funambule sur sa corde, hanté par la terreur du faux pas.

Cette photo fut probablement prise par un photographe de la cour à l'occasion des fêtes qui se donnèrent au palais d'Hiver en 1913 pour célébrer le tricentenaire de la dynastie des Romanoff. Si c'est bien le cas, Natasha sortait tout juste de la cérémonie de présentation à l'impératrice. L'étiquette voulait que des maîtres de cérémonie en grand uniforme de cour, verge dorée à la main, rangent les dames par ordre de préséance et organisent une procession qui se dirigeait vers le trône, chacune des dames tenant la traîne de celle qui la précédait. Natasha y allait avec sa sœur Sonia, l'une tenant la traîne de l'autre, et elles s'amusaient comme des collégiennes jusqu'au moment de leur présentation à l'impératrice; exécutant alors une rapide révérence, elles s'écartaient pour laisser la place à celles qui les suivaient. Dans le brouhaha, Natasha avait juste le temps d'apercevoir le visage glacé de la tsarine qu'encadraient de chatoyantes rangées de perles émergeant de sa coiffure. L'instant d'après, on la conduisait devant les photographes installés dans une pièce adjacente du palais et là, dans la fumée d'un éclair de magnésium, elle était fixée sans ciller dans l'ambre d'un monde à part.

Lors de cette soirée de 1913, elle était, à l'âge de trente-six ans, la maîtresse d'une grande maison, l'épouse d'une étoile montante de la bureaucratie pétersbourgeoise et la mère de «quatre petits garnements», Nicolas, Vladimir (Dima), Alec et Lionel. Elle attendait un cinquième enfant, qui devait être mon père, George. Dans l'enchaînement confus des occupations de l'âge mûr, jalonné par les maladies des garçons — coqueluches, typhoïdes, grippes d'hiver et fièvres d'été —, elle assistait à demi consciente au relâchement des liens qui l'unissaient à son mari. L'écart se creusait dans la chambre à coucher: levé à sept heures, Paul faisait ses exercices et ses ablutions, puis il s'habillait, aidé par son valet Demian. Elle restait couchée pendant qu'il prenait son petit déjeuner à l'étage inférieur, en compagnie des enfants et de leurs gouvernantes. Quand la matinée s'annonçait chargée, il devait — au souvenir de Natasha — «se contenter d'avaler en vitesse le journal et le petit déjeuner, dans une succession ininterrompue de coups de téléphone», puis il descendait en toute hâte la rue Galernaya et longeait les quais de la Néva jus-

171

qu'au ministère de l'Agriculture. De retour à sept heures du soir, il expédiait son dîner et se replongeait dans les dossiers que lui apportait le messager du bureau; «et cela durait jusqu'à minuit — se rappelait-elle avec tristesse —, rien que le travail et tous les jours, des années durant, la même routine.»

Dès le départ, Paul s'était mis en tête qu'il ferait tout son possible pour ne pas ressembler à ces bureaucrates de Saint-Pétersbourg. Afin de défendre son programme d'aide aux paysans sous forme de prêts, de formation et d'assistance technique, il n'hésita pas, à peine entré au ministère, à engager le combat en pleine réunion du cabinet, pendant que son propre ministre Krivoshein tirait nerveusement sur la queue de son habit dans l'espoir de le faire asseoir. Ronchonnant, le ministre des Finances déclara que les propositions d'Ignatieff éveillaient des résonances de socialisme d'État à la Bismarck; ce à quoi Paul rétorqua qu'il préférait courir le risque du socialisme d'État plutôt que d'attendre le moment «où la populace, qui ne peut pas comprendre dans quelle voie le gouvernement l'entraîne, adoptera la solution qui lui paraîtra la plus simple et nous balaiera, nous et toute notre culture». Un vieil amiral, qui représentait la Marine au cabinet, fut tellement impressionné par ce discours que, sur ses crédits, il offrit au département de l'Agriculture une somme équivalant au prix de la moitié d'un navire de guerre.

Natasha fit de son mieux pour s'intéresser au travail de Paul, mais elle était incapable de partager sa méritoire passion pour les banques agricoles destinées aux paysans et les plans de crédit permettant aux petits cultivateurs d'acquérir de nouvelles machines, ce qui constituait les mille et un détails de l'engagement de son mari envers le libéralisme à petits pas; pour elle, chaque fois qu'elle essayait de l'intéresser à son propre quotidien, fait d'une succession de maladies d'enfants et d'interminables chicanes avec les serviteurs, il l'écoutait d'une oreille distraite et ses pensées le ramenaient à ses dossiers. Lorsqu'ils se retrouvaient en tête à tête, elle se refusait à lui, soit qu'elle fût enceinte, soit qu'elle relevât de couches, et, incapable de le satisfaire, elle accumula des tonnes de regrets et de remords qui empoisonnèrent son existence jusqu'au dernier jour de sa vie. Quant à ce que lui, Paul, pensait de ce fossé qui se creusait chaque jour davantage entre eux, on ne le sut jamais.

À l'égard de ses enfants, Paul se conduisait en père indulgent, sinon absent. Il prenait ses petits déjeuners avec eux et leur lisait des passages du journal. Le jour où le *Titanic* fit naufrage, il leur lut toute la première page. La plupart du temps, il laissait les enfants faire un bout de chemin avec lui quand il partait travailler le matin, puis il les renvoyait à la maison accompagnés de leurs précepteurs pour qu'ils prennent leurs leçons dans la salle d'études; le soir, quand il rentrait, il leur faisait dire leurs prières. À la belle saison, il emmenait la famille se promener en bateau sur la Baltique.

Au cours de vacances passées à Misdroy, centre de villégiature allemand «malpropre» (l'expression est de Natasha), la famille a été prise en photo, debout dans le sable, devant une cabine de plage en toile et bambou. Les garçons sont habillés en marins et chaussés de bottines à barrettes. Le petit Lionel, encore bébé, fait une grimace dans les bras d'une bonne massive au teint mat, tandis que Dima s'appuie contre son père qui lui tient le bras. Celui-ci porte une casquette de toile adaptée à la circonstance et il semble siffloter à travers sa moustache, l'air vaguement content, comme s'il était sur le point d'offrir des glaces à tout ce monde. Natasha porte une blouse blanche montante boutonnée jusqu'au cou sous une cape de voyage qui lui descend jusqu'aux pieds. Elle paraît heureuse, détendue, la main posée sur l'épaule du petit Nicolas. À gauche de la photo se tient une jeune fille de petite taille, aux cheveux noirs et au visage rond: c'est Tonia, la bonne chargée des aînés, habillée de blanc comme les domestiques; près d'elle, une nouvelle venue dans la famille, une Anglaise de vingt et un ans, la mine sévère et la mâchoire solide, répondant au nom de Peggy Meadowcroft.

En 1912, Natasha, en quête d'une gouvernante, s'était adressée à une agence de Londres.

174

Ses trois grands garçons — huit, sept et six ans — passaient leur temps à quémander des cigarettes aux cochers de fiacre du quartier, quand ils n'étaient pas en train de se disputer. Personne ne pouvait plus les tenir, ni Natasha, ni la kyrielle de gouvernantes affectées à cette tâche. Mais, dirent les garçons, s'ils devaient à tout prix avoir une gouvernante, au moins qu'elle soit jolie pour changer. Dans les délais prévus, la maisonnée de la rue Galernaya vit débarquer avec ses valises une jeune fille au visage austère, au teint clair et aux cheveux d'or sous un large chapeau de paille à la mode édouardienne, portant une robe blanche à taille haute ornée d'un col de dentelle. Paul lui jeta un coup d'œil et déclara: «Maintenant, nos garnements trouveront à qui parler.»

De fait, à partir de cet instant, tout écart de conduite fut réprimé avec la dernière énergie; il apparut en effet que, sous ses chapeaux de paille qui lui donnaient une allure frêle et excentrique, Peggy Meadowcroft était une redoutable amazone édouardienne issue de la petite bourgeoisie, extrêmement imbue de la supériorité de la culture britannique. Ce fut la fin du chaos à la russe qui avait jusqu'alors régné dans la maison. Aussitôt arrivée, elle n'y alla pas par quatre chemins et fit des remarques à chacun: aux garçons pour leurs oreilles sales et leurs gribouillages, aux femmes de chambre pour la négligence avec laquelle elles faisaient les lits, et aux cuisinières parce que les repas

175

n'étaient pas prêts à temps. Elle apprit le russe et ne mit pas longtemps à le parler avec un terrible accent de Putney — le faubourg de Londres d'où elle venait. Les garçons, qui approchaient maintenant l'âge de l'adolescence, étaient fascinés par son physique avenant, et sous les couvertures, avant de s'endormir, ils se racontaient à mi-voix ce qu'ils avaient pu deviner sous les transparences de sa chemise de nuit. Bouche bée, ils l'observaient dans ses efforts pour s'intégrer à son nouveau milieu. Elle les emmenait parfois en promenade, et s'il leur arrivait de tomber sur quelque vieux cocher fourbu en train de battre son cheval, sans une seconde d'hésitation elle traversait la rue à grands pas en brandissant son parapluie et interceptait le fouet à mi-course, apostrophant l'homme de sa voix haut perchée. Sur la chaussée glacée, les garçons restaient figés devant la foule qui s'amassait, sans savoir s'ils devaient mourir de honte ou se sentir fiers d'elle. Quant à Natasha, elle avait avec l'Anglaise une attitude correcte et réservée, bien qu'elle fût agacée par son air «supérieurement blasé» et son empressement dénué d'humour. En épouse attentive, elle remarqua les regards que Peggy jetait sur son mari et la manière dont Paul les lui rendait. Durant l'été 1913, la famille passa ses vacances en Suisse sur les hauteurs dominant Lausanne et, à cette occasion, Peggy prit elle-même quelques photos. L'une d'elles, légendée avec déférence «Le comte Paul», le

176

présente debout dans un décor alpin, négligemment appuyé sur un alpenstock, havresac au
dos, un large sourire égayant sa moustache. Il
semble prendre plaisir à cet échange de regards
et, d'après le décor, ils avaient dû partir, seuls
tous les deux, faire une excursion en montagne.
Dans le même album, il y a une autre photo
où l'on voit Natasha fortement enceinte, assise
dans un fauteuil d'osier du jardin du Grand
Hôtel Muverand, la tête couverte d'un chapeau
à large bord pour abriter son visage du soleil;
elle tient à la main une canne qui doit lui servir
à conserver son équilibre. Peggy lui a demandé
de prendre la pose, et dans le clignotement des
yeux qui se détournent, on sent que Natasha
n'apprécie guère cette intrusion dans son intimité. La photo baigne dans la pâle lumière de
l'automne, saison qui remplissait Natasha de
mélancolie. Paul reparti pour Saint-Pétersbourg,
elle resta seule avec les enfants dans cet hôtel
demeuré ouvert uniquement à leur intention.
Cette saison était celle des vendanges, mais
Natasha se sentait lourde et misérable tandis
que, sur les coteaux en contrebas de l'hôtel, les
vignes ployaient sous le poids des grappes gor-
gées de jus; mais elle ne bougeait pas de la
terrasse, assise au soleil pour reprendre des
forces.

George, mon père, naquit dans la chambre
à coucher du 67, rue Galernaya à Saint-
Pétersbourg, en décembre 1913. Avec ses cheveux bouclés auburn et son visage «pleine

lune», il était plus Ignatieff que Mestchersky, et Natasha pensait que c'était le seul de ses enfants qui ressemblât vraiment à son père. Pendant six semaines, on n'entendit que ses hurlements et le jour où on le tint sur les fonts baptismaux, il s'accrocha à sa couverture avec une telle force que nul ne put lui faire lâcher prise. Lors du baptême, le père Nicolas, pope de la famille, lui passa autour du cou une chaîne avec une croix en or, don de sa grand-mère Ignatieff, et cette croix ne l'a pas quitté jusqu'à ce jour*.

Il arriva dans la famille à un moment où le destin allait brouiller radicalement les cartes. Au début de 1914, Paul fut nommé cohéritier de l'empire industriel Maltseff. Au terme d'une existence consacrée à l'industrie, Youri Nechaeff Maltseff, vieillard célibataire, avait édifié l'une des plus colossales fortunes de Russie. Son grand complexe industriel, implanté au sud-ouest de Moscou, était l'un des pivots de cette frénétique industrialisation qui avait fait de la Russie le pays qui, avant la Première Guerre mondiale, connut l'expansion économique la plus rapide du monde. Deux usines transformaient en fils et tissus le coton d'Amérique du Sud transitant par Liverpool, tandis que d'autres fabriques produisaient un peu de

---

* George Ignatieff, le père de l'auteur, est mort en août 1989, au cours de la traduction du présent ouvrage. (*N. D. T.*)

178

tout, depuis des thermomètres jusqu'au ciment. Ces installations employaient plus de vingt mille ouvriers qui vivaient dans une sorte de cité-dortoir sous l'autorité paternaliste du vieux Maltseff: leurs femmes accouchaient dans ses hôpitaux, leurs enfants fréquentaient ses écoles, et le dimanche, ils allaient tous prier dans son église.

N'ayant reçu aucune instruction, ce Maltseff avait beaucoup de respect pour la culture. Lorsque Ivan Tsvetaev se mit en quête d'un mécène pour l'aider à réaliser son projet de construction d'un musée devant abriter les collections de l'Université de Moscou, constituées de copies en plâtre d'antiquités égyptiennes et gréco-romaines, il s'adressa à Maltseff qui lui procura les fonds nécessaires. C'est ainsi que, tout ratatiné et courbé sur sa canne, le vieux milliardaire s'était trouvé aux premières loges, ce matin de mai 1912 où Nicolas II avait inauguré le musée des Beaux-Arts de Moscou, construit grâce à ses largesses et maintenant connu sous le nom de musée Pouchkine.

Ce Maltseff était, au fond, un vieux solitaire qui avait l'habitude, à Noël, d'organiser des fêtes fastueuses pour les enfants Ignatieff et inondait toute la famille de cadeaux à la moindre occasion, mariage, anniversaire, etc., bien que les deux maisons, Maltseff et Ignatieff, ne fussent qu'indirectement apparentées. Paul fut saisi d'étonnement le jour où, après le décès de l'industriel, les avocats brisèrent le cachet de son testament et annoncèrent, à la stupéfaction générale, qu'il était nommé légataire du vieux Maltseff. Il y avait, toutefois, comme une chausse-trappe attachée à ce legs: Paul recevait l'ensemble des usines, mais le prince Demidoff, l'un de ses parents et amis, héritait du capital.

Tout le monde à Saint-Pétersbourg s'attendait à ce que le nouvel héritier rende son tablier de ministre et devienne un magnat de l'industrie. C'était sans compter sur la tradition familiale qui considérait ce genre d'activités — commerce, industrie — comme un passe-temps non dénué d'intérêt, mais non une vocation sérieuse. Paul créa une société à responsabilité limitée et désigna, pour gérer l'affaire en son nom, un Allemand de la Baltique du nom de Schlippe.

De tout temps l'argent avait circulé dans la famille Ignatieff, mais là, pour la première fois, c'était vraiment la richesse. Cependant, on ne se servit pas de ce pactole pour en faire étalage ou pour en imposer aux gens, d'une part parce que c'était le prince Demidoff qui disposait des liquidités, de l'autre parce que la famille avait toujours vu d'un mauvais œil toute forme d'ostentation. On se résolut quand même à louer une *datcha* dans l'élégante localité de Tsarskoïe Selo pour que les garçons soient moins exposés aux fièvres estivales de Saint-Pétersbourg et qu'ils puissent jouer dans les parcs du domaine impérial. On acheta aussi une Renault toute neuve pour que Paul puisse faire le trajet d'une heure entre Tsarskoïe Selo et son bureau. Ensuite, on se mit en quête d'une nouvelle maison; enfin, et surtout, on put réparer l'honneur de la famille: il devenait possible de payer les dettes de Nicolas. Avec une touche d'humour noir et un sens inégalable de l'opportunité, Dame Fortune s'était décidée à combler la famille de ses bienfaits au moment précis où tout ce qui formait son univers allait être bientôt emporté par la tourmente.

Août 1914. La famille se trouve réunie à Vybiti, la maison de campagne de Sonia, sœur aînée de Natasha, et de son mari Boria Wassiltchikoff, à deux heures de voiture de Saint-Pétersbourg. La maison retentit des cris d'enfants: les trois garçons, Nick, Dima et Alec, jouent avec leurs belles cousines Galitzine, de Novgorod. On les voit sur les photos, les filles en tabliers à fleurs aux couleurs éclatantes, la tête couverte de souples chapeaux blancs pour se protéger du soleil, et les garçons en mariniers, culottes courtes et canotiers de paille. Dans la chaleur du mois d'août, les champs de Vybiti s'étendent à perte de vue jusqu'à l'horizon. Sous les rayons du soleil scintillent les feuilles des peupliers bordant les allées intérieures. La grande allée principale, couverte de gravier, dessine une courbe au bout de laquelle se dresse la gentilhommière avec son porche à colonnes entourées d'un lacis de vignes vierges d'un vert profond. Ces photos de vacances, aux images un peu brouillées, sont pleines de ces petits visages joyeux, de ces jolies fillettes avec leurs longs cheveux coiffés en nattes bien lustrées, retenues par de petits rubans bleus. De ces jeux d'été, Dima et Alec garderont un souvenir bien précis, celui d'une après-midi du mois d'août où ils s'éclipsèrent en catimini pendant que les parents faisaient la sieste. Rampant dans les hautes herbes, ils atteignirent le bord de la rivière et, toujours accroupis, se mirent à reluquer les filles qui pataugeaient jusqu'aux genoux dans le courant glauque, inconscientes de leur présence, chapeaux et tabliers épars sur la rive moussue...

Et voilà que soudain, un de ces beaux matins, les précepteurs des garçons sont là, debout devant le porche, lisant le journal du jour aux gens du village groupés dans l'allée: il est question d'un archiduc assassiné dans une rue de Bosnie, de notes que s'échangent des diplomates et de graves déclarations faites par d'éminents hommes d'État portant des noms étrangers. Les paysans, qui n'ont pas oublié la guerre russo-japonaise, grognent, tandis que leurs fils s'empressent de s'enrôler. Rassemblées et formées en compagnies, les recrues se mettent en rangs dans l'allée principale, devant l'entrée. Natasha et sa sœur Sonia viendront leur distribuer des friandises avec un petit sac contenant quelque argent, et elles les verront partir, de leur «pas souple et vaillant», soulevant un nuage de poussière dans l'allée de peupliers.

Quand tout ce monde aura disparu, quand les bonnes et les précepteurs auront rassemblé les enfants et repris avec eux la route de Saint-Pétersbourg, Natasha se trouvera seule à Vybiti et jouira des pièces ensoleillées qui font écho à sa solitude. Ce mois de septembre où se prolonge l'été, elle en savoure chaque minute, hantée par le pressentiment qu'elle n'éprouvera plus jamais pareille tranquillité.

Le temps qu'elle retrouve la capitale, celle-ci avait été rebaptisée; on lui avait donné un nom plus russe, de consonance moins germanique: Petrograd. Les premiers blessés ramenés du front étaient installés dans la salle d'hôpital aménagée par les services de Paul dans un salon du musée de l'Agriculture. Deux fois par semaine, Natasha quittait la *datcha* de Tsarskoïe et descendait en ville en train pour aller taper des lettres pour les soldats. Assise à leur chevet, sa machine à écrire — une portative Imperial noire — sur les genoux, elle leur demandait ce qu'elle devait écrire. Les paysans commençaient leurs lettres par «un interminable chapelet de compliments et salutations» aux anciens du village, au pope et à leurs parents. Mais quand on en venait aux choses sérieuses, leurs attentes ou leurs blessures, les hommes cherchaient son regard et lui disaient: «Écrivez ce que vous jugerez bon»; et ils lui demandaient de leur procurer de menus objets, une Bible, un harmonica, une paire de gants pour une petite amie. Un jour, un jeune aveugle lui demanda un concertina — une sorte d'accordéon — pour s'entendre jouer, maintenant qu'il ne pouvait plus voir. Assise à leur chevet, elle voyait la vie abandonner peu à peu leurs visages cireux.

Katia, la sœur de Paul, dirigeait un train-hôpital sur la frontière polonaise, quelque part près de Lodz; «tante» Mika, l'autre sœur de Paul, avait transformé une aile de la maison de Kroupodernitsa en hôpital pour les recrues originaires du village; l'un de ses frères, Kolya, menait au combat les bataillons de la garde Preobrajensky dans les plaines polonaises; un autre frère, Léonid, était général de l'armée cosaque sur le front sud-ouest. L'un après l'autre, les membres de la famille avaient été entraînés dans la fournaise.

En janvier 1915, Paul fut invité à se présenter à la résidence de Nicolas II, à Tsarskoïe Selo. Le ministre de l'Éducation, réactionnaire notoire, venait de mourir, et le ministre de l'Agriculture Krivoshein, en quête d'alliés libéraux au sein du cabinet, avait proposé au tsar de le remplacer par Paul. Celui-ci se présenta donc devant l'empereur et fut fort surpris et flatté d'apprendre de la bouche de Nicolas qu'il se souvenait de la conversation qu'ils avaient eue vingt ans auparavant, un soir qu'ils prenaient le café sous sa tente à Gatchina, pendant les manœuvres du régiment de la garde. Le tsar demanda simplement si le comte Ignatieff se rappelait ce qu'il lui avait dit au sujet du despotisme des sous-fifres: les gratte-papier, les policiers, les gouverneurs et même les ministres. Devant ce coup d'échecs, Paul fut désarmé, et lui, à qui on avait déjà proposé une charge ministérielle et qui l'avait refusée, sortit de cette rencontre nouveau ministre de l'Éducation.

Cette fantastique preuve de mémoire de la part du tsar entretint Paul dans l'illusion que le souverain se montrerait toujours attentif à l'opinion des honnêtes gens. Cette illusion le fit s'engager au cœur d'un régime que tous les cercles politiques de Petrograd, ceux de droite comme ceux de gauche, considéraient comme insoutenable. Dans les salons de sa tante, la veuve de l'oncle Alexis assassiné en prenant ses fonctions de gouverneur de Tver, on conspuait ouvertement Nicolas II, sa pusillanimité et son indécision; et parmi les amis de Paul au sein du parti Cadet, des hommes comme Vladimir Nabokov étaient persuadés qu'on ne pourrait sauver le pays qu'en y instaurant une république démocratique. Paul lui-même, pourtant aussi averti que quiconque de la faiblesse des facultés de Nicolas et de son assujettissement borné à sa femme, gardait pour la fonction du tsar, père spirituel du peuple, une vénération quasi mystique. En cela, il se laissait abuser par les traditions slavophiles de sa famille, par la conviction que, si l'on arrivait à abattre la muraille de bureaucratie qui séparait le tsar de son peuple, la Russie pourrait s'engager dans une voie médiane entre le despotisme et le républicanisme qui la conduirait à son rendez-vous avec la modernité. C'est sur la tradition du service public qu'il avait forgé sa propre identité: la tradition familiale l'avait fait, la tradition familiale allait le défaire.

Voulant réformer le système scolaire russe, il se proposait de rendre les programmes moins formalistes et moins abstraits, plus proches des véritables besoins de l'agriculture et de l'industrie; au lieu de cela, il se trouva contraint de lutter contre l'hémorragie de professeurs causée par la guerre. Il voulait créer un système uniformisé d'éducation populaire accessible à tous et dans lequel l'avancement serait basé sur le mérite, et il perdit son temps en chicanes avec ses collègues du cabinet pour savoir si l'on pouvait admettre dans les écoles chrétiennes les enfants des Juifs que les autorités militaires avaient chassés des zones de résidence de l'ouest. Il souhaitait que l'école devienne le centre de la vie rurale, que les installations scolaires soient un centre communautaire et non des baraquements, et il se vit forcé, lors de la terrible retraite de 1915, de prendre des dispositions pour les transformer en dortoirs pour réfugiés. Il rêvait de libérer les établissements scolaires de la servitude des examens inutiles et de développer le champ de la formation professionnelle, et tous les mois il fallait évacuer de nouveaux districts scolaires situés dans les provinces de l'ouest. Il tentait de défendre l'autonomie des universités, de les soustraire à l'ingérence du gouvernement, et il découvrait que la tsarine persistait à s'occuper elle-même des nominations aux postes vacants de l'Université de Petrograd.

Présidé par I.L. Goremikine, un homme que Paul jugeait gâteux et incompétent, le cabinet était si fortement divisé que certains ministres quittaient la salle quand d'autres commençaient à parler. Aucune question militaire n'était du ressort du cabinet, aucune politique commune ne guidait ses membres qui ne partageaient même pas le sens de la responsabilité ministérielle. Chacun des ministres n'avait de comptes à rendre qu'au tsar lui-même et à lui seul. Comme les autres ministres, Paul endossait son uniforme de cour, et une fois par mois environ, il se rendait à Tsarskoïe Selo faire son rapport au souverain sur les questions qui dépendaient de lui; tout comme les autres, il était entièrement libre de critiquer les décisions prises collectivement par le cabinet — ce qu'il fit naturellement à maintes reprises. Mais il arrivait souvent — selon le même principe — que les décisions du cabinet soient annulées par le tsar. À mesure que le temps passait, Paul prenait conscience, avec un désespoir grandissant, que l'institution même de l'absolutisme était, en soi, inapte à conduire une guerre moderne.

En sa qualité de ministre, il voulut s'assurer le concours de la Douma, le Parlement russe.

Il se rendait en personne aux séances qui se tenaient au palais de Tauride pour présenter ses prévisions budgétaires et les défendre contre les attaques de l'aile droite; mais les autres ministres, découvrait-il après coup, refusaient de reconnaître l'autorité de la Douma. En vétéran chevronné du mouvement des *zemstvos*, il se reposait sur ces organismes et s'ouvrait à eux en confiance, puis, de retour au cabinet, il devait supporter d'entendre ses collègues parler de ces *zemstvos* comme s'il s'agissait d'organisations subversives. Surtout, il se rendait compte que le véritable pouvoir échappait au Conseil des ministres, qu'il appartenait de plus en plus au Grand Quartier général de Moghilev, à la suite de l'impératrice à Tsarskoïe Selo et — plus grave encore — aux salons de Petrograd sur lesquels régnait en maître le «saint homme» Grigori Raspoutine, monstre d'avidité sexuelle et de dérèglement mental. Quelle humiliation il ressentit en apprenant qu'un de ces salons était tenu par sa propre tante, la veuve de l'oncle abattu à Tver. C'était chez elle que l'homme qui s'autoproclamait visionnaire s'abandonnait à ses visions en compagnie d'une bande d'hystériques réactionnaires.

Au Conseil des ministres, Paul restait assis, enfermé dans son silence, pendant que les débats prenaient une tournure de plus en plus grotesque et surréaliste. Alors que l'armée russe en déroute fuyait, chassant devant elle les misérables Juifs des *shtetl* des plaines polonaises et russes du nord-ouest, le cabinet passait des heures à discuter pour savoir s'il fallait ou non abolir les restrictions imposées aux établissements juifs dans les villes, et cela au moment même où l'impitoyable arbitrage de la guerre rejetait brutalement aux oubliettes le futile bazar de ces restrictions. L'un après l'autre, les ministres devaient bien finir par admettre que l'élite bancaire juive internationale tenait la Russie impériale à sa merci: certains d'entre eux estimaient qu'il était préférable d'abolir les restrictions pour se concilier les bonnes grâces des banquiers, alors que d'autres jugeaient indécent que la monarchie dût s'incliner devant l'argent des Juifs. Pendant qu'on extravaguait de la sorte, Paul demeurait silencieux, mais il alla voir le tsar et l'entretint en privé pour le prier d'abolir les mesures interdisant l'admission d'enfants juifs dans les écoles situées à l'extérieur de leur zone de résidence. Le tsar refusa, mais il autorisa Paul à créer des écoles privées dont la clientèle se composerait exclusivement d'enfants juifs évacués de ces zones. Il arrivait parfois que Paul eût l'occasion de mettre des bâtons dans les roues des préjugés. La police se présenta un jour à l'hôpital des officiers de Tsarskoïe Selo pour mettre en état d'arrestation un vétéran de la guerre qui avait été décoré, simplement parce qu'il était juif et qu'il n'avait donc pas le droit de s'installer en dehors de sa zone. Paul le fit inscrire comme étudiant à l'Université de Petrograd, l'autorisant ainsi à rester dans son lit d'hôpital.

Sur le front ouest, c'était l'effondrement. À l'heure où les recrues paysannes, parfois armées de leur seule baïonnette, rampaient hors de leurs tranchées et battaient en retraite dans la campagne polonaise, le ministre de la Guerre déclarait à ses collègues: «Je compte sur nos espaces infranchissables, sur nos bourbiers impénétrables et sur la grâce de saint Nicolas, le patron de la Sainte Russie.» Par son frère Kolya, Paul apprit la débâcle de Tannenberg et le cabinet commença à prendre conscience de l'erreur fatale qu'il avait commise en s'imaginant que la guerre ne durerait pas plus d'une année. Lui-même se souvenait fort bien de certaine séance du Conseil où le ministre des Finances avait repoussé un projet de construction de fabriques nationales de munitions, arguant que l'approvisionnement de l'étranger pouvait suffire. À présent, les troupes déployées sur le front manquaient de cartouches, de chaussures, de couvertures et même d'uniformes. Le scandale qui s'ensuivit coûta son poste au ministre de la Guerre. À Paris, pendant ce temps, Alyosha, cousin de Paul, qui était attaché militaire auprès de l'ambassade russe, se démenait comme un beau diable pour obtenir des armes fabriquées dans les usines de munitions du Creusot.

C'est à ce moment-là que la guerre frappa au cœur de la famille. Katia, la sœur de Paul, qui soignait des soldats dans un train-hôpital des environs de Lodz, avait contracté une infection en s'agenouillant dans de la paille souillée. Un caillot de sang s'était formé et s'était logé dans ses poumons. En deux jours, elle passa de vie à trépas. Paul dut se rendre à Varsovie par train ministériel pour rapatrier le corps; il l'accompagna à travers la Russie jusqu'à la petite gare des environs de Kroupodernitsa, où les doyens des paysans déchargèrent le cercueil et se relayèrent pour le porter sur les trois kilomètres de chemin boueux menant à la crypte située au sous-sol de l'église du village; là, la vieille comtesse accompagna du regard sa fille qui prenait place dans le caveau de famille pour son dernier repos.

Cette année-là, 1915, à l'occasion de Pâques, Paul emmena toute sa famille à Kroupodernitsa passer les fêtes avec sa mère et puiser auprès d'elle force et tranquillité d'esprit. Le soir où l'express ministériel Kiev-Odessa équipé d'un wagon-lit particulier s'arrêta à leur petite gare, des voitures à cheval attendaient la famille au bas d'une rangée d'escaliers en bois accotée au talus de la voie. Aux deux extrémités des marches, des valets se tenaient, portant des torches de résine embrasées pour éclairer les pas des voyageurs. Les voitures s'ébranlèrent ensuite en direction du manoir, leur course s'accélérant au galop des chevaux excités par les fouets des cochers claquant dans la nuit. À mesure qu'ils approchaient de la maison, les arrivants pouvaient distinguer la grand-mère Ekaterina les attendant, debout sur la véranda de l'entrée, enveloppée dans un grand châle blanc. Quand ses petits-enfants vinrent vers elle, elle tint dans ses mains chaque petit visage et l'embrassa sur le front.

À minuit, ce fut l'office de Pâques dans la petite église pleine à craquer de gens du village, revêtus de leurs pelisses en peau de mouton qui répandaient dans l'air une odeur âcre et piquante. La grand-mère surveillait ses petits-enfants pour s'assurer qu'ils se tenaient bien droits, leur donnant un petit coup sec si elle les surprenait à se laisser aller ou à s'appuyer sur un pilier. L'église resta plongée dans la pénombre jusqu'au moment où le bedeau alluma la première bougie du chandelier. Alors la flamme se mit à courir le long du réseau de mèches tressées, et bientôt l'église tout entière brilla de mille petits feux et les murs résonnèrent sous l'écho des voix entonnant bien haut: «Christ est ressuscité! Christ est vraiment ressuscité!» Puis les fidèles sortirent dans la nuit, chacun tenant sa bougie allumée, et se dispersèrent en protégeant la flamme au creux de leurs mains; chemins et champs s'illuminèrent de toutes ces fragiles lueurs éclairant des centaines de visages qui s'amenuisaient jusqu'à disparaître dans le lointain.

L'album de photos de Peggy Meadowcroft est rempli d'images illustrant ces fêtes passées au domaine: outre les maisons aux toits de chaume, on voit les deux serviteurs Sessoueff et Rudnitsky, qui posent sous un arbre, l'air guindé, dans la poussière de la place du village, avec enfants et femmes, nu-pieds; le valet Vassilieff avec deux nouvelles pouliches; une paire d'énormes bœufs errant dans l'enclos; le jeune Nicolas à califourchon sur Narzan, sa jument favorite; la chorale banquetant en plein air, dans la forêt, après l'office de Pâques, autour de tables à tréteaux couvertes de miches de pain natté, de soupières et de cuillers en bois, les hommes assis à une table, les femmes, costumées, à une autre, tandis que Paul et grand-maman Ignatieff se promènent entre les uns et les autres. Elles sont nombreuses, les photos de la grand-mère entourée de ses petits-enfants et toujours enveloppée dans son châle. Une sorte de sérénité l'habite à présent; elle paraît moins sévère, moins imposante qu'elle ne l'était à l'époque où Natasha l'avait vue pour la première fois. Autour d'elle ses petits-enfants se pressent affectueusement; ses mains sont douces et elle sent bon. Assise au jardin, avec Lionel sur les genoux, elle sourit de bonne grâce, cette femme à la mélancolique beauté qui avait attiré l'attention de Disraeli et qui entre maintenant dans sa soixante-treizième année.

Il y a aussi, dans cet album de Peggy, une autre photo où l'on voit Paul au premier plan, en tête d'une rangée de ces soldats qui passaient leur convalescence à l'hôpital que sa sœur Mika avait aménagé dans une aile de la maison. Sous le bonnet d'astrakan cavalièrement rejeté vers l'arrière du crâne, il porte une redingote et un pantalon rayé, un col cassé et une cravate. Il se tient au garde-à-vous, la main plaquée sur le pli du pantalon, et son visage s'éclaire d'un sourire. Des soldats rangés près de lui, l'un s'appuie sur une béquille, l'autre a un bras en écharpe et un troisième porte un pansement de gaze blanche au cou. Ils ne sourient pas, eux.

Ces vacances terminées, on dut songer au retour. À la gare de Bossibrod, pendant que la grosse locomotive lançait des jets de vapeur dans la nuit, les garçons s'installèrent dans le wagon ministériel, cube de lumière dans les ténèbres ukrainiennes; comme le train s'ébranlait, ils fixèrent leurs regards sur leur grand-mère qui leur faisait des gestes d'adieu sur le quai de la petite gare. C'était la dernière fois qu'ils la voyaient.

Ce train qui filait vers le nord en direction de Petrograd dut certainement croiser sur sa route, visibles à la lumière des wagons, des troupeaux de soldats en haillons, le visage emmaillotté, chargés de paquets, les pieds enveloppés dans de la toile à sac pour les protéger du froid, cherchant péniblement à s'éloigner du front. D'autres trains que le leur allaient les dépasser dans un hurlement, des convois militaires transportant les débris du quartier général de l'armée évacués en toute hâte, et aux fenêtres des wagons, des personnages à monocle gratteraient la couche de givre et fixeraient longuement ces apparitions d'un autre monde défilant en processions, ces êtres engourdis, épuisés, qui bientôt seraient leurs juges.

À Petrograd, quand la famille fut rentrée, le bruit courait que les armées allemandes allaient débarquer sur les côtes de la Baltique et envahir le pays. L'emprise que la clique de Raspoutine exerçait sur la cour rendait chaque jour plus humiliante la vacuité des propos qui s'échangeaient au cabinet. En août 1915, le tsar décida de relever son oncle, le grand-duc Nicolas, du commandement de l'armée et d'assumer personnellement cette charge. Paul fut atterré par cette décision; elle signifiait en effet que si l'armée subissait d'autres désastres sur le front, le tsar en serait personnellement responsable et la monarchie elle-même se trouverait en danger. Comme cette décision avait été prise sans que le cabinet fût consulté ni même avisé, Krivoshein, ministre de l'Agriculture et ami de Paul, jugea nécessaire de prévenir les membres du Conseil que le pays «courait à la catastrophe non seulement sur le plan militaire, mais même sur le plan intérieur». Le procès-verbal secret des délibérations du Conseil pour le mois d'août 1915 relève une déclaration de Paul faisant remarquer sèchement que l'armée avait cessé d'être une armée et que, dans la déroute, elle était devenue «un peuple en armes». Il fit savoir à ses collègues que les étudiants des universités étaient en train de se joindre aux manifestations et aux désordres qui avaient éclaté dans les centres industriels, en commençant par ceux de Moscou et de Petrograd. En prévision d'une éventuelle invasion par la Baltique qui donnerait corps aux rumeurs circulant en ville, il s'appliqua à élaborer un plan d'urgence pour l'évacuation des écoles et des bibliothèques dans la capitale elle-même.

Au cours d'une séance du Conseil qui se tint à Tsarskoïe Selo, Paul et sept autres membres du cabinet supplièrent Nicolas II de ne pas se mettre à la tête des armées. De retour dans la capitale, les ministres dissidents, Paul compris, signèrent conjointement une lettre de démission, rappelant au tsar que sa décision mettait en péril à la fois la Russie et la dynastie. Inébranlable, Nicolas monta dans le train en partance pour le front. Un mois plus tard, les membres du cabinet furent convoqués au quartier général où le tsar les exhorta à collaborer avec lui. Le premier ministre Goremikine appuya le souverain en les «priant de se mettre au travail comme l'avaient toujours fait les membres de la vieille noblesse russe — poussés non par la crainte, mais par leur conscience». Paul fut indigné que l'on ait pu douter de leur courage. En conclusion, le tsar les renvoya sèchement. Dans le train qui les ramenait à la capitale, Paul et ses collègues demeurèrent silencieux, ébranlés par cette rencontre.

Quelques jours plus tard, Paul reprit le chemin de Tsarskoïe Selo où l'impératrice le reçut dans son uniforme d'infirmière. Lorsqu'elle voulut l'inciter à coopérer avec Goremikine, il répondit qu'au point où on en était, aucun homme ne pouvait sauver la situation à lui seul: désormais, il n'était plus possible de faire confiance à l'armée face à la populace; les anciens régiments avaient été décimés sur les champs de Galicie, de Pologne et de Prusse-Orientale. La seule solution, c'était un gouvernement qui «s'appuierait sur une société organisée», travaillant en union avec les «forces sociales du pays» en vue de mobiliser tous ceux qui avaient «quelque chose à perdre dans ces désordres»; en d'autres termes, on avait besoin d'un cabinet qui imposerait le sens de la responsabilité collective et irait chercher l'appui de la Douma pour les mesures à prendre. Il était évident — et elle le voyait aussi clairement que Paul — que cela signifiait la fin de l'autocratie et l'instauration d'une monarchie constitutionnelle. La réponse qu'elle lui fit verrouillait toutes les issues: «Le tsar ne peut pas céder. S'il le fait, on lui demandera alors de se dessaisir d'autres prérogatives. Où cela finira-t-il? Quel pouvoir lui restera-t-il?» Partout en Russie, ajouta-t-elle, les humbles, les petites gens, se ralliaient à son mari; les seuls à faire exception, c'étaient des membres du cabinet et la racaille insatisfaite des villes. À la campagne, les gens

197

du «peuple» — cette sainte abstraction — étaient prêts à épauler le tsar.

De telles opinions plongeaient Paul dans le désespoir; mais par une étrange ironie, la tsarine, en les exprimant, ne faisait que parodier les siennes: le tsar a été séparé de son peuple, il doit donc se rapprocher de lui. Au moment où le souverain se décida à prendre la tête de son armée et à ne plus faire qu'un avec le peuple en armes, Paul vit donc ses convictions libérales mises à mal du fait que son engagement envers l'absolutisme personnel du tsar était incompatible avec son idéal purement britannique d'un gouvernement constitutionnel.

Durant toute l'entrevue, l'impératrice avait gardé une attitude pleine de raideur. Au bout de quarante-cinq minutes, elle conclut de façon lapidaire: «Vous savez certainement ce que l'on fait d'un régiment lorsque se produisent, entre les commandants et les officiers, des incidents comme ceux qui se sont déroulés au sein du cabinet. On le licencie.

— C'est notre vœu le plus cher», répondit Paul.

À l'automne 1915, les pertes militaires avaient été endiguées. La phase critique de la crise étant passée, le tsar ne se sentit plus obligé de se concilier l'opinion publique en gardant à leur poste des personnalités libérales telles que Krivoshein. Des autres ministres qui s'étaient soulevés contre sa décision, cinq furent

198

révoqués. L'impératrice avait étiqueté Paul libéral dangereux, et cependant, à la surprise générale, il fut l'un des trois membres du cabinet
maintenus en place. Il supplia le tsar de le relever de ses fonctions et s'entendit répondre
par le souverain: «Les fidèles défenseurs du
pays n'abandonnent pas leur poste.» Il continua
donc à servir comme ministre de l'Éducation,
de sorte qu'à la fin 1915 il ne restait plus qu'un
seul libéral au centre du régime, et c'était lui.

Si le tsar l'avait gardé auprès de lui, c'était
sans doute parce qu'il avait un faible pour les
vieux compagnons d'armes. Peut-être aussi réa-
gissait-il en fonction de cette mystique du service par rapport à laquelle ce «jeune» ministre
persistait à définir ses obligations envers un
régime moribond. Au cours de l'audience que
le tsar lui accorda par la suite, Paul eut l'occasion d'énoncer son credo personnel:

«Je ne suis ni un politicien ni un bureau-
crate. Je ne suis qu'un simple citoyen et, en
tant que tel, j'examine les problèmes de l'existence et m'efforce de les résoudre du point de
vue de l'homme moyen vivant actuellement en
Russie et de ses intérêts qui, s'ils sont bien compris, ne diffèrent nullement de ceux de l'État.
Non seulement je demeurerai toujours un citoyen de la Russie, mais je maintiendrai fermement la tradition de ma famille, ce qui implique
l'adhésion au principe de l'union du tsar et de
son peuple, par-delà le fossé de la division creusé par les intérêts des bureaucrates.»

Le visage fermé, comme à son habitude, l'empereur fit observer qu'il avait lui-même, à plusieurs reprises, exprimé le même point de vue. Lorsque Paul insista pour que le tsar désigne un premier ministre qui aurait la confiance du bloc progressiste de la quatrième Douma et du mouvement *zemstvo*, le tsar répliqua avec la duplicité typique des faibles: «Vous verrez bien»; après quoi il nomma, pour remplacer Goremikine, un personnage aussi falot, qui n'avait pour seule recommandation que l'aval de la tsarine. Derechef, Paul présenta sa démission, mais le tsar lui enjoignit de demeurer «dans les tranchées, au pont Tschernischeff», l'emplacement du ministère de l'Éducation.

Tout l'hiver 1916, Paul demeura à son poste, isolé, en conflit avec lui-même, s'épuisant plus que jamais à vouloir diriger des services d'éducation dans un régime au bord de l'effondrement. Le secrétaire du cabinet a relevé dans ses notes que, dans les moments de tension, le ministre de l'Éducation passait les mains dans le peu de cheveux qui lui restaient d'une manière quasi convulsive. Il prenait de moins en moins la parole durant ces séances du cabinet qui ressemblaient à une mauvaise farce. Dans ce Conseil fantoche, qui ne prenait plus que les rares décisions qu'il fallait encore prendre, il était doublé par d'autres ministres. C'est ainsi qu'ils retardèrent l'ouverture des écoles de Petrograd à l'automne 1916 sans même l'en prévenir. Pour museler la

200

presse, de grosses sommes d'argent circulèrent entre leurs mains en dépit des protestations qu'il adressa personnellement au tsar. Le cabinet ayant décidé d'enlever le contrôle de l'approvisionnement au ministère de l'Agriculture pour le confier à l'Intérieur, il s'éleva contre cette décision au cours de son audience mensuelle avec le tsar, et conclut sa protestation en ces termes: «Il suffirait d'une étincelle pour qu'éclate une terrible conflagration.» Retiré dans sa tranquillité compassée, le tsar répliqua d'un ton uni qu'à Petrograd les choses semblaient toujours pires qu'elles ne l'étaient en réalité. Les deux hommes, le ministre et son souverain, en étaient arrivés au stade hallucinatoire de l'épuisement. Pendant ces audiences, le tsar regardait au loin, par la fenêtre, avec, déjà gravé sur son visage, le masque byzantin de celui qui souffre en silence, pendant que le ministre ânonnait d'une voix monocorde les propositions de son rapport. Cette année-là vit la lente désagrégation mentale de Paul.

On ne le voit nulle part sur les photos de cette période. Les dernières convulsions du régime l'avaient complètement balayé du cadre familial. L'album de Peggy Meadowcroft abonde en photos de George — âgé, à cette époque, de deux ans et demi — en chemisette blanche et chaussures boutonnées, George tenant une raquette de tennis, George montant un tricycle dans le jardin de la *datcha* familiale. Il y a également des photos des grands garçons skiant dans la forêt ou sur le lac gelé du parc de Tsarskoïe. Tout ce petit monde sourit et seul le fond paraît sombre: c'est celui de l'automne 1916.

Ce même automne, la sœur de Natasha, Sonia Wassiltchikoff, prit l'initiative d'expédier un billet à l'impératrice où elle l'adjurait de ne plus se mêler de politique et de cesser de prêter l'oreille aux divagations de Raspoutine. Dans sa naïveté, elle pensait pouvoir lui parler sans façons, de femme à femme. Le châtiment ne se fit pas attendre: elle fut sur-le-champ renvoyée dans son domaine de Vybiti et son mari, révoqué des fonctions protocolaires qu'il exerçait à la cour.

En octobre 1916, Natasha accoucha prématurément d'un bébé de sexe masculin. On le mit en couveuse et on fit venir le pope qui le baptisa Alexandre. Du lit où elle restait couchée, Natasha l'entendait gémir et respirer faiblement dans la pièce voisine; soudain, dans son épuisement et son demi-sommeil, elle reconnut à travers la porte la voix du père Nicolas qui entonnait la prière des morts. Le nouveau-né ne passa pas la nuit. Son petit cercueil fut déposé dans le caveau d'une église de Tsarskoïe Selo en attendant le moment où on le transporterait jusqu'à celui de la famille, à Kroupodernitsa; Natasha se persuada que Dieu avait pris l'enfant sous son aile pour lui épargner un avenir qui s'annonçait au loin par des craquements et des grondements, comme la glace en débâcle sous les ponts de la Neva.

Le rigoureux hiver de Petrograd s'abattit sur la ville; tôt dans l'après-midi, il faisait déjà noir et le vent hurlait sur les quais dans les ombres du crépuscule. À l'aube, la cité se réveillait baignée d'une brume glacée; et dès lors, quand la voiture des Ignatieff circulait dans les rues obscures de la ville, on jetait des pierres sur eux.

En novembre 1916, Paul prit part à sa dernière séance du Conseil. Les membres avaient été convoqués pour étudier la réponse à faire à une motion de la Douma accusant le cabinet de trahison. À l'extrémité d'une pièce sombre et sinistre, le premier ministre était allongé sur un fauteuil pour reposer son pied atteint de la goutte. Toutes les stratégies possibles avaient été examinées et rejetées l'une après l'autre. Après un long silence, le premier ministre se tourna vers Paul et dit d'une voix accablée: «Comte, aidez-nous.» Exaspéré, Paul répondit: «Je suis retenu au Conseil des ministres contre mon gré. De toute évidence, ce cabinet n'a ni le courage ni la nécessaire considération morale pour entrer en pourparlers avec la Douma ou les représentants de ce pays.» Il ajouta que s'il décidait d'entreprendre une telle démarche, ce serait uniquement à titre personnel et non en tant que représentant du cabinet. L'un des membres s'enquit alors de ce que leur «délégué» avait l'intention de dire, et Paul, furieux, lui répondit: «Il me semble que je me suis mal fait comprendre. Je ne peux pas et ne veux pas être votre délégué, et je n'ai pas l'intention de rendre de comptes à cette assemblée. Si vous trouvez ces conditions inacceptables, je ne bougerai pas le petit doigt.»

Ils l'autorisèrent alors à tenter un dernier essai pour parvenir à un accord avec la Douma. Quand, au terme de ses négociations, il eut obtenu de cette assemblée qu'elle modère les termes de sa motion, il apprit que Protopopoff, ministre de l'Intérieur, faisait courir le bruit que les récalcitrants de la Douma seraient enrôlés de force et envoyés dans les tranchées s'ils décidaient d'adopter la motion telle quelle. La dernière chance de réconciliation entre le gouvernement et la Douma — si tant est qu'elle existât — avait été sabotée. Quelques jours plus tard, Milioukov, chef de file des libéraux à l'Assemblée, prononça un réquisitoire dans lequel, à la fin de chaque envolée, revenait en leitmotiv la mise en accusation du cabinet: «S'agit-il de stupidité ou s'agit-il de trahison?»

Une fois encore, Paul dut se rendre au quartier général par le train du ministère. Il fit remarquer au tsar que Protopopoff, dans une déclaration publique, avait prétendu que l'armée avait suffisamment de provisions de bouche pour tenir encore quatre ans. «Que peut-on dire de cela, sinon que c'est un crime? Si c'est vrai, pourquoi y a-t-il tant de gens qui font la queue, à moitié morts de faim? Peut-on y voir autre chose qu'une provocation visant à soulever le peuple contre l'armée?» Du même ton que d'habitude, le tsar répondit: «Je vous remercie. Vous m'avez ouvert les yeux. Demeurez à votre poste et continuez à travailler par égard pour moi», et il lui fit entendre qu'il aurait à se présenter le lendemain matin pour une autre audience. Sortant de là, Paul fit le tour du quartier général, demandant à tous ceux qu'il rencontrait d'intervenir auprès du tsar pour le persuader d'écarter Protopopoff. Haussant les épaules, l'un des généraux auxquels il s'adressa lui répondit en français: «Vous plaidez une cause perdue.» Dans le train qui le ramenait chez lui ce soir-là, Paul s'efforçait de trouver le sommeil lorsque, à un embranchement de la petite station de Moghilev, son wagon immobilisé fut secoué par le passage d'un express qui entrait en gare. Jetant un coup d'œil à travers le store de son compartiment, il comprit que la tsarine était arrivée et que le tsar s'était empressé de venir l'accueillir.

Le lendemain matin, Paul attendit en vain la convocation à l'audience promise par le tsar. À l'heure du déjeuner, voyant le couple impérial faire son entrée, il pressentit ce qui allait se passer: ignorant son salut, le tsar et la tsarine tournaient ostensiblement le dos à la poignée de ministres qui se tenaient à un bout de la pièce. Des officiers et divers fonctionnaires du cabinet furent présentés à la tsarine. Paul resta dans son coin, comprenant qu'elle avait fixé son sort. Deux jours plus tard, il se présenta à son audience, sa lettre de démission à la main. D'une voix tendue et enrouée, il la lut au tsar:

Majesté Impériale et Très Gracieux Souverain,

Le 19 novembre, au quartier général de Votre Majesté, j'ai cru de mon devoir de vous dire que je me sentais obligé, par ma conscience et mon serment d'allégeance, de vous faire part des appréhensions que je nourrissais au sujet des agissements de certaines personnes et de la direction que prenait la vie politique du pays. J'avais imploré Votre Majesté de ne pas me contraindre à être complice de ces personnes dont les manœuvres, au regard de ma conscience, pouvaient mener au désastre le trône ainsi que la patrie. Fermement convaincu que seul un gouvernement communiant dans l'urgence de l'unité de l'État, dont les membres partageraient la même vision des objectifs essentiels du pouvoir et de la manière de les atteindre, peut être de quelque utilité à Votre Majesté et à la patrie, j'estime de mon devoir, en loyal sujet de Votre Majesté Impériale, de la prier humblement de me libérer de l'insoutenable fardeau de servir dans des conditions incompatibles avec les commandements de ma conscience.

Je vous supplie, ô mon Souverain, de considérer que je suis astreint à solliciter cette grâce de votre part en raison des traditions que j'ai héritées de mes ancêtres, traditions éprouvées par des siècles de fidélité aux principes immémoriaux sur lesquels s'est fondée la puissance de l'État russe et qui reposent sur l'union du tsar avec son peuple.

Même lorsque je cesserai d'avoir une part directe dans la conduite des affaires, dans la ligne de l'exemple tracé par mon père et des principes qu'il m'a inculqués, je demeurerai toujours le même et loyal serviteur de Votre Majesté, du trône et de la patrie.

Le loyal sujet et écuyer au service de Votre Majesté Impériale,

Comte Paul Ignatieff

Il y eut un moment de silence, puis le tsar leva les yeux et dit: «Ne soyez pas troublé. Poursuivez vos utiles occupations. Votre requête est entre mes mains et restera là, dans mon tiroir.» Joignant le geste à la parole, il ouvrit un tiroir de son bureau et y déposa la requête.

Ce soir-là, Paul apprit par un ami journaliste qu'on l'avait «démissionné» et remplacé dans sa charge. Il se rendit au ministère pour un dernier tour d'inspection. Autour de lui, dans le hall de l'entrée, ses subordonnés s'étaient rassemblés pour lui exprimer leur profonde sympathie. Ils le prièrent de leur adresser quelques mots, mais il resta court, battant des paupières sans émettre un son. La seule chose dont il se souvenait, c'était un mot d'exhortation tiré d'un poème: «Amis, ramez fort, ramez fort!» Ils le portèrent sur leurs épaules et descendirent ainsi l'escalier du ministère jusqu'à sa voiture.

Puis ce fut Tsarskoïe Selo et l'ultime convocation à une audience d'adieu. Ce matin-là, on avait découvert le cadavre de Raspoutine flottant au fil de l'eau, sur la Néva. Perdu dans ses pensées, le tsar ne semblait guère prêter attention au commentaire de Paul: «C'était la grâce de Dieu.» Mais il reprit ses esprits et, se tournant vers l'ex-ministre, lui dit d'un ton sec: «Vous voulez dire la volonté de Dieu? — Non, Votre Majesté, répliqua Paul, j'ai bien dit "la grâce de Dieu". La fin aurait pu être pire.» Il ajouta qu'il aurait souhaité demeurer à son poste pour parfaire l'œuvre entreprise, ce à quoi le tsar répondit: «Soyez sans crainte. Je reste là et je veillerai sur tout ce que vous avez accompli», poursuivant, d'une voix calme et lointaine: «Vous m'avez dit la vérité», et, après une pause, «comme vous l'avez vue». Sur ces mots, il le serra dans ses bras et conclut en disant: «Maintenant, allez retrouver votre mère; prenez du repos, recouvrez la santé et revenez ensuite poursuivre votre tâche.» Paul, en larmes, ne put que répondre: «Majesté, quelque chose me dit que jamais je ne reverrai cette pièce. Que Dieu vous protège!»

VI

La révolution

«Allez retrouver votre mère», tels furent les derniers mots du tsar à Paul. Au lendemain de cette audience, celui-ci prit effectivement le chemin de Kroupodernitsa et là, ensemble à l'église, la mère et le fils chantèrent la *pannikhida* — l'office des morts — pour commémorer l'anniversaire du décès du père. Ils se recueillirent dans la crypte voûtée, faiblement éclairée par les lumignons des icônes, devant l'inscription gravée dans le basalte noir de la dalle, «Pékin et San Stefano», aux reflets luisants comme les lèvres d'une cicatrice.

Père et fils, ils avaient subi le même sort: le père partisan de l'autocratie, le fils libéral, penchant pour la monarchie constitutionnelle, tous deux, au détour de la cinquantaine et au zénith de leur puissance, avaient connu l'échec, rejetés par un régime qu'ils s'étaient appliqués à servir. Ils se ressemblaient trop, il avaient trop de gènes communs pour que Paul échappât à la fatalité, à cette sorte de déliquescence interne à laquelle avait succombé son père. La foi et la volonté, ces ressorts de l'énergie qu'il avait tenus bandés pendant quinze ans, commençaient à lâcher.

À Kroupodernitsa, pendant que le vent hurlait sa plainte sur les champs dénudés, Paul, assis près de sa mère sur le divan du salon, dépouillait son énorme courrier: plus de trois mille lettres et dépêches arrivées à la propriété à l'annonce de sa disgrâce. Entre autres, le mouvement *zemstvo* l'assurait que son œuvre ne serait pas oubliée, et les associations d'enseignants, de Smolensk à Vladivostok, lui adressaient des messages de soutien.

La chorale de l'église avait préparé un récital d'extraits de l'opéra de Glinka, *Une vie pour le tsar*. Ses membres prièrent Paul d'en chanter un solo et le concert eut lieu dans le salon de la grande demeure. Toujours enveloppée dans ses châles blancs, sa mère, douairière du village, s'installa près de la cheminée avec Mika, la sœur de Paul. Autour des deux femmes prirent place les anciens de la communauté, le pope et le chef de la brigade des pompiers, tandis que s'adossaient aux murs, accompagnés de leurs femmes et enfants, les domestiques qui avaient appris à Paul à monter à cheval, à chasser et à pêcher — Mitro, Sessoueff, Rudnitsky et Vassilieff; d'autres villageois se pressaient encore à l'extérieur, le visage collé aux carreaux de la véranda. Tout ce monde entonna des chœurs patriotiques, puis l'on fit silence pour écouter le maître chanter son solo, qui fut applaudi, acclamé et bissé. Ce morceau avait pour titre: «Dans la tempête».

Six semaines durant, Paul resta auprès de sa mère, puis il regagna la capitale vers la mi-février 1917. Entre la gare de Petrograd et son domicile, il croisa sur sa route des détachements de cosaques de Sibérie montés sur leurs petits chevaux poilus et courts sur pattes, qui s'ébrouaient et martelaient de leurs sabots le sol gelé des cours privées de son quartier. Sur les toits des édifices publics, des militaires installaient des nids de mitrailleuses.

Les Ignatieff avaient maintenant emménagé dans une grande maison de la rue Fourstatskaya, à un pâté de maisons du palais de Tauride où la Douma tenait ses assemblées. Ce quartier cossu, ombragé de grands arbres, abritait les casernes de prestigieux régiments et les résidences de la haute société. La leur s'élevait sur trois étages avec des baies encadrées de colonnes corinthiennes et une allée d'entrée clôturée par un grand portail en fer forgé. Conçue à l'origine, dans les années 1890, pour être le siège de l'ambassade d'Espagne, on l'avait décorée dans le style tarabiscoté du baroque espagnol. Lorsque Paul l'acheta en 1915, il fit venir des ouvriers spécialisés pour en atténuer les extravagances hispaniques et enlever la vasque qui trônait au salon. En décembre 1916, la famille s'y installa après avoir quitté la *datcha* louée à Tsarskoïe Selo dans une procession chaotique d'automobiles et de camions. Paul, alors au bout du rouleau, était parti diriger les opérations en laissant derrière lui Natasha, elle-même épuisée par la naissance, puis la mort de son bébé.

Cette résidence officielle et glacée eut raison de tous les efforts de Natasha pour en faire un véritable foyer. Un portier était posté devant les portes d'acajou et deux petits courriers en pourpoint bleu faisaient le pied de grue dans le vestibule de marbre, devant l'entrée du bureau du maître, ténébreux sanctuaire tendu de cuir dont l'accès était interdit aux enfants. Le vestibule lui-même, damier de marbre blanc et noir, débouchait, entre deux piliers également en marbre, sur une double volée d'escaliers éclairés de torchères, dont les incurvations menaient au grand salon, à la salle de bal, à la salle à manger et aux chambres à coucher. Ces pièces d'apparat aux chérubins disposés en trompe-l'œil et aux moulures grises et blanches étaient peu faites pour les jouets, les parties de cache-cache ou de cartes à plat ventre sur le tapis. La vie de famille dut se réfugier dans les hauteurs, jusqu'à ce dédale de chambrettes blanches où dormaient les enfants et la domesticité.

En février 1917, vingt-huit personnes vivaient sous ce toit: Paul, Natasha et leurs cinq garçons; deux bonnes d'enfants; Roman, le

La grand-mère et le grand-père de *Paul*,
comtesse *Maria* et comte *Paul Ignatieff* (années 1870).

Les parents de *Natasha*, prince et princesse *Mestchersky*
(années 1890).

Le comte *Nicolas Ignatieff*,
père de *Paul* (années 1870).

Caricature du comte *Nicolas
Ignatieff*, parue dans le *Vanity Fair*
du 14 avril 1877.

«Un jongleur du langage»

Paul Ignatieff aux pieds de sa mère
(Constantinople, 1872).

Doughino, propriété de la famille *Mestchersky*
(années 1880).

Kroupodernitsa, propriété de la famille *Ignatieff*
en Ukraine (*c.* 1900).

Paul Ignatieff portant l'uniforme
de la garde Preobrajensky (1894).

Natasha Ignatieff avec, dans ses bras,
son fils *Nicolas* (Kiev, 1905).

La famille *Ignatieff* en vacances à *Misdroy*,
sur la *Baltique*, avec *Tonia*, *Peggy Meadowcroft*
et l'une des bonnes d'enfants (1912).

Paul Ignatieff, à la tête d'une rangée de soldats
en convalescence à *Kroupodernitsa* (1915).

Natasha Ignatieff en 1913.

Peggy Meadowcroft entourée des garçons *Ignatieff*
(Putney, 1920). De gauche à droite: *George* (assis),
Nicolas, *Alec*, *Dima* et *Lionel*.

Natasha et *Paul Ignatieff*
devant leur maison d'Upper Melbourne (Québec, 1944).

valet de pied polonais; trois servantes; le majordome Koulakoff; Demian, le valet de Paul; la bonne de Natasha, Katia; le palefrenier ou *dvornik* et le préposé à l'entretien du poêle; les deux garçons de courses et le portier; le chauffeur Basile; une femme de ménage; deux filles de cuisine ukrainiennes et une grosse cuisinière placide; et enfin, dans leurs appartements privés situés à l'arrière, Peggy Meadowcroft et le précepteur français des garçons, M. Darier.

La vie de la maisonnée suivait son cours, tranquille et régulier, protégée du reste du monde dans son confort douillet. À la cave, le préposé veillait à ce que le poêle soit régulièrement alimenté; tous les matins, Basile allait chercher les bidons de lait à la gare et le palefrenier les poussait jusqu'à l'office; les bonnes attachées au service des dames leur apportaient le petit déjeuner sur un plateau; à Koulakoff incombait la charge de réveiller les garçons et de veiller à ce qu'ils se lavent le visage et les mains; Demian présentait à son maître les vêtements du jour; Darier arpentait la salle d'étude du rez-de-chaussée, les plus grands écrivant sous sa dictée des pages d'Anatole France ou de Sainte-Beuve, tandis que les petits, emmitouflés dans des fourrures, étaient emmenés en promenade dans leurs landaus; Roman mettait ses gants blancs et servait le déjeuner; les filles de cuisine épluchaient les pommes de terre; le portier ouvrait la porte aux enfants qui rentraient avec leurs luges du parc de Tauride; à

213

la porte du bureau, les jeunes courriers attendaient les messages que le maître leur remet-
trait; la nuit, les sabots des chevaux trapus des
cosaques martelaient les bancs de glace de la
cour, de l'autre côté de la rue. Natasha se re-
tournait dans son lit, cherchant le sommeil,
pendant qu'à l'étage supérieur Nicolas, l'aîné
des garçons, assis à la fenêtre de sa chambre,
contemplait l'aurore boréale s'arquant dans le
ciel.

Un clair matin de la fin février, pendant
qu'ils prenaient leur leçon, les enfants entendirent le fracas d'un camion qui passait devant
la maison, suivi d'un autre puis d'un autre
encore. Lorgnant à travers les rideaux, ils aper-
çurent, à l'arrière des véhicules, des soldats et
des femmes qui poussaient des cris en agitant
leurs fusils à bout de bras. M. Darier interrom-
pit sa dictée et rejoignit les enfants à la fenêtre.
Fusant dans l'air de l'hiver, des bribes d'un
chant lui parvinrent aux oreilles. «*La Marseillaise!* s'exclama-t-il, *La Marseillaise*, hourra!» et
il poussa des cris avec un enthousiasme qu'ils
ne lui avaient jamais vu. Il croyait que ces
troupes transportées par camions célébraient
une victoire sur le front.

Quand des coups de feu éclatèrent dans
les rues voisines, on se dit que c'était sans
doute la police qui réprimait une grève. Mais
comme un fleuve en crue qui noie soudain ses
rives, la rue se remplit bientôt d'un torrent gri-
sâtre de soldats déferlant des casernes du quar-

tier et chantant en agitant des drapeaux rouges. Demian, le valet de Paul, qui était officier de réserve de la garde, courut se renseigner à sa caserne, au coin de la rue. Il en revint tout excité: les régiments Volinsky étaient entrés de force sur le terrain d'exercice de la garde et s'étaient emparés des armes après avoir abattu un officier qui avait tenté de les arrêter. De la fenêtre de son bureau, Paul pouvait distinguer, dans ces flots de soldats aux capotes sable et cendre, les épaulettes aux armes de la garde Preobrajensky. Ce régiment d'élite, dont son grand-père avait fait flotter les couleurs sur les Champs-Élysées en 1815, dont il connaissait par cœur toutes les chansons et au service duquel la famille devait de se trouver en ce lieu, à ces fenêtres d'où elle l'observait, ce régiment était en train de se débander sous ses yeux. Il voyait défiler ces soldats devant sa maison en prêtant une oreille distraite à ses ex-collègues du cabinet l'assurant au téléphone qu'on ne tarderait pas à mater la révolte. À la fin de l'après-midi, ils l'appelèrent de nouveau, en quête de lieux où se cacher. Quant à lui, il ne se cacha nulle part. Il resta là où il se trouvait, témoin de la marée révolutionnaire qui déferlait sous ses fenêtres.

L'autre Petrograd, cette populace transie que les Ignatieff étaient habitués à voir, des vitres de leur auto, regagner pesamment ses taudis, c'est vers eux maintenant qu'elle se dirigeait, escaladant les bancs de glace de la Neva,

chantant *La Marseillaise* et clamant: «Du pain!
Du pain!» Ces gens tenaient entre leurs mains
des blocs de glace et toutes sortes de ferraille,
des boulons, des écrous, des clés à molette, qui
brandissant un pistolet, qui maniant une barre
de fer; et lorsque au crépuscule ils atteignirent
les berges, l'impensable se produisit: rengai-
nant leurs sabres, les cosaques les laissèrent
passer. Ils se répandirent alors sur la perspective Liteyni et se portèrent à la rencontre de la
marée montante des troupes qu'aucun chef ne
menait plus. Dans la nuit hivernale, ouvriers et
soldats réunis envahirent la Fourstatskaya et les
autres artères menant à la Douma, baïonnettes
brandies et banderoles écarlates ondulant au-
dessus de leurs têtes. De leur maison, les
Ignatieff observaient la scène, tellement surpris
qu'ils en oubliaient d'avoir peur.

Soudain, voici que de partout des barri-
cades s'élèvent, piquées de drapeaux, édifiées
par des soldats et des femmes au visage voilé
jusqu'aux yeux; voici qu'à l'angle des rues la
neige rougit de sang et reluit sous l'éclat des
vitrines brisées, et que disparaît le vieil agent
de police barbu du carrefour, celui qui soulevait
sa casquette sur leur passage en leur souhaitant
le bonjour. Dans les avant-cours de la Douma,
au bout de la Fourstatskaya, les soldats se re-
groupent par milliers; à l'intérieur s'entassent
dans les corridors des montagnes d'armes à feu,
des sacs d'orge et de farine, la carcasse d'un
cochon, le cadavre d'un soldat, la tempe perfo-

rée d'une balle; et tout ce monde, soldats, étudiants, ouvriers, crie sans arrêt: «Où est le nouveau pouvoir? Où est le nouveau gouvernement?»

Chez elle, à une fenêtre de l'étage, Natasha écarte les rideaux et regarde avec mépris ce qui se passe dans la rue. La scène qui se déroule sous ses yeux est, dira-t-elle, «hideuse, ignoble, honteuse... elle ne s'effacera jamais de ma mémoire». Qui étaient ces femmes perdues, ces hommes au comportement bestial? Il ne faut pas que les enfants voient cela; ce n'est pas un spectacle, nous ne sommes pas au théâtre!

En toute hâte, on tire les rideaux de dentelle et on éteint les lumières; bonnes d'enfants et précepteurs sont dépêchés auprès des garçons pour les tenir à l'écart des fenêtres. Mais en dépit des interdictions, ils se glissent dans les pièces obscures et, cachés dans l'ombre, ils observent ce qui se passe dans la Fourstatskaya. Toute la soirée, ils verront se déverser, marchant sur la Douma, le torrent bourbeux de soldats en uniforme, chiffons rouges noués aux baïonnettes, d'étudiants aux casquettes rayées vert et azur, d'ouvriers en toque à visière bleue, de femmes en cache-col sous d'épaisses pèlerines. Cette première nuit de la révolution, les enfants resteront debout dans leurs chambres à regarder brûler le Palais de justice, à deux pâtés de maisons de la leur, tandis que ses cendres, dispersées dans le ciel, retombent sur les pavés, souillant la neige qui les recouvre.

Dans le reflet blafard des vitres de la maison d'en face, ils verront rougeoyer le Palais transformé en brasier et le noir panache de fumée montant dans la nuit en s'effilochant.

Les jours qui suivirent, Paul reçut plusieurs appels téléphoniques de membres du gouvernement provisoire qui, dans l'exaltation du moment, lui proposaient de devenir gouverneur de Finlande et lui offraient d'autres vagues promotions dans le cadre du nouveau régime. Il déclina toutes les propositions, ne retenant que la présidence de la Croix-Rouge russe. Le gouvernement provisoire délégua auprès de lui une commission d'enquête pour l'interroger en personne et lui fit savoir que ce qu'il avait accompli au ministère avait été un îlot de réforme dans un océan de réaction. Le nouveau ministre de l'Éducation vint lui rendre visite et lui confia que, étant entré au ministère pour y introduire la révolution, il avait découvert qu'elle avait déjà commencé. Lorsque les rues redevinrent sûres pour les bourgeois, des amis se déplacèrent pour lui dire leur espoir de le voir piloter le navire de la démocratie constitutionnelle à travers les eaux houleuses des insurrections ouvrières et militaires. Il ne voulut rien savoir de tout cela. Son désespoir l'avait gratifié d'une lucidité qui le sauva de ses amis libéraux et de leur optimisme trompeur à la Candide: «Trop tard, il est trop tard», marmonnait-il obstinément en se mordant les lèvres et en se passant les mains dans les cheveux avec une expression d'égarement.

J'ai entre les mains le journal de mon grand-père pour l'année 1917. C'est un agenda de maroquin, au format de poche, qui contient divers renseignements utiles à un citoyen distingué de Petrograd: les fêtes des saints orthodoxes, les phases de la lune, l'horaire des marées de la Néva, celui des trains à destination de Moscou, Paris et Berlin et les numéros de téléphone — à quatre chiffres — d'une série de restaurants, hôtels, ministères et services de la cour. Fin février, on y trouve encore, pendant quelques jours, les rendez-vous que Paul a notés. Début mars, avec un crayon tirant sur le violet, il a griffonné d'une écriture brouillonne des comptes de ménage à peine lisibles. Après cela, plus rien, sinon la beauté des pages vierges au ton crème.

La dépression qui l'avait saisi à la suite de sa révocation par le tsar avait dégénéré en prostration totale, accompagnée d'une rechute de ses violentes crises d'asthme, de douleurs dans la poitrine et de coliques hépatiques. C'était comme si les symptômes de cette névrose, refoulée vingt ans plus tôt au sanatorium de Charcot mais pas vraiment surmontée, avaient attendu l'heure de la révolution pour ressurgir des brumes de son existence.

La révolution eut aussi un autre effet sur Paul et Natasha: elle modifia leurs rapports et accéléra le renversement des rôles au sein du couple. Natasha avait grandi dans l'ombre de sa mère et avait continué à vivre dans celle de son mari; maintenant, enfin, elle prenait sa vie en main. Pendant que Paul, installé dans sa chambre du haut, dépérissait, elle assurait la cohésion de la famille, la protégeant des soldats et des ouvriers qui venaient les voir en délégations, à grands coups assenés dans le portail. Elle les faisait entrer au salon où une servante leur offrait des sandwiches au concombre. La plupart d'entre eux, affamés et frigorifiés, se contentaient de cet accueil et repartaient apprivoisés. Mais il y avait d'autres groupes de visiteurs contre lesquels Natasha ne pouvait rien. Tels étaient les ouvriers des verreries et filatures de Paul qui restaient dans le vestibule, casquette à la main et dos aux radiateurs, se chauffant en attendant de voir le maître. Natasha leur assurait qu'il était malade et ils l'écoutaient poliment, mais ils refusaient de s'en aller avant de l'avoir vu; alors elle les faisait monter jusqu'à la chambre où, dans la pénombre, il reposait sur son lit, pâle et défait. Dans l'impuissance où il se trouvait, il accédait à toutes leurs demandes, modestes il est vrai, et les ouvriers se retiraient en file indienne, après lui avoir souhaité longue vie.

Mais la révolution ne tarda pas à perdre ces bonnes manières. À la fin mars, un détachement de soldats se présentèrent pour réquisitionner les voitures. Ils martelaient le portail pendant que Basile, le chauffeur, se démenait sous le capot de la Mercedes pour enlever le bouchon du «distributeur». N'arrivant pas à la faire démarrer, les soldats se rabattirent sur la Renault. Les aînés des garçons observaient la scène des fenêtres de la salle d'étude au rez-de-chaussée. Ils virent un des soldats sortir de sa poche un mouchoir rouge, se moucher dedans et le piquer à la pointe de sa baïonnette; et comme l'auto roulait vers la sortie, il le fit flotter au vent par la portière de la voiture. Quelques semaines plus tard, Demian réussit à récupérer la Renault, abandonnée et sérieusement endommagée.

Tout le temps de la révolution, Natasha vécut à l'abri de ses certitudes: le gouvernement provisoire était une bande de méprisables débiles; ces femmes qui manifestaient pour avoir du pain, on se jouait d'elles, car la pénurie était imaginaire; la police ne manquait pas de courage, mais elle était trahie par des officiers bornés, paralysés par leur indécision; la révolution était un crime, pire: une erreur. Ce qu'elle voyait de sa fenêtre la mettait dans des colères aveugles. Bien des années plus tard, elle devait écrire: «Jusqu'à mon dernier souffle, je maintiendrai de toutes mes forces que seules notre lâche incurie et une totale ignorance de la nature des foules russes ont permis ces premiers désordres. Si seulement s'était levé un homme fort, connaissant la nature des Russes et armé d'un bon bâton, ou si notre merveilleuse Catherine II, la grande impératrice, eut pu se relever de sa tombe! (Je l'ai toujours, dans ma vénération, préférée de loin à Pierre le Grand, ce singe qui copiait ses maîtres et qui, ce faisant, n'a su que détruire une part considérable du patrimoine russe.) Notre Catherine, avec son amour et son intelligence de notre pays affermis d'un bâton, aurait immédiatement rétabli l'ordre, sans attendre que les choses traînent de jour en jour, empirant sous l'effet d'une absence totale d'énergie et d'autorité.»

Lorsqu'elle tenait de tels propos, Paul ne manquait jamais de s'exclamer, partagé entre l'impatience et le désir de l'apaiser: «Allons, Natasha, calmez-vous, calmez-vous!» Il estimait que la vérité était plus complexe qu'elle n'était prête à l'admettre dans sa réaction simpliste. Il s'était trouvé au cœur même du régime, il en avait vu la pourriture de ses propres yeux. Sa désillusion avait été plus cruelle que celle de sa femme, et si la colère poussait Natasha à défendre les gens de sa race, le désespoir ôtait à Paul toute envie de relever le gant.

Pour les enfants, cependant, la révolution était un carnaval endiablé qu'ils brûlaient d'impatience de voir de près, dans la rue. Aussitôt qu'ils le purent, les aînés sortirent contempler les ruines du Palais de justice et écouter les discours que l'on tenait sur les marches de la Douma, en ce lieu où s'assemblait une armée sans tête qui réclamait des chefs en même temps que l'absolution de ses crimes. Il y avait encore de la place pour des fils de bourgeois

comme eux en marge d'une foule en révolution. Un jour qu'Alec, onze ans, pissait tranquillement contre un mur non loin de la Douma,
un garçon de son âge lui lança: «*Bourgeois*,
qu'est-ce que tu fais?» et s'avança vers lui, l'air
menaçant. Un ouvrier plus âgé s'interposa:
«Laisse-le tranquille, c'est un gamin comme
toi!» À la lisière de cette foule, les garçons se
mêlaient aux gens écoutant les slogans qu'on
lançait, l'un contredisant l'autre et résonnant
par-delà le tumulte de l'avant-cour de la Douma:

«À bas l'Allemagne impérialiste!»

«Les travailleurs n'ont pas renversé le tsar
pour mourir au service des exploiteurs capita-
listes!»

«Consolidons les conquêtes de la grande
révolution pacifique!»

«À bas la guerre impérialiste!»

Certains orateurs voulaient que les soldats
rentrent chez eux, dans leurs villages, alors que
d'autres insistaient pour les renvoyer au front.
Les soldats passaient de l'un à l'autre en grommelant: «C'est bien vrai... oui, il a raison», penchant tantôt pour l'un, tantôt pour l'autre. C'est
ainsi que la révolution débattait son avenir,
virant de bord au gré des opinions et des discours.

Dans la maisonnée de la Fourstatskaya, les
domestiques commencèrent à choisir leur
camp. Demian, Koulakoff et Roman étaient d'ar-
dents partisans de la révolution et, tout en con-

tinuant à servir leurs maîtres, laissaient percer
une certaine tension dans leurs rapports avec
eux. Estimant qu'il avait besoin d'un nouveau
costume, Demian montra à Paul l'un de ceux
qui étaient accrochés dans la penderie et lui fit
remarquer qu'il était usé et qu'il fallait le remplacer; après quoi, on le vit parader dans la
rue, portant ce costume lors de sa demi-journée
de congé. Koulakoff, ce cosaque placide et
débonnaire, se mit à redresser l'échine. Comme
M. Darier, le précepteur, lui faisait remarquer
que le pain n'avait pas cette couleur gris sale
dans la maison où sa femme était gouvernante,
Koulakoff prit un autre petit pain et le lui jeta
dans son assiette en lui disant qu'il pouvait en
faire un autre usage si ça ne lui plaisait pas. Ce
même Koulakoff continuait pourtant à réveiller
les enfants tous les matins et à surveiller leur
toilette; le préposé au poêle continuait à y en-
fourner des bûches; les servantes continuaient
à servir à table; les bidons de lait continuaient
à arriver de la ferme des Wassiltchikoff, à Vybiti;
et Basile le chauffeur continuait à aller les chercher chaque matin à la gare. Le pain lui-même
finit par reprendre sa blancheur initiale. Il est
certain que, dans le courant de mars et d'avril,
il y eut des moments où l'on put raisonnablement croire que le monde extérieur retrouve-
rait bientôt l'ordre et la régularité qui, au sein
de la maisonnée, n'avaient pas connu un seul
raté. Mais après avril vinrent mai et juin, Lénine

rentra dans la ville et, à la tête des bolcheviks, mit le cap sur la révolution d'Octobre.

Au printemps de 1917, l'état de Paul s'aggrava et le 7 mai, une dépêche arriva de Kroupodernitsa, lui annonçant la mort de sa mère. Le père Nicolas fut appelé en toute hâte et Paul psalmodia la *pannikhida* d'une voix brisée. Le laissant seul dans sa chambre, toujours agrippé à la dépêche, Natasha et les enfants allèrent à l'église du Christ-marchant-sur-les-eaux brûler des cierges et prier pour le repos de l'âme de la grand-mère. Quelques semaines plus tard, Natasha installa Paul dans une *datcha* louée à Tsarskoïe Selo, espérant que l'air de la campagne et l'éloignement du maelström de la révolution lui feraient recouvrer la santé. Vaine tentative: il restait toujours au lit, prostré dans la contemplation de son naufrage.

Tandis que sur le front l'armée se désintégrait à toute allure, à Petrograd, durant les mois de mai et juin, se succédaient les crises et les démissions au sein même du gouvernement provisoire. Pour ne pas être arrêté, Lénine changeait continuellement de domicile. Il passa plusieurs nuits au quartier général de la centrale de l'Union syndicale, séparée de la maison Ignatieff par une douzaine de maisons. L'un des garçons affirmait l'avoir rencontré dans la rue ou l'avoir entendu discourir du haut d'une estrade. Mais il est plus vraisemblable que ce souvenir lui vienne d'images d'actualités vues au cinéma durant l'exil et qui se seraient gravées dans sa mémoire.

Les nuits du 3 et du 4 juillet, la famille se trouvait à Tsarskoïe Selo, tranquillement à l'écart de l'agitation, lorsque la Fourstatskaya vibra à nouveau sous le déferlement de soldats en armes appartenant au premier régiment de mitrailleuses bolchevik, escortés d'ouvriers métallurgistes des usines de Poutilov et de marins de la base de Kronstadt, marchant tous sur la Douma. Dans la soirée, les troupes fidèles au gouvernement reprirent le contrôle de la ville et matèrent l'insurrection. Dans l'immédiat, le gouvernement provisoire maîtrisait la situation, mais il était clair pour Paul et Natasha qu'elle ne tarderait pas à échapper à son contrôle. Un soir, tard dans la nuit, l'un des enfants surprit une conversation à travers la porte de la chambre de son père. Paul chuchotait à l'oncle Boria Wassiltchikoff: «Il faut que je les sorte d'ici!» Mais ensuite, quand il réunit les enfants et leur annonça qu'ils allaient tous partir pour Kislovodsk, ville d'eaux du Caucase distante de cinq jours en train, au sud du pays, il prétexta qu'il avait besoin de faire une cure pour soigner son foie. Cependant, quelle que soit la fable que Natasha raconta à ses enfants ou qu'elle se raconta à elle-même, elle alla à la banque et retira de son coffre une partie de ses bijoux; rentrée chez elle, elle empaqueta les volumes de l'*Histoire de l'État russe* de son ancêtre Karamzine avec ses albums de photos de

226

Doughino, et enferma le tout dans la malle qu'elle avait achetée à Nice pour son trousseau.

C'est avec deux heures d'avance sur l'horaire que leur groupe se présentera à la gare. Autour de Paul, étique et hagard, Natasha va et vient, certaine d'avoir oublié quelque chose et plaisantant sur les errances tragi-comiques de sa famille. Favoris au vent, remuant sans cesse sur le quai pour prendre les bagages et les entasser dans le compartiment, Koulakoff ressemble à un chien de berger tournant autour du troupeau. Certes, ce n'est pas une mince expédition: entre les bonnes d'enfants, les précepteurs, les gens de cuisine, les servantes de ces dames et, naturellement, les garçons et leurs parents, on arrive à dix-sept personnes en tout... La cloche de la gare sonne une première fois, puis une deuxième. Dernière vérification des mallettes et fourre-tout. La famille se met aux fenêtres ouvertes pour dire adieu à ceux qui restent sur le quai: voici Demian, éploré, à qui on a laissé les clefs de la maison; le père Nicolas, confesseur de la famille; et une poignée d'anciens collègues de travail du ministre de l'Éducation venus saluer leur patron. Troisième et dernier son de cloche, l'express du Caucase commence à s'ébranler. Soudain un vieillard fend la foule, un homme qui avait l'habitude de venir à la maison chanter des chansons folkloriques. Il agite une branche de bouleau qu'il parvient à remettre à Paul et sur laquelle celui-ci lira: «Gardez confiance, ne doutez pas du fruit de vos efforts, car ses racines sont profondes.» Le crépuscule tombe; le train glisse sur les rails et les derniers gestes d'adieu s'estompent au loin. La vitesse s'accroît et les voyageurs promènent leurs regards sur la campagne que baigne encore la lumière de l'été. La terre elle-même semble vouloir leur transmettre le rassurant message que Petrograd et la révolution, ce n'est pas vraiment la Russie: en Ukraine, il y a des moissonneurs qui ramènent des champs dorés une abondante récolte; l'éclatante blancheur des couvents d'Orloff se détache dans le soir et les chemins vicinaux sont piquetés de petites lumières jouant entre les peupliers. Au cours de ces cinq journées passées en train, les voyageurs verront défiler Orel, Kharkov, Rostov, et à chaque arrêt dans ces gares, les tout derniers — George et Lionel — se pencheront par la fenêtre du compartiment, imitant les modulations des marchands ambulants qui arpentent les quais pour vendre aux passagers des pommes, des pretzels et cette sorte de pain appelé *bubliki*. Plongée dans la sérénité agreste de cette terre qui défile sous ses yeux, la famille ne se doute pas un seul instant qu'elle a quitté Petrograd pour toujours.

VII

Le Caucase

La petite ville d'eaux de Kislovodsk se nichait dans les contreforts de la chaîne méridionale du Caucase, entre la mer Noire et la mer Caspienne. Peinte en bleu et blanc, la gare, tout droit sortie de Lilliput, s'ouvrait sur une rotonde où se donnaient des concerts, et sur un ensemble de villas, hôtels et maisons de repos groupés autour des sources minérales de Narzan, célèbres dans tout le pays pour leurs effets bénéfiques sur les foies fatigués et les digestions difficiles. La famille Ignatieff loua un modeste pavillon d'un seul étage dans les collines qui bordaient la ville. Il y avait aussi une annexe, où logeait le personnel, et un grand verger planté de pommiers et de pruniers. Au début, l'été 1917 ne se distingua pas des autres. En cette région, les journées étaient sèches et torrides, mais à la tombée de la nuit, l'air fraîchissait et embaumait. Les garçons jouaient dans le jardin ou partaient en randonnée sur les hauteurs avec Peggy. Sur les nombreuses photos qu'elle a prises, on peut voir les trois aînés portant des casquettes de cosaque, en train de manger des sandwichs sur les rochers d'un canyon à pic en bordure de la ville. À la villa pendant ce temps, Paul restait affalé sur une chaise longue de la véranda, claustré dans sa dépression. Une ou deux fois par jour, il descendait en ville en taxi prendre les eaux, sans grand résultat d'ailleurs.

Les choses allaient bientôt changer. Kislovodsk était fébrile comme peut l'être un tuberculeux. Des gisements de pétrole de Bakou, à trois cents kilomètres au sud-est, des magnats de l'or noir arrivaient en voiture et roulaient à toute vitesse sur les boulevards bordés de peupliers, laissant leurs gardes du corps caucasiens soûls décharger leurs revolvers en l'air. Le Grand Hôtel était rempli d'officiers soignant leurs blessures à l'eau de Narzan et à l'électrothérapie, traitement prescrit par des médecins mondains. Au bras des dames, ces officiers déambulaient sous les treillages de la promenade Vinogradnaya, principal boulevard de la ville, avec une allure de vacanciers alors qu'ils étaient en fuite. Les arcades de la galerie Narzan, où Paul suivait sa cure, regorgeaient de brocanteurs caucasiens d'articles en argent et de marchands de tapis arméniens. Dans les restaurants, aux terrasses des cafés, les serveurs s'affairaient à satisfaire les clients. Des mes-

230

sieurs à monocle, cheveux lisses et gominés, claquaient des doigts pour se faire servir, pendant que des dames agitaient leur éventail d'un air courroucé. Le vendredi, jour de marché, la halle couverte grouillait de cuisinières venues de Petrograd ou de Moscou qui marchandaient avec les montagnards du Caucase le prix des légumes, des melons, des poulets troussés et des moutons attachés à un piquet. Jusqu'alors, la bonne société avait sauvé les apparences, mais sous le manteau, elle bradait déjà son argenterie.

Pour l'instant, on ne manquait pas de nourriture. Dans les vergers et les champs de blé du sud caucasien, les récoltes avaient été abondantes. Quand on entendait parler de disette, de bandes de déserteurs se livrant à des pillages ou de trains bloqués plus au nord, c'était comme s'il s'agissait d'une autre planète. À l'ouest, l'offensive lancée en juin contre les Autrichiens avait connu un temps d'arrêt, puis s'était transformée en déroute. L'étau de l'armée allemande se refermait sur Bakou au sud et sur Riga au nord. À Kislovodsk pourtant, aucun des officiers de l'Armée blanche ne semblait pressé de rejoindre le front.

Tous les jours, entre onze heures et midi, un orchestre cosaque jouait des marches militaires dans le kiosque du parc municipal devant un parterre d'officiers escortés de leurs dames. Une matinée de septembre, Dima et Nicolas, respectivement âgés de treize et quatorze ans, rôdaient aux derniers rangs du public lorsque la musique se perdit dans le brouhaha d'une altercation. Une personne qu'ils ne distinguaient pas clairement avait sauté sur le podium et bousculé le chef d'orchestre. De là où ils se trouvaient, les garçons ne voyaient qu'une mince silhouette vêtue de kaki qui avait pris la place du chef; ils s'approchèrent et entendirent une voix de femme aux accents énergiques criant qu'elle revenait du front de Riga que les Allemands avaient percé, balayant tout sur leur passage. Des soldats russes avaient bondi hors de leurs tranchées et avaient abattu les officiers qui tentaient de s'opposer à eux. S'adressant à la foule, elle s'écria: «N'avez-vous pas honte? Où sont passés votre patriotisme, votre fraternité envers vos compagnons d'armes? Vous vous prélassez ici tandis que d'autres officiers se font descendre par leurs propres hommes et que des femmes se battent à votre place! Sauvez la Russie! Sauvez ces héros et ces héroïnes! Formez les Bataillons de la Mort!»

Il y eut un silence et près des garçons, un général se mit à sangloter. Des officiers et des dames se levèrent pour lui faire quitter les lieux. Elle paraissait frêle, avec ses cheveux blonds et son regard poignant. «C'est une Jeanne d'Arc! s'écrièrent des hommes. Comme elle sait parler! Il faut y aller. Nous allons former une première unité qui partira dans deux jours!»

Le lendemain matin, les journaux de Kislovodsk firent état d'un regrettable incident survenu au kiosque à musique: une pauvre femme, qui avait besoin de repos et n'aurait pas dû se mêler d'affaires qui ne concernent que les hommes, avait fait une crise d'hystérie. Ce jour-là, à midi, l'orchestre donna son concert, et belles dames et officiers applaudirent comme si rien ne s'était passé.

Pour l'aîné, Nicolas, l'incident du kiosque à musique fut l'indice révélateur que le fruit était pourri jusqu'au noyau. Ni ces généraux qui pleuraient à la fin du discours de cette femme, ni ces officiers de la garde dont il avait rêvé un jour de porter l'uniforme n'étaient prêts à perdre un bouton de guêtre pour défendre leur propre pays contre l'envahisseur allemand. Au petit déjeuner, son père sirota son thé sans mot dire, toujours plongé dans sa dépression, et le silence du père ajouta à la désillusion du fils. Ce soir-là, en secret, le jeune Nick prit son carnet de notes et y jeta ces quelques vers d'une ardeur naïve pour célébrer l'aube de la révolution:

À l'Est, du jour se lève la clarté
Sur les reflets plombés de la nuit
Et sur la Russie le flambeau de la liberté
Repousse la noirceur qui s'enfuit

Au cours de cet automne de 1917, Peggy Meadowcroft a pris une photo du jeune Nicolas assis aux pieds de son père, le visage souriant et les mains serrées sur ses genoux nus. Au premier plan, des monticules de neige s'accrochent aux arbres fruitiers et la colline au fond est toute blanche. C'est une journée ensoleillée de la fin octobre. Étendu sur la chaise longue, Paul se renfonce dans son manteau, le visage défait et boursouflé, toutes ses réserves d'énergie épuisées. Sa dérive l'éloignait de plus en plus de ses enfants et quand ceux-ci lui posaient une question, il lui fallait plusieurs minutes avant de pouvoir répondre. Aussi restait-il des heures enfermé dans son mutisme, avec, sur les genoux, des copies de ses rapports officiels adressés au tsar.

Fin octobre, le journal local relata la prise et la mise à sac du palais d'Hiver, la fuite de Kerenski et les premiers décrets adoptés par le congrès des Soviets. Dans les dernières heures de l'agonie, le seul bataillon qui défendit jusqu'au bout les corridors glacés du palais fut celui des Volontaires féminines, des femmes comparables à celle qui avait hurlé en vain son désespoir sur le podium de l'orchestre.

L'hiver 1918, la Russie sombra dans la guerre civile. Les armées blanches menaient campagne en Sibérie, en Crimée et dans le Nord, autour de Petrograd. Pour l'instant, ces combats se déroulaient très loin de la famille. La majeure partie de l'automne et de l'hiver, ses membres continuèrent à mener leur vie comme si rien n'avait changé au-delà du portail

234

vert de la petite maison de Kislovodsk. Au sud du Caucase, on ne sentit le contrecoup de la révolution d'Octobre qu'au printemps suivant, le jour où, du balcon de la salle de concert, Kirov, commissaire des Soviets, proclama l'avènement du nouveau pouvoir. Le soviet des travailleurs locaux se substitua alors à l'ancien conseil municipal. Cependant, la sinistrose qui s'était emparée des gens à l'idée de ce que feraient les Rouges s'ils prenaient le pouvoir ne se concrétisa pas dans les faits. Certes, les banques avaient été nationalisées, mais Paul s'était arrangé pour que ses fonds soient virés à une coopérative locale avant que sa banque ne ferme ses portes définitivement. Ensuite, quand ce fut au tour des coopératives d'être nationalisées, il réussit encore à retirer son argent à temps et finit par l'enfouir dans un pot en terre dans sa salle de bains. La vie suivait son cours, guère différente: les garçons commençaient à préparer leurs examens d'entrée au lycée avec leurs précepteurs et ils les passèrent au printemps avec succès; Paul poursuivait sa cure thermale sans effet notable sur sa santé ou son humeur; Natasha continuait à diriger sa cohorte de domestiques et les paysans de la montagne à apporter leurs produits au marché du vendredi.

Au début de l'été 1918, les armées blanches des généraux Denikine et Wrangel livrèrent bataille aux armées rouges de Trotski au nord du Caucase, à une centaine de kilomètres de là. Cependant, en dépit des combats, des ouvriers des usines moscovites de Paul traversaient encore les zones ravagées par la guerre civile pour se présenter à Kislovodsk, transportant dans leur sac à dos des lettres de leur directeur et cachant dans leurs bottes de l'argent liquide. Certains se perdaient dans la mêlée et disparaissaient avec le magot, mais la plupart arrivaient à bon port. Ceux-là prenaient leurs repas dans la cuisine, passaient la nuit dans l'annexe des domestiques et repartaient le lendemain avec les missives du patron, faisant route à travers un pays coupé en deux par les combattants.

C'est à peu près à cette période qu'un vieux militaire hargneux, le sergent Yankevitch, quatre croix de Saint-Georges épinglées à sa tunique, se présenta devant le portail, accompagné d'un groupe de servantes ukrainiennes qui semblaient terrorisées. Mika, la sœur de Paul, les avait envoyés de Kroupodernitsa — un voyage de mille six cents kilomètres —, avec des pommes de terre et du blé plein leurs sacs, et de l'argent dissimulé dans leurs bottes. Yankevitch avait accompli sa mission, mais il n'avait cessé de ronchonner durant tout le trajet et maintenant il réclamait un bon repas chaud et un lit. Il fut le dernier à surgir d'une époque désormais révolue dans le nord, le dernier porteur de nouvelles de Kroupodernitsa et de la comtesse Mika. À présent elle était seule, isolée dans la propriété, face à l'armée allemande qui progressait en Ukraine.

Cet argent que le vieux soldat lui avait apporté, Paul le colla à l'intérieur du piano droit de la chambre de Peggy. Dans le pot en terre dissimulé sous le plancher de la salle de bains, il cacha les bijoux de Natasha ainsi que ses rapports au tsar. Il ne s'était encore rien passé, mais le bruit courait qu'il y aurait bientôt des perquisitions et des confiscations.

Au début de juin 1918, les premières salves éclatèrent sur les hauteurs de la ville, suivies du grondement du canon et du crissement des trains blindés de l'Armée rouge en manœuvre. On apprit qu'une bande de pillards et d'irréguliers cosaques, menés par un colonel tsariste du nom d'Andrei Chkouro, harcelait les positions des Rouges à la lisière de la ville. Un matin, la famille s'éveilla au crépitement des mitrailleuses. Nick bondit jusqu'à la fenêtre de sa chambre et vit un corps étendu sur la chaussée et des soldats en kaki qui remontaient la rue. Une fois le danger écarté, il sortit dans le jardin et trouva des douilles près d'une baïonnette tachée de sang.

Dévalant soudain de la montagne, les bandes de Chkouro investirent la ville. Les officiers tsaristes revêtirent leurs anciens uniformes et les femmes donnèrent de l'argent et des vêtements aux cavaliers cosaques. En les voyant, tout le monde pensa qu'ils devaient précéder l'avant-garde des Blancs victorieux. Mais

Chkouro n'avait pas assez d'hommes pour tenir la place. Il y était entré en coup de vent pour libérer sa femme détenue dans un hôpital rouge, et il en repartit de la même manière, laissant les Blancs se mordre les doigts de s'être réjouis trop tôt; quand les Rouges reprirent le contrôle de la ville, ce fut le bal des délations: les domestiques dénoncèrent leurs maîtres et les voisins se dénoncèrent entre eux. Entre-temps, dans la montagne, la cavalerie rouge mettait le feu aux villages cosaques.

Bientôt les vivres vinrent à manquer. Les montagnards ne descendaient plus au marché avec leurs produits et quand Tonia et Koulakoff s'y rendaient le vendredi, ils en revenaient les sacs vides. Sortant de sa torpeur, Paul se mit à bêcher le sol derrière la maison pour en faire un potager, mais il était trop affaibli pour aller jusqu'au bout; livide, il passa sa bêche à Vaclav, le jardinier tchèque, et retourna à son lit en clopinant et en se tenant le dos.

Au mois d'août, Natasha décida que Paul irait prendre des bains de boue à Essentouki, autre ville thermale de la région. À une soixantaine de kilomètres de là, Rouges et Blancs se livraient de féroces combats, et pourtant, plongé dans la boue jusqu'au cou en compagnie de deux vieux généraux, Paul passa la semaine à méditer et à se demander ce qu'avaient bien pu devenir le tsar et sa famille. À l'heure qu'il était, ils devaient être morts. Son état demeurant stationnaire, il rentra à Kislovodsk, juste à

238

temps pour fêter l'anniversaire de Natasha. Cinq jours plus tard, le 30 août 1918, le chef de la police secrète de Petrograd était abattu, tandis qu'à Moscou un membre des socialistes-révolutionnaires tentait sans succès d'assassiner Lénine. En représailles, la terreur se déchaîna sur toute la Russie. Dans les rues, des voitures aux vitres fumées se mirent à circuler, pleines d'hommes en capote de cuir opérant des rafles nocturnes.

Le 6 septembre, de très bonne heure, ils vinrent chercher Paul. Il faisait encore nuit quand ils attaquèrent le portail à coups de poing, secouant violemment les poignées des fenêtres de la véranda arrière et martelant la porte d'entrée. Natasha cria à Paul et aux enfants de rester au lit et alla ouvrir. L'ayant écartée, les hommes se ruèrent à l'intérieur: ils étaient vingt-cinq, menés par un marin de la flotte de la mer Noire du nom de Toursky, avec un regard de drogué et une grosse bague de diamants au doigt. Tremblant de la tête aux pieds, Natasha leur demanda ce qu'ils cherchaient en s'efforçant de contrôler sa voix. Le marin voulut savoir qui habitait là et si les garçons étaient en âge d'être enrôlés. Nick, grand adolescent de quatorze ans, pouvait l'être, mais Natasha soutint fermement qu'il n'en avait que douze.

À ce moment-là, Paul parut dans le vestibule, sa capote sur les épaules, hâve mais gardant son calme. Le marin lui tendit un mandat de perquisition signé du Comité bolchevik extraordinaire, et ses hommes vidèrent les tiroirs de son bureau, s'emparèrent de son porte-feuille de ministre et entreprirent de fouiller les grands poêles aux carreaux de céramique. Ils trouvèrent l'argent que Natasha mettait de côté pour le ménage, mais finirent par le lui laisser quand elle jura que sans cela, ils seraient réduits à la misère. Paul avait remarqué dans leur groupe un étudiant qui portait une casquette aux couleurs de l'Université de Moscou; il lui dit simplement: «Quelle étrange rencontre, confrère», et l'étudiant détourna les yeux. Puis le chef de la bande ordonna à ses hommes de l'emmener en ville pour l'interroger; alors Paul bénit ses enfants et les embrassa, et les hommes l'entraînèrent à l'extérieur. Natasha se précipita à leur suite dans le jardin et dans le demi-jour, elle leur cria: «Quand le reverrai-je?» Quelqu'un lui répondit, tandis qu'ils le poussaient dans la voiture: «Tôt demain matin, à la gare.»

Un peu plus loin dans la rue, les autos s'arrêtèrent et la bande descendit pour aller perquisitionner dans une autre maison. Resté dans la voiture avec deux hommes pour le garder, Paul pouvait entendre les coups de poing sur les portes, les cris et les supplications pendant que le groupe se livrait à sa besogne. Au bout d'une heure d'attente, un soldat à cheval s'approcha et lui intima l'ordre de sortir de l'auto. Suivi d'un jeune milicien qui le surveillait, il dut parcourir à pied, par les rues silencieuses, les quelque deux kilomètres qui le séparaient de la gare. Après une demi-heure de marche, le soldat permit à Paul de s'arrêter et de faire une pause pour souffler. Assis près de lui sur le bord du trottoir, il lui confia qu'il avait fait des études à l'Académie technique de Petrograd et s'était engagé dans l'Armée rouge parce qu'il n'avait rien à manger. Il ajouta dans un murmure: «Toute cette affaire finira par foirer.»

Lorsque Paul arriva à la gare de Kislovodsk, les gardiens du syndicat local l'embarquèrent avec des égards dans le wagon de marchandises. Puis les gardes rouges munis de leurs listes de contrôle procédèrent à l'appel des détenus. Quand ils lurent son nom, le sergent grommela qu'il devait y avoir quelque erreur. Il avait fréquenté l'école primaire de l'endroit et se souvenait que, un jour, l'institutrice avait demandé aux élèves de se lever et d'entonner une chanson à la gloire du comte Paul Ignatieff. Paul s'accrochait à ces bribes d'espoir alors même qu'il entendait des coups de feu à l'extérieur, dans l'aube blafarde, et qu'il voyait un soldat rouge rengainer son revolver et aboyer l'ordre d'enterrer des cadavres dans un fossé, derrière le wagon.

Aux premières lueurs du jour, Natasha courut à la gare. Le long de la voie, elle finit par trouver Paul recroquevillé dans son manteau et couché près d'autres prisonniers à l'intérieur d'un wagon de marchandises empestant l'huile à moteur. Elle harcela la sentinelle jusqu'à ce qu'on la laisse s'approcher à portée de main de son mari, visiblement fourbu et très affaibli. Ils eurent juste le temps d'échanger quelques mots avant que le garde ne lui enjoigne de partir.

Dans l'après-midi, accompagnée de son fils Dima, elle revint voir Paul avec des médicaments pour son angine, une seringue, des bandages et du yogourt dans des pots en verre. Le factionnaire se mit à fouiner dans les bandages, ce qui la rendit folle de rage. Criant qu'il avait tout infecté avec ses mains dégoûtantes, elle prit les pots de yogourt que tenait Dima et les jeta dans le fossé. De la portière ouverte de son wagon, Paul observait la scène et tentait de l'apaiser: «Calme-toi, chérie, allons, calme-toi...» À la tombée de la nuit, Natasha retourna à l'embranchement où était garé le wagon, mais comme on l'avait déplacé, elle erra en vain sur la voie. Désespérée, à bout de forces, elle rentra à la maison et annonça à ses enfants qu'elle allait se rendre au quartier général des bolcheviks pour protester contre l'incarcération de son mari. La famille la supplia de ne pas bouger de la maison: c'était le couvre-feu, elle risquait de se faire tirer dessus. Un ami, le professeur Nechaeff, qui aidait les bolcheviks à administrer les écoles de la région, avait réuni un groupe qui se proposait d'aller en délégation intercéder auprès du soviet de la ville pour qu'on épargne la vie de Paul. Sans écouter personne, Natasha souhaita une bonne nuit aux enfants et se rendit en taxi au quartier général des bolcheviks, installé au Grand Hôtel.

Seule dans l'entrée, elle passa la soirée à attendre, de longues heures durant, que les membres du comité fassent leur apparition. Vers minuit, un commissaire du nom d'Atarbekov, un homme trapu et à la face bovine, vêtu d'un uniforme cosaque avec un brassard rouge, traversa le hall pour gagner sa chambre. Elle bondit et l'interpella, exigeant de savoir ce qu'il avait fait de son mari. Atarbekov l'écarta en bougonnant qu'il avait pris un copieux repas et qu'il avait besoin de dormir. Juste après lui apparut Toursky, le marin narcomane qui avait dirigé la perquisition chez elle et arrêté Paul. Il cria à Natasha qu'elle risquait de se faire tuer en violant ainsi le couvre-feu; ce à quoi elle répondit que ça lui était bien égal de mourir si elle n'arrivait pas à savoir ce que son mari était devenu. Toursky parut alors s'adoucir et lui laissa entendre qu'il pourrait faire quelque chose le lendemain. L'ancien maire de la ville, qui se trouvait là, intervint à ce moment auprès de Toursky pour qu'il lui permette de rentrer chez elle. Celui-ci fit signe à l'un de ses gardes du corps qui la raccompagna à la maison en lui racontant d'une voix avinée ses «exploits au service de la grande révolution pacifique».

Natasha apprit ensuite que les prisonniers seraient transportés par train au quartier général des bolcheviks à Piatigorsk, autre ville d'eaux de la région, à une vingtaine de kilomètres de Kislovodsk. Par leur ami le professeur Nechaeff, elle se procura le lendemain un laissez-passer pour Piatigorsk, à titre d'institutrice chargée d'acheter du papier à musique pour les écoliers. Elle commença par se rendre au Grand Hôtel où elle eut une stérile prise de bec avec les bolcheviks; puis elle marcha jusqu'à la gare où elle rencontra des groupes d'amis et de connaissances qui chuchotaient entre eux qu'on allait ramener à la gare tous les prisonniers pour les libérer. À cet instant, elle aperçut Paul que des hommes faisaient sortir d'un wagon. Abordant Toursky qui se pavanait sur le quai accompagné de son garde du corps, elle lui demanda quand son mari serait relâché. Il répondit, avec un sourire: «Il ne sera pas relâché.»

— Comment osez-vous me tromper? lui cria-t-elle. Vous m'aviez promis de lui rendre la liberté!

— Je n'ai rien promis du tout.

— Dans ce cas, j'irai avec lui.

— Vous n'avez pas de laissez-passer.

— Si, j'en ai un! s'exclama-t-elle et, plongeant la main dans son sac, elle en sortit un bout de papier qu'elle agita sous ses yeux. Il le prit, l'examina et le lui tendit en riant. L'arrachant d'un coup sec, elle y jeta un coup d'œil: c'était une liste d'emplettes. Atterrée, elle fouilla de nouveau dans son sac, trouva le permis et le lui présenta.

Impassible, Toursky observait la scène. «Vous n'irez pas», lui dit-il, et il lui tourna le dos.

À ce moment-là, les portes de la gare s'ouvrirent et les prisonniers furent escortés jusqu'au train. Paul était du nombre et il y avait aussi deux anciens gouverneurs de province qu'elle reconnut et tout un groupe de socialistes-révolutionnaires, opposants aux bolcheviks, qui transportaient leur matériel de couchage et chantaient des chants révolutionnaires. Avant que Natasha ait pu échanger quelques mots avec Paul, le train s'ébranla et quitta la gare en direction de Piatigorsk qui, comme elle l'avait appris, était devenu un centre d'extermination des Blancs pris en otages. Elle sentit son sang se glacer.

Sur le quai, des femmes l'entourèrent, la réconfortèrent, lui conseillant de se calmer, de ne pas faire d'histoires et de rentrer chez elle retrouver ses enfants. Mais elle ne rentra pas chez elle: elle passa la journée dans le vestibule de l'hôtel, étourdie et inerte, entendant à peine et regardant sans le voir le va-et-vient des serveurs, tandis que les comités du soviet délibéraient, toutes portes closes, dans les salons et sous les palmiers de la cour. Assise des heures durant dans sa robe et son châle noirs, cette femme que personne ne remarquait se demandait au fond d'elle-même comment elle allait pouvoir désormais se débrouiller pour garder ses enfants en vie. Elle regardait le soleil de septembre descendre à l'horizon et percevait comme dans le lointain des éclats de voix et le claquement de bottes militaires sur le marbre de l'entrée. L'obscurité l'arracha à sa torpeur. Elle trouva un taxi et dit au chauffeur de la reconduire chez elle.

À la maison, les enfants étaient restés dans le noir: l'électricité avait été coupée. Assis tous ensemble, sans mot dire, ils paraissaient amorphes et abasourdis. La carte du malheur, c'est toujours aux autres qu'elle avait été distribuée, jamais à eux. Jusqu'à présent, tout dans leur vie quotidienne leur avait répété le même rassurant message: vous êtes intouchables. Le malheur n'arrive qu'aux autres, pas à vous. Maintenant, c'était leur tour.

Dans ce train qui roulait vers Piatigorsk, toutes lumières éteintes, en longeant la zone de combat, Paul avait été embarqué dans le même wagon bondé que les socialistes-révolutionnaires. Emmitouflé dans son manteau, il les écoutait chanter leur hymne «Nous tombons, victimes de ce fatal combat», chanson qu'il avait déjà entendue de son bureau de gouverneur et qu'il reconnaissait maintenant dans sa situation de compagnon des victimes du nouveau pouvoir. Il se disait qu'il allait bientôt mourir. Les socialistes-révolutionnaires pensaient également qu'il n'en avait plus pour longtemps; mais en ce qui les concernait, ils étaient certains que les bolcheviks les épargneraient parce qu'ils étaient, eux aussi, des révolutionnaires. À leur

246

arrivée en gare de Piatigorsk, le quai était plein de soldats de l'Armée rouge qui avancèrent vers les otages, l'air menaçant. Les gardes du syndicat ukrainien entourèrent Paul et leur chef s'écria: «Le premier qui s'approche de nous est un homme mort!» Un vieux soldat originaire d'Ukraine lui fit traverser le quai jusqu'à un chariot tiré par un cheval. Paul marchait avec peine et s'appuyait lourdement sur son bras. Dans le chariot qui les emmenait à la prison de la ville, le soldat lui demanda à voix basse s'il pouvait faire quelque chose pour lui. Paul eut à peine le temps de lui glisser: «Informez les écoles.»

Tous les prisonniers de Kislovodsk, Paul compris, furent rassemblés dans une salle à l'entrée de la prison. Le président du comité bolchevik de Piatigorsk, M. Gueh, fit son entrée. C'était un petit homme à barbiche, aux manières délicates et au regard clair et intelligent. Dans un français impeccable, il demanda à parler au comte Ignatieff. Paul s'avança: «Au citoyen Ignatieff, vous voulez dire», précisa-t-il en russe. Gueh parut amusé et, à ce moment-là, la sonnerie du téléphone retentit et il alla répondre. Paul entendit une voix féminine qui l'invitait à un thé et Gueh répondit qu'il serait enchanté d'accepter son invitation. Puis après s'être excusé, il revint à ses prisonniers pour examiner leur sort.

Après une brève toilette à la pompe dans la cour de la prison, Paul fut conduit dans une vaste pièce, aux murs enduits de chaux, où attendaient déjà des détenus de toutes sortes: des gouverneurs de province, des marchands juifs, des juges, des officiers de l'armée, des Serbes, des Polonais, des tsaristes et des socialistes-révolutionnaires. Un vieux fauteuil trônait au milieu de la salle. Des prisonniers prirent Paul par le bras et, prévenants, l'aidèrent à s'asseoir.

Juste avant huit heures, des bruits de pas résonnèrent dans le corridor. La porte s'ouvrit et les prisonniers virent apparaître Atarbekov, le bolchevik à la face bovine que Natasha avait abordé la veille dans le vestibule de l'hôtel de Kislovodsk, entouré du surintendant de la prison et d'un gardien. Ils pointèrent le doigt vers le citoyen Ignatieff:

«Vous êtes libre. Quittez la prison immédiatement.»

Paul répondit qu'il ne partirait pas sans les autres. Atarbekov désigna deux anciens gouverneurs tsaristes avec lesquels le prisonnier s'était lié d'amitié dans le wagon et lui dit: «Emmenez-les vite.»

Mais Paul reprit, insistant: «Vous nous donnerez un certificat attestant que nous avons été libérés?

— Je n'ai ici ni bureau, ni cachets. Je ne peux émettre aucun document, répondit Atarbekov.

— Dans ces conditions, répliqua Paul, je ne quitterai pas la prison. La ville est soumise à la loi martiale et je préfère être exécuté dans les formes plutôt que d'être abattu comme un chien, la nuit, au coin d'une rue.»

L'un des prisonniers tirait Paul par le coude, l'adjurant de tenter sa chance. Mais celui-ci resta inébranlable. Il tenait à savoir pourquoi on avait commencé par l'arrêter et pourquoi on lui disait maintenant qu'il était libre de partir.

En bougonnant, Atarbekov répliqua: «Nous ne savions pas que vous aviez rendu des services à l'Éducation nationale»; et l'un des gardiens renchérit: «Vous ne le saviez peut-être pas, mais nous, nous le savions.» Avec un accent du terroir très prononcé, il ajouta qu'il avait été apprenti dans une école d'artisanat du textile à Lodz, en Pologne, que Paul avait subventionnée et soutenue du temps où il était ministre. Paul déclara alors qu'il accepterait de quitter la prison en compagnie de cet homme; et il exigea qu'Atarbekov téléphone au soviet de Kislovodsk pour annoncer sa libération et en aviser sa famille.

Les syndicalistes ukrainiens avaient fait ce que Paul leur avait demandé: ils s'étaient rendus dans les écoles et ils étaient tombés en pleine séance du conseil des enseignants. Un instituteur de la région, un dénommé Oudariouk qui s'était joint aux bolcheviks et les avait aidés à lire les cartes du Caucase, avait dit aux syndicalistes de répandre dans toutes les écoles la nouvelle de l'arrestation du comte Ignatieff. Venant de tous les coins de la ville,

enseignants et élèves n'avaient pas tardé à se
rassembler sous les fenêtres du quartier général
et se tenaient là, en silence, dans la lumière
déclinante de cette journée d'automne. L'instituteur ami des bolcheviks était monté et, en
pleine réunion du comité, avait exigé la libération de Paul. Gueh avait commencé par protester. Faisant un geste en direction de la foule,
l'instituteur l'avait alors averti que ces gens
étaient prêts à le libérer de force. À l'heure où
se déroulait ce débat, la mainmise des bolcheviks sur la ville était encore précaire: les Blancs
étaient sur les hauteurs et tous les détachements disponibles avaient été envoyés sur le
front. On venait de réprimer un soulèvement
de la population. Les seules unités dont disposait Gueh faisaient partie de la Légion polonaise
et ne voulaient assurer qu'un rôle de faction-
naires. Elles n'interviendraient pas contre la
foule. Bien malgré lui, Gueh ordonna la libération immédiate du prisonnier. C'est ainsi que
Paul eut la vie sauve grâce aux capricieux aléas
de la guerre civile, à quelques syndicalistes
ukrainiens et à un jeune professeur de géogra-
phie bolchevik qu'il n'avait jamais rencontré.

Ce soir-là, à la villa de Kislovodsk, les garçons essayaient en vain de trouver le sommeil
quand le téléphone sonna dans le corridor. Ils
entendirent la voix de leur mère, tout excitée,
et avant qu'ils aient pu s'arracher à leur lit, elle
entra en trombe dans la chambre en criant: «Il
est libre! Il est libre!» La nouvelle leur parut si

fantastique qu'ils ne purent fermer l'œil cette nuit-là, se demandant encore s'il fallait y croire.

Cette même nuit, allongé sur le sol de sa cellule près d'un prisonnier tuberculeux qui crachait ses poumons, Paul se demandait lui aussi s'il serait vraiment libéré le lendemain. Au matin, Atarbekov le convoqua et lui remit un papier certifiant que les Ignatieff pouvaient continuer à vivre à Kislovodsk sans être inquiétés. En compagnie des prisonniers dont il avait exigé la libération comme préalable à la sienne, il fut relâché et prit le train pour Kislovodsk. En fin d'après-midi, au terme de quarante-huit heures de détention, il se retrouva chez lui, dans la maison familiale. Peggy Meadowcroft lui offrit une cigarette «pour lui redonner des forces»: c'était la première fois de sa vie qu'il en allumait une et ses enfants le revoient encore, hagard et décharné, dans sa capote et cigarette au bec, debout dans la lumière déclinante du corridor de leur villa, rue Bayazetskaya... De toute sa vie — raconte Dima —, ce fut l'heure la plus précieuse.

Le lendemain, Natasha faisait des courses dans l'allée Vinogradnaya quand elle remarqua l'air horrifié d'un homme qui lisait le journal. Elle s'approcha et se pencha sur ce qu'il lui montrait: c'était une colonne de cent quarante noms, la liste de tous les prisonniers blancs tombés sous les balles des pelotons d'exécution rouges sur les pentes du mont Mashouk, à la périphérie de Piatigorsk. Parmi les noms cités, elle lut ceux des deux généraux en compagnie desquels Paul avait pris ses bains de boue deux semaines plus tôt. Figuraient également sur cette liste les socialistes-révolutionnaires, ceux-là mêmes qui chantaient, dans le wagon où Paul était confiné, «Nous tombons, victimes de ce fatal combat», et la presque totalité de ces hommes tremblants de peur qui lui avaient offert le seul fauteuil de la salle de prison de Piatigorsk. Socialistes ou tsaristes, on les avait tous jetés dans le même fossé, presque à ras du sol; vers le milieu de la colonne, Natasha vit aussi le nom de Paul.

Deux jours après sa libération, la ville changea de main. Redescendus des hauteurs, les cosaques de Chkouro occupèrent Kislovodsk. Nick était en train de couper du bois dans la cour devant l'entrée lorsqu'un cosaque à la mine inquiétante, l'uniforme en lambeaux, frappa au portail et demanda s'il pouvait avoir quelque vêtement, des chemises ou un pantalon. Nick avait une nouvelle paire de culottes de cheval couleur kaki, coupée dans les ateliers de la famille. Il la lui donna en se rendant compte, mais trop tard, qu'il ne lui restait plus que la culotte courte qu'il portait; et pendant que le cosaque, adossé au portail, posait le pantalon par-dessus ses jambes loqueteuses, il lui demanda quelle sorte de gouvernement les armées blanches allaient mettre en place, une fois qu'elles auraient pris Moscou. Allait-on restaurer la monarchie?

«Au diable la monarchie! s'écria-t-il. Quand nous aurons fini avec ces diables de bolcheviks, nous couperons la gorge de ces sangsues d'aristocrates!» Sur ces mots, il enfourcha son cheval et disparut, le pantalon sous le bras.

Des semaines passèrent et un jour où les grands garçons étaient partis en balade avec Peggy Meadowcroft dans les collines avoisinantes desséchées par le soleil, ils tombèrent sur des montagnards caucasiens qui leur firent savoir que les Rouges étaient sur le point de reprendre la ville. Les garçons voulurent savoir ce qui allait se passer après le retour des Rouges. Sous leurs bonnets à poils, les hommes grimacèrent un sourire qui fendit leurs visages et, de la pointe de leurs poignards, firent mine de tirer un trait sur la gorge des jeunes gens. En fin de compte, ils rentrèrent chez eux sains et saufs, mais déjà résonnaient les salves d'une batterie rouge qui martelait les abords de la ville depuis les hauteurs du mont Coffin, pendant que l'artillerie blanche ripostait en envoyant dans le ciel des colonnes de terre arrachées au flanc de la montagne. Dans l'après-midi, Nick escalada le mur du jardin et gravit furtivement la colline pour mieux voir le spectacle. Couché dans l'herbe brûlée et sentant sous son corps la terre encore chaude des dernières ardeurs de l'automne, il observa la ligne mouvante d'un combat qui se déroulait à une dizaine de kilomètres, dans des prairies s'étendant au-dessus de la ville. Des panaches de fumée blanche sortaient des canons, des corps s'élançaient, tombaient et ne se relevaient plus. Il avait l'impression d'être devant une toile, dans un musée.

Non loin de là, une mitrailleuse se mit à crépiter; du coup, il battit en retraite et escalada à nouveau le mur pour retrouver l'abri de la maison. Des éclats d'obus s'abattaient déjà sur les rues avoisinantes: maintenant c'était la gare que les Rouges bombardaient et bientôt la rue Hludovskaya, qui longeait l'extrémité du jardin, fut pleine de gens affolés, de familles de Blancs cherchant refuge dans les hauteurs. Dans cette foule se trouvait aussi Pierre, le frère de Natasha, qui avait laissé sa famille derrière lui pour rejoindre les forces du colonel Chkouro.

Paul était trop souffrant pour quitter la maison et d'ailleurs, il n'avait pas confiance en Chkouro ni en aucun autre Blanc; de sorte que toute l'après-midi, la famille resta plantée devant la fenêtre à regarder défiler en silence les réfugiés qui avançaient, jusqu'à ce que leur colonne disparût au loin dans un nuage de poussière. Au crépuscule, la cavalerie blanche des cosaques battit en retraite devant la progression de l'Armée rouge. De la véranda, les enfants pouvaient voir les petites nuages écarlates des obus qui éclataient sur l'essaim des civils en fuite. Dans cette ville suspendue dans l'attente de l'invasion, Paul, Natasha et leurs enfants se mirent à table pour dîner dans le noir; et quand la nuit fut tombée, ils entendirent gronder dans le lointain le train blindé des Rouges qui entrait en gare, tandis que de la ville, en contrebas, montait l'écho diffus d'un orchestre jouant *L'Internationale*.

Après cela, durant toute la période de l'occupation rouge, d'octobre 1918 à la fin janvier 1919, ils crurent vivre un cauchemar où se mêlent perquisitions, rumeurs, tortures de la faim et rigueurs du froid. À dix-sept reprises, des bandes armées mirent la maison sens dessus dessous à la recherche d'armes ou d'articles de contrebande, de bijoux, de nourriture ou de combustible. La famille parvint à cacher certains objets dans le piano droit de Peggy Meadowcroft. Celle-ci ficha un drapeau anglais sur la porte de sa chambre, et quand les soudards faisaient mine d'y pénétrer, elle se plantait devant en clamant, dans son russe mâtiné de l'accent de Putney, que cette pièce était territoire britannique et qu'ils n'avaient pas le droit d'y entrer. Après quoi, elle se mettait au piano et entonnait en s'accompagnant «*It's a Long Long Way to Tipperary*» pour remonter le moral de la famille. Tout ce qu'il y avait de précieux, les bijoux, l'argent sauvegardé et les rapports au tsar, était caché en lieu sûr, dans le pot enfoui sous les lattes du plancher de la salle de bains; toutefois, après la seizième «visite», il ne resta plus rien des livres, des icônes, du linge et de l'argenterie. Chaque fois qu'on pensait en avoir fini, ils revenaient, enfermaient tout le monde dans les chambres et recommençaient une fois de plus.

Après avoir emporté tout ce qu'ils trouvaient, ces hommes affamés et en haillons revinrent encore une fois — la dix-septième. Ils vidèrent le contenu des commodes et des placards des chambres d'enfants dans des draps et en firent des ballots. Ils s'apprêtaient à partir quand Natasha les supplia de laisser au moins les chaussures des enfants. Un des hommes se tourna vers elle et dit, en la regardant froidement dans les yeux, qu'il lui semblait que la citoyenne n'avait rien compris: ses enfants à lui n'avaient jamais eu de chaussures.

Petit à petit s'effritaient les anciens piliers de l'organisation ménagère, cuisiniers, bonnes, laquais et valets. Koulakoff le majordome ne chercha plus à dissimuler ses sympathies pour les bolcheviks et on dut le renvoyer. Du cuisinier, Natasha dit qu'«il se conduisit d'une manière ignoble» avec Katia, la femme de chambre des dames, et qu'il l'engrossa. Ce couple aussi prit la porte, mais il demeura en ville et Natasha continua à voir Katia pour lui demander de l'aide et des conseils. Parti en voyage dans le nord du pays, l'un des précepteurs revint transformé: il était devenu, selon Natasha, «un homme des bois, un vrai primitif, tout sale et couvert de poils, un bolchevik intégral, au physique comme au moral». Naturellement, on l'invita à refaire sa valise et bientôt, de tout le personnel amené de Petrograd, il ne resta plus qu'une poignée de domestiques.

George, le petit dernier, traversa la révolution sous l'aile de sa nurse Mania, qui l'avait élevé dès le berceau. Elle avait surveillé ses premiers pas dans le sombre jardin de la villa de Tsarskoïe, étendu de blanches serviettes de lin sur les banquettes du train pour le préserver de la suie au cours du voyage vers le sud, elle lui avait fait mettre l'uniforme des cosaques pour qu'on le prenne en photo et avait passé la nuit à son chevet quand les hommes étaient venus chercher son père. C'était une paysanne de Sibérie, une fille mince aux yeux bruns, d'un dévouement à toute épreuve: elle en était venue à croire que George était son propre fils.

Une nuit d'hiver de la fin 1918, Mania fut congédiée et priée de quitter la villa sur-le-champ pendant que George, alors âgé de six ans, dormait encore. Mais quand, le lendemain matin, il se réveilla et qu'au lieu de Mania, il vit se pencher sur lui le précepteur qui voulait le tirer du lit, il s'agrippa aux montants comme si sa vie en dépendait. On réussit à l'en arracher, mais dans la lutte, il se cogna la tête contre un barreau et perdit connaissance. Encore terrifié et tout endolori, il reprit ses esprits dans la chambre de Peggy et s'entendit dire par elle qu'il était maintenant un grand garçon et devait apprendre à se débrouiller sans sa Mania.

Propulsé hors des murs de sa nursery, il se rendit compte alors que le monde ne s'arrêtait pas au portail de la villa. C'est après le départ de Mania que les premières images de l'horreur s'imprimèrent dans sa mémoire. De la fenêtre de la maison, il vit passer devant le portail un homme dont les jambes avaient été attachées à l'échine d'un cheval. Il hurlait tandis que son ravisseur chevauchant la bête le traînait dans la rue poussiéreuse, sans même se retourner sur sa proie.

C'est aussi à l'automne de cette année-là, 1918, que les garçons prirent conscience du changement qui s'était opéré chez leur mère à la suite des événements. Elle n'était plus la femme fragile et introvertie, hésitante et parfois ridicule qu'ils avaient connue durant leur enfance à Petrograd. Les tribulations l'avaient trempée. Dans les heures qui avaient suivi l'arrestation de son mari, elle avait agi en tigresse féroce, intrépide et tenace. Maintenant que le personnel était réduit à sa plus simple expression, c'est elle qui prenait la maison en charge. Toutes les années qu'elle avait vécues jusqu'alors, elle ne s'était même pas donné la peine de faire bouillir de l'eau. À présent, elle quittait la maison de bon matin dans un manteau noir tout fripé, les cheveux ramassés à la diable sous un fichu de paysanne, pour aller faire la queue chez le boulanger et acheter des miches d'un pain friable à base de maïs, de farine de pommes de terre et de son. Un des garçons l'accompagnait parfois quand elle montait dans les villages marchander de la viande de mouton, du saindoux et du miel. Elle était devenue astucieuse, rouée, retorse; et elle ne se plaignait jamais de son sort.

Elle n'éprouvait que du mépris pour certains de ses parents qui, en ville, jouaient aux cartes avec les commissaires rouges et offraient du thé et des sandwichs aux individus qui, sous prétexte de perquisition, venaient piller leur maison. La rage qui l'habitait, son horreur des abus la libéraient de toute crainte. Le jour où ils voulurent s'emparer des vêtements des enfants, elle leur cria à la figure, et quand ils emportèrent le sceau aux armes de la famille de son mari ainsi que *L'Histoire de l'État russe* de Karamzine, elle se précipita au quartier général des bolcheviks pour exiger leur restitution. Les commissaires la menacèrent de la jeter en prison si elle ne disparaissait pas sur-le-champ, mais elle les mit au défi de le faire. Tout le monde en était surpris, elle la première et ses enfants aussi. Ils savaient que deux choses la terrorisaient: les souris et les orages; à part ça, rien ne l'arrêtait.

En novembre 1918, quand l'hiver s'annonça, les garçons aidèrent le jardinier Vaclav à abattre les peupliers du jardin pour en faire du bois de chauffage. Afin de se protéger du froid, ils enfournèrent dans les poêles ce bois encore vert. La maison s'emplit de fumée et de la glace se forma dans les fissures. Les enfants enfilèrent tous les vêtements qui leur restaient et de vieilles bottes de l'armée enveloppées dans des

259

sacs de pommes de terre. Jour après jour, les miches de pain s'amenuisaient, moisissaient et empestaient davantage. Tout l'argent était parti, et la famille en fut réduite à se nourrir des fruits du verger, de pain moisi et de bouillon de mouton. Les enfants commençaient à être tenaillés par la faim et Vaclav s'en rendit compte. Il y avait, dans la remise, un petit coffret dans lequel il cachait ses sous. Il alla y prendre une liasse de roubles de Kerensky qu'il offrit au comte. Paul ne put que les accepter, les yeux pleins de larmes.

Revenus en force, les Blancs assiégèrent les villes d'eaux et chaque jour les vitres tremblaient sous le pilonnage des duels d'artillerie dans la montagne. Alec et Dima eurent alors l'idée de faire paraître un petit journal qu'ils vendirent à leurs voisins. Au bout de quelques semaines, rédigeant un article pour la une, Alec l'intitula «Coups de feu dans la nuit d'hier». Dima le parcourut et lui dit qu'il ne deviendrait jamais un bon journaliste: quelle sorte de nouvelle était-ce là? Des coups de feu, il y en avait tous les soirs.

Bien loin à l'ouest, pendant ce temps, le rideau tombait sur le dernier acte de la Grande Guerre. À la nouvelle de l'armistice, Paul et Natasha pensèrent tout d'abord que les Alliés auraient maintenant les mains libres pour soutenir davantage l'effort de guerre des Blancs. Comptant que ceux-ci sauraient se montrer magnanimes, ils attendaient d'heure en heure leur délivrance. Mais Noël arriva et dans l'obscurité enfumée de la maison, Paul et Peggy s'efforcèrent, à la lueur des chandelles, de tracer l'itinéraire de leur fuite éventuelle vers le sud en empruntant la route des montagnes jusqu'en Perse. Cette veille de Noël 1918 fut sinistre: réunis dans la salle à manger pour l'office vespéral, ils suivaient les prières que récitait le père Naoum, le pope de l'endroit, tandis que Paul psalmodiait les réponses d'une voix faible et mal assurée.

Un mois plus tard, un soir de janvier 1919, ils étaient encore réunis pour les vêpres lorsqu'un voisin entra chez eux en trombe pour leur annoncer que les armées blanches du général Wrangel avaient reconquis la ville. La délivrance qu'ils attendaient se signala par un assaut de représailles révoltant: hommes, femmes, enfants, tous ceux qui battaient en retraite à l'arrière de l'Armée rouge furent massacrés indistinctement sur les routes neigeuses de Stavropol. Non contents de cela, les Blancs dressèrent une potence en pleine rue Hludovskaya, à portée de vue de la villa, et ils y pendirent Xenia Gueh, l'épouse du commissaire bolchevik francophone de Piatigorsk, ainsi que son amant, un Blanc qui avait tenté de l'aider à fuir au moment où l'Armée blanche encerclait l'hôtel National. Le jour de l'exécution, Paul entra dans la chambre des enfants et tira les volets pour les empêcher d'assister au spectacle. Ils regardèrent quand même et virent les

cadavres tournoyer au gré du vent, la tête recouverte d'une cagoule et le mot «Traître» inscrit sur une pancarte suspendue à leur cou.

Du fait que Paul avait survécu au massacre
de Piatigorsk, qu'il avait refusé d'accompagner
Chkouro dans sa fuite et traversé sans en-
combre le régime des Rouges, les Ignatieff parurent suspects aux yeux des Blancs réinstallés
au pouvoir. Les autorités arrêtèrent le professeur Nechaeff, ce personnage plutôt candide,
sous prétexte qu'il collaborait avec les Rouges,
et quand Paul alla demander au nouveau chef
de la police secrète qu'il le relâche, celui-ci le
menaça de le faire arrêter à son tour. «Essayez
seulement», répondit froidement Paul.

Pour diriger la partie du Caucase qu'il contrôlait, la général Dénikine avait mis en place
une administration qui comprenait une seule
femme ministre, la comtesse Panine. Celle-ci
vint trouver Paul et lui proposa le ministère de
l'Agriculture dans le gouvernement qu'ils
étaient certains de constituer au printemps, au
moment où Moscou tomberait entre leurs
mains. Le ministre pressenti s'enquit du genre
de politique qu'ils comptaient adopter à l'égard
des paysans. La comtesse répondit que les
terres saisies seraient rendues à leurs propriétaires, car, ajouta-t-elle, «nous ne saurions tolé-
rer une telle anarchie et consacrer le triomphe
des détourneurs de biens». Paul rétorqua froidement: «Ainsi, de la révolution nous ne retien-
drions que ce qui nous convient?» Et il refusa

d'avoir à faire quoi que ce soit avec l'administration Dénikine.

Début février, Paul, qui était talonné par l'hostilité des Blancs mais craignait aussi le retour des Rouges, se dit qu'il était temps de mettre sa famille en lieu sûr. Il pensa d'abord à la Crimée, mais le contrôle que les Blancs exerçaient sur Odessa commençait à leur échapper. Puis il apprit que des agents du Renseignement britannique étaient arrivés à Kislovodsk avec l'armée de Dénikine, venant du port de Novorossisk, à cent soixante kilomètres de là sur la mer Noire. Peggy les rencontra et, comme ils repartaient pour Novorossisk, elle fit le trajet avec eux pour y trouver un bateau. À son retour, elle annonça à la famille qu'il y avait effectivement un croiseur anglais et un navire ravitailleur et que celui-ci pourrait peut-être les prendre à son bord.

Il fallait d'abord que la famille échappât aux griffes des Blancs. La Croix-Rouge russe mit à leur disposition un wagon de chemin de fer, mais il fut intercepté par la police blanche de la région; puis le gouvernement Dénikine accepta de leur envoyer une voiture pour les conduire jusqu'à Novorossisk, mais cette voiture n'arriva jamais. Déjà fin janvier, les Rouges occupaient les collines bordant la ville et dynamitaient les rails en divers endroits. Toute la région entre les villes thermales et la mer Noire était dévastée et partout sévissaient le typhus et la variole. Mais dans cette conjoncture la

chance ne les abandonna pas: l'épouse du
général Wrangel, qui était venue à Kislovodsk
se rétablir d'une attaque de typhus, accepta de
mettre à leur disposition le wagon privé du
général.

Le départ eut lieu par une soirée glaciale
de février. Tandis que les enfants se mettaient
sur le dos tous les vêtements qui restaient, les
parents emballaient en toute hâte, dans la
vieille malle «reliquaire» du trousseau, leurs
derniers biens, les bijoux et l'argent récupéré
du pot en terre. Ils firent leurs adieux au père
Naoum, à Koulakoff, à Katia et à Vaclav, qui
tenait encore à la main l'argent que Paul avait
réussi à lui rembourser. Les uns et les autres
savaient qu'ils ne se reverraient plus jamais. Le
wagon était plongé dans le noir, garnitures et
rembourrages avaient été arrachés et la bise sif-
flait par les vitres brisées. Le train était bondé
de réfugiés en fuite, et quand il prit de la vitesse, une voix obsédante de baryton s'éleva
dans l'obscurité et des ombres reprirent le
chant à l'unisson jusqu'à ce que le train entier
ne fût plus qu'une seule voix, vibrant dans la
nuit enneigée.

En temps normal, la distance aurait été
couverte en une demi-journée. Le voyage dura
trois jours. Le train peinait à travers une campagne plate et désolée, jalonnée çà et là de
cadavres gelés, de wagons abandonnés, de chevaux de l'armée que la mort avait raidis en plein
élan. La famille était déjà passée autrefois par

la gare de Mineralni Vodi, qu'égayaient alors de nombreuses paysannes aux fichus bariolés et aux paniers pleins de fruits; mais cette fois, le quai regorgeait de réfugiés transis et affamés, les yeux fixés sur le visage blanc et bouleversé des enfants Ignatieff qui les contemplaient de la tiédeur de leur wagon. Pire encore était le spectacle qui s'offrait de l'autre côté à la vue des garçons: sur la voie adjacente, il y avait un convoi de plates-formes où s'empilaient les cadavres de victimes du typhus recouverts d'un manteau de neige.

Arrivés à Novorossisk, les Ignatieff louèrent des chambres dans la maison d'un marchand qui donnait sur le port et Peggy se chargea de prendre contact avec l'équipage des deux vaisseaux anglais, le croiseur *Grafton* et le vieux vapeur *Huanchaco*, que l'amirauté avait remis en service pour le transport des troupes. Ces navires amarrés dans le port avaient pour mission de ravitailler les armées blanches et de leur assurer l'aide et les fournitures dont elles avaient besoin. En attendant de pouvoir embarquer, les Ignatieff assistèrent à d'autres abus commis par les Blancs. De la fenêtre des chambres qu'ils avaient louées, Nick vit une cohorte de prisonniers rouges poussés dans la rue, «fantômes hâves et à peine humains, squelettes ambulants», tandis que des officiers blancs escaladaient le trottoir à cheval et forçaient les passants à saluer, tête nue, l'aigle impérial. Dégoûté par un tel spectacle, Paul alla tirer les rideaux. Bientôt d'Odessa leur parvint la rumeur, qui se confirma par la suite, que des commandants de l'Armée blanche battant en retraite faisaient monter des soldats rouges sur des péniches qu'on remorquait au large et qu'on faisait couler ensuite en pleine mer Noire. Prise entre deux feux, entre les assauts d'atrocités des Rouges et des Blancs, la famille n'eut plus qu'une seule idée en tête: gagner le large.

Le salut des Ignatieff était à portée de main, sur ces navires ancrés dans le port. Descendue sur le quai, Peggy se mit à exercer ses charmes sur l'équipage, et c'est ainsi que des officiers de la marine de Sa Majesté vinrent faire la cour à leur compatriote sur le sofa, pendant que la famille restait tapie derrière les portes closes des chambres étroites. La nuit, quand on craignait que des bandits descendus des hauteurs voisines se livrent à des incursions en ville, le *Grafton* manœuvrait ses projecteurs sur leur maison afin de les protéger. Au moment de se coucher, les garçons voyaient des stries de lumière passer par les persiennes et balayer les solives du plafond de leur chambre. Leur salut était aussi proche que la source de ces rayons, mais avant que les Anglais ne les admettent à leur bord, il fallait que les Blancs acceptent de leur délivrer des visas de sortie. Février passa et bientôt ce fut mars. Le vent hurlait le long des quais, et toujours pas de visas. La Crimée était tombée aux mains des

Rouges et leurs armées convergeaient vers Novorossisk. Pris de panique, des réfugiés et des unités de l'Armée blanche en pleine débandade refluaient vers le port. Exacerbée par la terreur, la clameur des fuyards qui voulaient une place sur les bateaux anglais se fit plus véhémente. Quant à Paul, acculé, il se départit de la moitié de ses intérêts dans son complexe industriel. Il les vendit à quatre marchands moscovites qui se frottèrent les mains de cette bonne affaire que sa détresse l'avait contraint à conclure. À ce moment-là, la dépression qui minait Paul gagna également Natasha.

C'est Peggy qui se décida à agir. Un train de troupes, d'une saleté repoussante, quittait justement Novorossisk pour Ekaterinadar, ville où l'on délivrait les visas. Elle y monte et pendant douze heures, s'efforce de repousser les avances des soldats qui l'entourent. Elle arrive finalement au quartier général des Blancs dans un état d'exaspération peu commun. Sidérés par cette infatigable bonne femme, cette luronne anglaise qui les apostrophe en russe, les fonctionnaires blancs capitulent; et bientôt, la voici de retour à Novorossisk, triomphante, brandissant les autorisations requises... Entretemps, un certain Hough, officier à bord du *Huanchaco*, s'était épris d'elle et l'avait engagée, en privé, à quitter la famille pour partir avec lui. Mais elle avait refusé, alléguant qu'elle s'était promis d'inscrire les garçons dans de bonnes écoles en Angleterre; c'est ce Mister

Hough qui s'occupera de trouver une place sur son bateau pour toute la famille.

Finalement, un matin du mois de mai, un camion débarqué du *Huanchaco* vint charger la seule et unique malle qui leur restât. Peu après, Hough en personne vint leur annoncer que le bateau était sur le point de lever l'ancre. En plein *Te Deum*, les Ignatieff chantaient en chœur dans le salon et récitaient les prières qui préludent aux grands départs. Il patienta un moment dans le vestibule, casquette à la main, jusqu'à ce que, n'en pouvant plus, il glissât à l'oreille de Peggy qu'il était temps de partir. On apporta un brancard pour Paul qui se sentait trop faible pour marcher. La famille prit une voiture jusqu'au quai et gravit la passerelle. À la tombée de la nuit, le bateau leva l'ancre, tandis qu'ils se tenaient tous sur la lisse, à la poupe du navire, pour voir disparaître sur la crête des vagues les derniers contours de leur horizon russe.

Trois semaines durant, le *Huanchaco* sillonna la mer Noire. Première escale: Batoum, où les garçons virent une troupe de Sikhs de l'armée anglaise stationnée en Turquie se démener pour faire monter à bord un chargement de mulets en les pourchassant de tous côtés à coups de trique. Ils appareillèrent ensuite pour Constantza, port de Roumanie, où les mulets furent débarqués. Les garçons mirent leur savoir à l'épreuve en s'entretenant avec les marins dans la langue de Shakespeare, et ceux-ci leur donnèrent des diminutifs anglais qu'ils devaient conserver toute leur existence: Jim, Nick, Alec, Lino et Georgy. C'est alors qu'ils remarquèrent que Peggy avait cessé d'appeler leurs parents comte et comtesse. Pour la première fois de leur vie, ceux-ci n'étaient plus que Paul et Natasha. La chose ne parut pas déranger leur père outre mesure, mais leur mère se raidissait chaque fois que Peggy ouvrait la bouche.

De Constantza, le bateau poursuivit sa route jusqu'à Varna, en Bulgarie. Comme les Bulgares avaient pris le parti des Allemands et s'étaient battus contre les Russes, Paul ne permit pas à ses enfants de descendre à terre. Ils voyaient pourtant du bateau de belles plages de sable où des enfants s'ébattaient, et Paul savait que sur la place principale s'élevait une statue de son père, érigée en l'honneur de celui que l'on considérait comme le fondateur de la Bulgarie moderne. Quand on apprit en ville que le fils du comte Nicolas Ignatieff, l'homme qui avait libéré la Bulgarie du joug turc en 1877, se trouvait à bord, le maire se présenta, accompagné d'une délégation de citoyens, pour l'inviter à descendre. «Vos baïonnettes ont-elles eu le temps de sécher?» lui demanda Paul. Confus, les yeux baissés, le maire le pria de pardonner à la Bulgarie, et Paul condescendit à débarquer avec sa famille. Ainsi, l'expatrié entouré des siens put contempler une dernière fois son géniteur, figé à l'apogée de sa gloire impériale et surveillant la place de son regard aveugle.

Le dernier matin de ce périple, comme le *Huanchaco* approchait de Constantinople et s'engageait dans le Bosphore, des agents des services de renseignements anglais et français montèrent à bord et demandèrent à Paul où il était né. Jetant un regard par le hublot, il répondit calmement: «À Constantinople.» Ils prirent cela pour une plaisanterie, mais Paul les assura qu'il parlait tout à fait sérieusement. Au même instant, le bateau passa sous les murs d'un blanc étincelant de la résidence d'été de l'ambassadeur de Russie, perchée sur le promontoire de Bouyouk Dere. Mêlé à ces réfugiés qui faisaient la queue, Paul, levant les yeux, pouvait désigner du doigt, au deuxième étage, la fenêtre de la chambre où il avait vu le jour.

VIII

Au loin, en de sauvages contrées

Pendant que sa famille l'attendait à bord du
Huanchaco dans le port de Constantinople,
Paul gagna la colline où s'élevait l'ambassade
de Russie, dans l'espoir de se faire délivrer les
papiers dont ils avaient besoin pour poursuivre
leur voyage jusqu'en Angleterre. Arrivé à l'ambassade, il découvrit que le portier était le fils
de l'homme qui remplissait cette charge quand
lui-même était enfant. Celui-ci lui apprit que
l'ambassade était occupée par des représentants du gouvernement blanc que Dénikine
avait installé en Russie méridionale, des gens
guère recommandables. «Si j'étais à votre place,
ajouta le portier, je n'entrerais pas ici. Allez plutôt voir le consul général, c'est un homme de
la vieille école, et laissez-le parler d'abord aux
gens de Dénikine.» Paul suivit ce conseil et,
après avoir rencontré le consul général, il retourna à l'ambassade en sa compagnie. Là, il

271

s'installa dans le grand vestibule pendant que le consul discutait avec le représentant de Dénikine dans une pièce qui avait été autrefois le bureau de son père. Mais il n'eut pas long-temps à attendre: furieux, le consul en ressor-tait en grommelant que son interlocuteur avait refusé son aide en disant: «Je ne sais pas encore si la présence d'Ignatieff en Europe est souhai-table.»

Découragé et épuisé, Paul redescendit au port en toute hâte pour découvrir que sa fa-mille avait été débarquée sur le quai et que, au loin, sur les eaux, se profilait le *Huanchaco*. Il s'assit sur la malle et chargea Natasha de leur trouver des chambres pour la nuit. Tandis qu'elle courait les meublés lépreux, Peggy et les garçons arpentaient tristement le quai en-combré de marchands levantins et de débar-deurs turcs qui manipulaient des cartons, des caisses et des barils. Les trois semaines passées à bord du navire avaient retardé le choc de l'exil. Il les frappait à présent de plein fouet. Natasha revint après qu'un Français rencontré sur sa route lui eut promis une chambre; mais quand ils arrivèrent à la pension, la gérante française jeta un simple coup d'œil sur cette famille miséreuse et rejeta froidement tout le groupe à la rue. Traînant d'un hôtel borgne à un autre, ils finirent par trouver des chambres, à la tombée de la nuit, dans une pension mi-nable et grouillant de vermine, tenue par une Arménienne au grand cœur et au visage contusionné par les coups que son mari lui assenait. Pour dîner, ils se contentèrent d'un bouillon gras et de gousses de caroube cueillies sur les arbres qu'ils voyaient de leur fenêtre, puis ils se couchèrent comme ils purent, à huit dans les deux chambres. George dormit sur une commode. C'est ainsi qu'ils passèrent leurs premières nuits d'exil.

Lorsque le consul général apprit où ils logeaient, il eut pitié d'eux et les hébergea dans son propre appartement. En faisant jouer ses relations auprès du gouvernement provisoire russe en exil à Paris, Paul parvint bientôt à arracher au représentant de Dénikine les papiers dont il avait besoin. Comme l'Angleterre refusait toujours de les accueillir, il s'adressa aux Français et réussit à obtenir un visa. Mais il fallait attendre des semaines avant de trouver un bateau; et quand Paul voulut changer au marché noir les derniers roubles qui lui restaient, on lui vola son portefeuille, et la famille serait morte de faim sans la générosité d'un de leurs amis réfugié. Cet exécrable séjour à Constantinople ne se termina qu'à la fin de juin 1919, lorsqu'ils embarquèrent enfin à destination de la France sur le *Flandre*, un paquebot encore tout crasseux d'avoir servi au transport de troupes. Débarquant à Marseille, ils trouvèrent le chemin de la gare et montèrent dans un train pour Paris bondé de poilus démobilisés qui fêtaient leur retour au foyer. Au milieu de ces soldats en goguette était assise la famille

Ignatieff — plus Peggy Meadowcroft. Ils n'avaient plus un sou vaillant.

À Paris, gare de Lyon, les attendait le colonel Alexis Ignatieff, cousin de Paul, celui qui avait été attaché militaire pendant la guerre et dont le père avait été abattu à bout portant quand il était gouverneur de Tver en 1906. Fonçant à toute allure à travers Paris, il les conduisit à l'élégant appartement de Saint-Cloud qu'il partageait avec sa maîtresse, une danseuse de ballet, puis il laissa l'appétit des garçons se déchaîner sur un festin gargantuesque à la russe. Après une année de privations, la profusion de *koulebiaka*, de *koulitch*, de *blini* et de *kissel* leur apparut comme une promesse de libération. Oncle Alyosha, comme l'appelaient les enfants, les combla du récit de ses aventures: il leur raconta comment il avait étouffé une révolte des troupes russes qu'on avait envoyées se battre avec les Français sur le front ouest en 1916. Il leur décrivit ses rencontres avec Clémenceau, Joffre, Foch et tous les grands hommes de cette guerre. Plusieurs jours passèrent avant que la famille ne se rende compte que le cher cousin était l'homme le plus haï de toute la communauté russe en exil. En sa qualité d'attaché militaire, il s'était vu confier d'importantes sommes d'argent destinées à l'achat de matériel et fournitures de l'armée auprès des manufactures d'armes françaises. En novembre 1917, il avait retourné sa veste et s'était mis au service de Lénine, l'aidant ainsi à se procurer des munitions pour les armées rouges. En agissant de la sorte, Alyosha cherchait surtout à régler un vieux compte. Il croyait en effet que l'assassinat de son père n'était pas imputable aux socialistes-révolutionnaires, mais avait été télécommandé par la police secrète du tsar qui voulait l'éliminer parce qu'il s'était opposé aux concessions faites par le souverain à la suite de la révolution de 1905. Alyosha s'estimait libre de trahir un régime qui l'avait d'abord trahi lui-même. Mis au ban de toute la communauté des Russes émigrés et suspect aux yeux des commissaires qui occupaient à présent l'ambassade de Russie, il dut certainement se réjouir de voir son cousin Paul, d'autant plus que celui-ci avait des raisons personnelles de se méfier des divers gouvernements blancs en exil. Il installa donc la famille dans une modeste pension, en attendant qu'elle obtienne des visas pour l'Angleterre.

Natasha décida de s'inscrire à une école ménagère pour apprendre à cuisiner et pouvoir nourrir sa famille. C'est ainsi qu'elle entra à l'école du Cordon bleu, la seule dont elle eût jamais entendu parler, sans s'inquiéter de savoir ce que lui coûteraient ses leçons. Au cours de la première, elle apprit à préparer un risotto, et au cours de la seconde, des marrons glacés. Il n'y eut pas de troisième leçon, car elle ne put s'offrir d'autres cours, et ces deux «plats» devinrent le fastidieux ordinaire de la famille.

Normalement les Ignatieff auraient dû s'installer à Paris, qui était alors la capitale des émigrés russes. La Croix-Rouge russe, elle-même en exil, y avait établi son siège et Paul en était le président. En outre, le français était la seconde langue de Paul. Pourtant, il était décidé à se rendre en Angleterre, car il savait qu'un courtier de Liverpool lui devait de l'argent pour une affaire concernant des livraisons de coton destinées à ses filatures moscovites. S'il réussissait à retrouver cet homme d'affaires et à lui faire honorer ses engagements, ses problèmes d'argent seraient résolus. Par ailleurs, il tenait en haute estime l'éducation anglaise et il était décidé, tout comme Peggy, à inscrire ses enfants dans une bonne école de ce pays. Ces deux années de guerre civile ne s'étaient pas seulement traduites par une interruption de leurs études. Paul craignait qu'elles n'aient fait de Nick un sympathisant des bolcheviks. En donnant à ses enfants une stricte éducation anglaise, il parviendrait à les transformer en véritables *gentlemen* et à les vacciner contre les excès de la politique. Tel était l'avis de Paul; quant à Natasha et à ce qu'elle pensait de ce projet — et surtout de l'influence croissante de Peggy sur son mari —, on ne saurait le dire, car elle n'en parla à personne.

Les Ignatieff arrivèrent à Londres fin juillet 1919 et logèrent chez la mère de Peggy, dans l'appartement qu'elle occupait dans une construction en terrasses à trois étages de style victorien tardif, au numéro 10A, Oxford Road, Putney, à moins de deux kilomètres de Putney Bridge. Peggy s'installa dans la chambre de sa mère, laissant la sienne à Paul et Natasha; quant aux enfants, ils bivouaquèrent sous les tuiles du grenier. Pour les garçons, l'été ne dut pas être très réjouissant: ils s'en allaient en reconnaissance dans les rues de Putney, sentant de lourds regards se poser sur eux derrière les rideaux de dentelle, tandis qu'ils se forçaient à sortir quelques phrases d'anglais dans les cafés et les confiseries. Ce logis étriqué du 10A, Oxford Road était plutôt déprimant; entre deux clôtures s'enserrait un modeste jardinet anglais où Peggy leur demandait de poser devant son Brownie. Sur les photos de cette époque, on voit les aînés figés au garde-à-vous dans leurs costumes anglais tout neufs, mal à l'aise avec leurs cols glacés style Eton, leurs bras plaqués tout raides contre leurs flancs, et le revers de leurs pantalons couvrant les boutons de leurs bottines. Les cadets sont habillés en marins, avec des culottes courtes leur descendant aux genoux et des casquettes sport sur les rubans desquelles s'étalent les noms des navires de guerre de la Royal Navy. À cette époque, Peggy avait réussi à leur apprendre leur premier hymne anglais, le *Rule Britannia.*

En cet été de solitude, George, le plus jeune, avait six ans. Peu de temps après son arrivée à Londres, la famille se rendit dans une église orthodoxe russe, quelque part derrière

Victoria Station, et assista, debout, à un interminable office du dimanche auquel la mère du tsar, l'impératrice douairière, était présente. Dans cette ambiance surchauffée, étouffante, George commença à tourner de l'œil. De vieilles dames faisaient la tournée des cierges brûlant devant les icônes et mouchaient d'un geste preste ceux qui achevaient de se consumer, en pinçant leur dernier souffle de vie entre le pouce et l'index. Le prêtre balançait l'encensoir, des volutes d'encens montaient vers l'autel, le chœur psalmodiait et George sentait ses jambes se dérober sous lui. Quelqu'un le souleva et le porta à l'extérieur. Il revint à lui dans une superbe voiture incrustée d'acajou, au milieu de coussins gris posés sur les sièges capitonnés de cuir. Un chauffeur en livrée éventait son visage de sa casquette. Il pensa d'abord qu'il était au paradis, puis il se crut à Petrograd, comme s'il n'avait jamais vécu ces terribles moments à Kislovodsk et à Constantinople. Mais il entendit la voix de sa mère qui expliquait qu'il souffrait encore des suites de sa malnutrition. Il comprit alors qu'il se trouvait bien à Londres, et tandis que ses frères l'observaient à travers les vitres de l'auto, sa mère lui dit qu'on l'avait installé dans la Rolls-Royce de l'impératrice douairière. Pendant tout ce temps, celle-ci était restée à l'intérieur de l'église, toujours debout, aussi droite et raide qu'elle l'était sur le pont arrière du HMS *Marlborough*, lorsque au début de l'été elle fixait des yeux, un mouchoir à la main, les côtes de Crimée qui s'estompaient au loin.

Plus tard, au cours du même été 1919, les cinq garçons et leur père assistèrent, mêlés à la foule, au défilé de la victoire. Paradant devant le palais de Buckingham, les armées alliées, le général Haig en tête, remontèrent Pall Mall en triomphe. Dans leurs rangs figuraient des contingents français et belges, mais pas un seul Russe, alors que des millions d'entre eux étaient tombés sur le front. Il n'en était plus question depuis Brest-Litovsk où, en mars 1918, les bolcheviks avaient conclu avec les Allemands un traité de paix séparé. À présent, la vieille Russie n'était plus qu'une alliée déchue, oubliée, alors que le nouveau régime des Soviets continuait à se battre contre d'autres divisions alliées, partout où la guerre civile faisait rage. Au milieu des clameurs de cette foule, dans ce déchaînement d'*Union Jacks* agités de tous côtés, la famille se sentit isolée, comme dans un monde à part. Les enfants avaient entendu Peggy dire un jour à leur père: «Ne l'oubliez pas, Paul, la Russie est une nation vaincue.» Eux-mêmes se considéraient une famille vaincue et Peggy se voyait comme leur salvatrice. D'ailleurs, elle le leur rappelait à tout bout de champ, et puisque Paul lui avait demandé de faire de ses enfants des gentlemen anglais, elle s'acquittait de cette tâche avec un zèle vengeur. Dans les chambrettes de l'appartement d'Oxford Road, les garçons étaient menés à la baguette: debout dès sept heures, ils ingurgitaient un solide petit déjeuner anglais, puis ils devaient aller rapidement à la selle s'ils ne voulaient pas être punis. Ils passaient ensuite à leurs leçons qui duraient un temps infini. Il leur était formellement interdit de frayer avec les gamins des rues et de jouer à quelque jeu que ce soit. À six heures du soir, c'était le dîner, après quoi ils étaient censés prendre leurs instruments de musique et jouer jusqu'à sept heures, moment de l'extinction des feux.

Pour guérir George de la sous-alimentation qui avait causé son évanouissement en pleine église, on fit appel à un pédiatre de Harley Street, le docteur Batteshaw, qui prescrivit un régime quotidien de bacon bien gras en tranches. Plantée derrière lui, Peggy s'assurait qu'il avalait sa ration jusqu'à la dernière bouchée, et s'il faisait mine de s'arrêter, elle aboyait dans ses oreilles: «Qu'est-ce que M. Batteshaw a dit? — Bien gras, Peggy», répondait-il, manquant de s'étouffer entre ses larmes et son bacon. Quant à Lionel, qui avait deux ans de plus que George, il gardait en permanence l'expression horrifiée qu'il prenait lorsqu'il avait fait une fausse note sur son violon et qu'il attendait le châtiment de Peggy: coups de règle sur les phalanges et obligation d'écrire cinquante fois dans son cahier d'exercices: *I am a naughty boy* (je suis un méchant garçon) — punition également suspendue au-dessus de la tête de ses frères. Ce qui, pour eux, était pire encore que ce redoutable régime, c'était de constater que leurs parents semblaient d'accord. Paul, du moins, avait l'air de l'approuver: les instructions données à Peggy ne laissaient aucun doute; quant à Natasha, elle ne disait mot, obsédée par l'inquiétude que lui inspirait la santé de son mari, et bien consciente, comme ils l'étaient tous, de la dépendance dans laquelle leur déchéance les plaçait vis-à-vis de leur *nanny*.

Ils avaient débarqué en Angleterre sans le sou, mais il y avait cette fameuse histoire du courtier de Liverpool qui devait à Paul quelque vingt-cinq mille livres sterling, somme qui correspondait à une livraison de coton égyptien, payée d'avance mais non expédiée à ses filatures en raison de la guerre. L'argent avait été déposé dans une banque anglaise. Un mois environ après son arrivée, Paul lisait le *Times* lorsqu'il tomba sur une annonce invitant le comte Ignatieff à entrer en contact avec la Midland Bank pour une affaire qui l'intéresserait. Il n'avait pas de papiers, aucune preuve d'identité, mais la chance voulut que, dans l'enceinte de la banque, il tombât sur son avocat de Moscou et, ensemble, ils purent prouver que cet argent lui appartenait bien.

L'automne et l'hiver suivants, Paul les passa dans une maison de repos pour tenter de se refaire une santé, tandis que Natasha, en quête d'une maison convenable, se lançait dans une tournée des agents immobiliers. Une école d'East Grinstead accueillit les aînés qui devaient préparer leurs examens d'entrée à St Paul's School. Voici quelques-uns des sujets qu'ils eurent à traiter: «Que font les éléphants dans un zoo?», «Les terminus des lignes de chemin de fer anglaises» et «L'esprit mercantile». Dima, alors âgé de quatorze ans, dut se lancer dans une dissertation sur les prophètes Élie et Moïse, Ézéchiel et Jérémie. Mais en dépit d'humiliations de ce genre et des piques de leurs camarades qui les traitaient de «sales petits rouges», les garçons ne tardèrent pas à maîtriser l'anglais et au printemps ils furent admis à St Paul's.

Natasha, entre-temps, avait fini par découvrir une ferme entre Hastings et Battle, sur la côte du Sussex, et c'est là que la famille s'installa au cours de l'été 1920. L'ensemble comprenait un troupeau de vaches laitières, quatre-vingts acres de terres cultivables, cent soixante-dix acres de forêts, la ferme proprement dite et, sur une hauteur dominant la propriété, une maison biscornue, toute en briques et d'allure victorienne, du nom de Beauchamps. Elle se distinguait par de superbes portes en ogive, les vitraux peints de l'escalier, les hauts plafonds de la salle à manger et du salon, et un dédale de chambrettes sous les combles où dormaient les garçons. Du haut du toit à pignons, où ces derniers apprirent très vite à grimper dès que leur mère avait le dos tourné, on pouvait découvrir la Manche par-delà le faîte des arbres. Natasha surnomma le

domaine «Beechums» et Paul l'appela «Kroupodernitsa». Pour l'heure, il avait recouvré la santé
et venait de fêter ses cinquante ans, mais il avait
l'impression de revenir à ses débuts, à cette
époque où il gérait les biens de son père. Cette
fois-ci cependant, il entendait recourir aux techniques modernes et être à la pointe du progrès.
Ses vaches laitières seraient les premières de la
côte Sud à être soumises à des tests de dépis-
tage de la tuberculose et il aurait le plus gros
tracteur de la région. Il s'occuperait lui-même
de l'exploitation avec l'aide de parents. Il
s'acheta un ensemble en épais velours côtelé,
des bottes et une casquette, et s'installa dans
son rôle de fermier. Peggy prit des photos de
lui cet été-là où on le voit en train de bêcher
joyeusement dans le jardin ou, debout devant
une meule de foin, entouré d'ouvriers agricoles
de la région. Étrangement, ces photos donnent
une impression de déjà-vu, comme si Paul se
croyait encore dans ses champs d'Ukraine et
que ces journaliers du Sussex au cuir tanné
fussent réellement des paysans ukrainiens.
Quant aux garçons, les deux aînés, Nick et
Dima, furent inscrits comme internes à St
Paul's, tandis que les trois autres, Alec, Lionel
et George, admis comme externes, étaient
hébergés par Peggy en période scolaire et rentraient à Beauchamps pendant les vacances.

Bientôt, des quatre coins d'Europe re-
fluèrent sur Beauchamps une ribambelle de
parents sans abri qu'il fallut héberger: ce furent

d'abord la tante Sonia Wassiltchikoff et son mari Boria, qui se mourait à petit feu d'une tuberculose contractée dans les prisons bolcheviques; puis l'oncle Kolya, ancien général de la garde Preobrajensky, personnage trapu à la barbe rousse qui avait quitté l'Ukraine en laissant sa famille derrière lui, suivi de son gendre, l'onctueux et pimpant colonel Malevsky; et enfin un certain juge Misetsky, qui était le rejeton du pope de la famille à Kislovodsk. Armée de ses deux malheureuses leçons de l'école du Cordon bleu, Natasha devait maintenant nourrir douze personnes. Lorsque les garçons revenaient à la maison pour les vacances, elle les envoyait ramasser des châtaignes dont elle faisait des marrons glacés, confiseries dures comme le roc qui causaient des ravages dans le dentier de l'homme de loi.

Quatre ans durant, Beauchamps fut un vrai cirque à la russe. L'oncle Kolya avait été investi des fonctions de garde forestier et, tous les matins, il se rendait dans le bois, la hache à l'épaule comme un soldat tenant son fusil, accompagné de Pug, son fidèle «aide de camp» du Sussex, qui le suivait avec un parasol bleu nuit. Ils passaient la journée entière dans la forêt, entassant bûche sur bûche pour l'hiver, et revenaient au crépuscule se laver à la pompe. Quand les garçons rentraient pour les vacances, l'oncle Kolya leur faisait dévaler les sentes jusqu'à Hastings, rythmant leurs pas au chant de marche de la garde Preobrajensky. Alors qu'ils se promenaient un jour au bord de la mer, le chien d'arrêt de la famille, qui répondait au nom de Jack, se soulagea contre une chaise longue occupée par une dame. Outrée, celle-ci se leva et brandit son ombrelle en direction du malheureux Kolya qui ne connaissait que deux phrases en anglais. Du coup, l'oncle souleva son chapeau, recula d'un pas et les employa toutes les deux: «*Jack good dog*» et «*I love you*».

La charge de manœuvrer le tracteur incomba au colonel Malevsky, mais la machine était trop grosse pour les champs à labourer, de sorte qu'il arrivait à peine à virer de bord à la fin d'un sillon. Malevsky adorait son tracteur, mais il le conduisait comme un manche, surtout quand il y faisait monter une demoiselle de la région. Les voisins finirent par s'habituer à sortir des ornières un Russe couvert de boue accompagné, la plupart du temps, d'une de ces jouvencelles.

Quant au juge Misetsky, il fut nommé responsable des trente vaches, mais il devait y avoir incompatibilité entre lui et ces bêtes, car elles refusaient absolument de se laisser traire. Il regagnait alors la maison en furie, pestant contre l'entêtement des vaches anglaises. Entre-temps elles s'égaillaient dans la nature et l'oncle Kolya et lui devaient courir pour les rattraper jusque dans les rues de Battle, et une fois même d'un bout à l'autre d'une confiserie dont les portes avant et arrière étaient restées ouvertes.

Tous les matins, Paul chargeait les bidons de lait dans la décapotable de la famille et partait faire la tournée des environs de Hastings. Quand c'étaient les vacances scolaires, ses fils l'accompagnaient et ils ne se sentaient jamais aussi proches les uns des autres que lorsqu'ils entonnaient des chansons ukrainiennes dans cette guimbarde roulant à grand fracas sur les routes qui fleuraient la campagne anglaise. Devant chaque porte, Paul freinait, descendait de l'auto, ôtait son chapeau et demandait, avec son accent russe: «Combien de lait, madame?».

Le dimanche, ils se rendaient à pied jusqu'au petit temple enfoui dans les bois, à la lisière de leur propriété, et chantaient avec le chœur des paroissiens de robustes cantiques anglicans:

Au loin, en de sauvages contrées,
Règne encor l'obscurité primitive,
Lève-toi, ô étoile matutine,
Lève-toi et ne te couche jamais.

Au collège, on inculquait aux garçons l'art bien anglais de canaliser leur trop-plein d'énergie dans la politesse et la propreté, et dans des jeux sportifs. Dima, grand gaillard dégingandé d'un naturel doux et tendre, devint le champion de boxe de St Paul's. Mais pour ses cadets, la vie était plus dure: pendant la journée, ils devaient se soumettre au régime scolaire et, le soir, subir la règle inflexible de Peggy. Chaque

fois que George s'emportait contre ses camarades qui se gaussaient de son anglais et le traitaient de *bolshie* («sale rouge», la pire des insultes!), les maîtres entraînaient les antagonistes
au gymnase pour qu'ils y vident leur querelle
avec leurs gants de boxe. Dans son infortune,
George conçut pour l'école anglaise une haine
durable, que seule pouvait atténuer sa conscience du degré de ridicule que les Anglais pouvaient parfois atteindre. Il y avait un des maîtres
qui, lorsqu'il surprenait des rires étouffés au
fond de la classe, s'adressait aux élèves en vociférant: «Le péché de Cham, *boy*! Le péché de
Cham!» Mais qu'était-ce donc que le péché de
Cham? Cham était ce fils de Noé qui avait éclaté
de rire en découvrant son père endormi dans
un champ dans le plus simple appareil. «Et la
morale de cette histoire, *boy*? poursuivait le
maître, toujours vociférant. Ne riez jamais de la
nudité de votre géniteur!»

À part Beauchamps où ils passaient leurs
vacances, les garçons avaient un autre havre où
ils pouvaient échapper à l'école et à Peggy:
c'était l'appartement des Mestchersky — l'oncle
Sacha et la tante Mara —, situé en retrait de
Earl's Court Road, où ils allaient prendre le thé
le dimanche. L'oncle Sacha était le frère aîné
de Natasha, une sorte de géant bossu et débonnaire (il mesurait presque deux mètres), toujours vêtu d'un costume vert et coiffé à la
Sherlock Holmes. Quant à la tante Mara, issue
de la noblesse ukrainienne, c'était une dame

boulotte dont les formes n'étaient pas sans évoquer l'oignon.

En 1920, le couple avait réussi à quitter la Russie et s'était installé à Londres où se trouvait déjà une partie du capital familial, outre le fait qu'un compte Mestchersky était ouvert chez Harrod's et que cet établissement présentait dans son rayon «Alimentation» une variété de thé connue sous la marque de *Princess Mestchersky Mixture*. Ils n'avaient pas d'enfants et quand arrivait le dimanche, l'un et l'autre s'empressaient de recouvrir leur table à thé d'une montagne de plats russes que les fils de Natasha, affamés par le régime alimentaire de l'école, dévoraient sous leurs yeux. Avec Sacha et Mara vivait, dans un étrange ménage à trois, un vieux général du nom de Halter qui gagnait sa vie en fabriquant de vrais-faux meubles anciens. Après le thé, il aimait montrer aux garçons les minuscules forets avec lesquels il perçait dans le bois des trous imitant le taraudage des vers. Les enfants se demandaient s'il y avait quelque chose entre la tante Mara et le général Halter. Bien des années plus tard, l'un d'eux eut le front de poser directement la question à la tante, et celle-ci répondit que, grands dieux non, elle mourrait vierge. Jusqu'à la tombe elle conserva ses idées préconçues, convaincue, entre autres, que les ramoneurs étaient des espions à la solde de la juiverie internationale.

Au milieu du trimestre, George et ses frères quittaient St Paul's et le toit de Peggy, et ils prenaient le train pour aller à la campagne. À la gare, leur mère les attendait, les embrassait et, s'adressant à eux par leurs diminutifs, les replongeait dans un bain de langue maternelle. Ayant appris la couture, elle pouvait maintenant recoudre des boutons et repriser des revers. Jamais elle n'oubliait de conserver dans le garde-manger quelque gâterie à leur intention; et lorsque les aînés entrèrent à l'université, elle eut toujours pour eux, quand ils revenaient pour le week-end, un verre de sherry et des cigarettes turques. Dans sa robe à rayures défraîchie boutonnée jusqu'au cou et recouverte d'un vieux cardigan, elle allait et venait, servant repas sur repas, apportant des plats de la cuisine et les y ramenant. Toujours en mouvement sans jamais vraiment manger, elle se contentait de grignoter un biscuit ou d'avaler une gorgée de porto au passage, en prêtant l'oreille aux bavardages des garçons et aux sempiternelles discussions de l'oncle Kolya et du colonel Malevsky à propos des désastreux combats d'août 1914. Les jeunes étaient encore fascinés par l'affaire de Tannenberg, le récit du double encerclement de Samsonov par Ludendorff et du massacre de prestigieux régiments; alors Kolya et Malevsky revivaient pour eux ces batailles, ils alignaient des cuillers pour les divisions, utilisaient les couteaux en guise de batteries et installaient dans des tasses les postes de commandement. Après avoir, une énième fois, livré bataille et perdu la guerre, Kolya entendit un jour Alec, le taquin de la famille, lui demander quelle était la responsabilité spécifique de la garde Préobrajensky.

«Protéger la vie du tsar», répondit Kolya.

Et Alec de rétorquer: «Alors, pourquoi ne l'avez-vous pas fait?»

À ces mots, le vieil oncle Kolya (je compatis maintenant à son sort: il avait laissé derrière lui en Bulgarie sa femme et ses fils qui maintenant dépendaient de son frère, alors que lui-même, ancien adjudant-major général de l'état-major impérial, en était réduit à faire le bûcheron dans le Sussex avec un Pug pour seul compagnon) serra dans sa main le couteau de table jusqu'à ce que ses jointures perdent toute couleur, puis il se leva dans un silence de mort et cria: «Si tu étais un officier et un gentleman, et non un simple écolier, je te provoquerais en duel!» Sur ces mots, il tourna les talons, parcourut le corridor en le martelant de ses bottes d'officier de ligne et sortit de la maison en claquant la porte; puis, descendant l'allée de gravier à grandes enjambées, il atteignit la forêt où il se mit à tailler des copeaux avec rage, tout en méditant sombrement sur la cruauté de la jeunesse.

Ce ne fut là, sans doute, qu'une des escarmouches qui éclatèrent à cette table entre jeunes et vieux pendant ces week-ends de vacances entre 1923 et 1924. Dans ce cadre, en effet, durent se produire les premiers accrochages entre Nick et son père, désaccord de toute une vie sur la question de la révolution, vaines prises de bec sur le tour qu'auraient pu prendre des événements passés, tandis que l'oncle Boria dépérissait à l'étage supérieur et que Natasha luttait pour nourrir cinq enfants au milieu d'un cirque de vieux Russes qui rongeaient lentement la substance de la ferme sans que personne n'ait le cœur de les congédier.

C'est à cette époque qu'une miss Isobel Adams Brown vint s'installer dans la maison voisine. Elle faisait partie de la secte des «scientistes chrétiens» et exerçait le métier de voyageuse de commerce pour le compte de la Spirella Corset Company. Dans ses jeunes années, elle s'était liée de camaraderie avec Katia, la sœur de Paul, et avait passé quelque temps en sa compagnie à Kroupodernitsa, dans la propriété des Ignatieff. Ayant appris que la famille habitait la région, elle emménagea à côté et tomba amoureuse de Paul. Certaines nuits où ce dernier voulait échapper à la «ménagerie» de Beauchamps, il remontait la route jusqu'à la maison de la miss en question et y passait la soirée «à faire ses comptes», selon son expression. Natasha de son côté, à la recherche de compagnie, se tournait de plus en plus vers son gynécologue, un certain Belilovsky. C'était un homme courtaud et trapu qui, dans sa clinique de Londres, faisait fortune en traitant les émigrées russes par la thermothérapie. Il arrivait en train chez sa «petite comtesse» et l'écoutait débiter la litanie de ses tourments: l'argent semblait s'évaporer, les tournées de lait n'étaient pas assez rentables, Paul et miss Adams Brown consacraient apparemment toutes leurs nuits à la comptabilité et les garçons rentraient de l'école ou de chez Peggy avec des récits qui lui fendaient le cœur.

Un soir de 1924, il advint qu'à ce fameux 10A, Oxford Road, pour quelques gammes mal exécutées au piano, Peggy appliqua sa règle sur les phalanges d'Alec avec une telle violence qu'il rabattit d'un coup sec le couvercle et s'enfuit de la maison. Il se rendit chez Belilovsky qui partit alors pour Beauchamps dire à Paul qu'il était temps de mettre un terme au régime de Peggy et que la santé de la chère petite comtesse était en passe de se délabrer à force de jouer à la cantinière pour cette bande de Russes.

Lorsque Peggy, en 1911, avait fait sa première apparition à la porte de leur appartement, rue Galernaya à Saint-Pétersbourg, elle avait vingt et un ans. Elle avait consacré treize années de sa vie à cette famille. C'était elle qui, à Novorossisk, avait trouvé le bateau qui les avait menés en lieu sûr; c'était elle encore qui, à Londres, leur avait procuré un toit pour les abriter. Comme l'attestent ses photos du comte Paul empreintes de la vénération qu'elle lui vouait, elle avait conçu pour cet homme une passion désespérée et nourrie d'amertume, ce

qui explique la frustration camouflée sous la fé-
rocité de son régime. Paul, pour sa part, s'était
toujours complu dans l'adulation des femmes
qui se berçaient d'illusions à son sujet. C'est
dans ce contexte qu'il faut situer ces vacances
de Pâques 1922 (ou 1923) durant lesquelles,
laissant Natasha à Beauchamps, il emmena
Peggy et deux des garçons à l'archipel des
Scilly, au large de Land's End, le *Finis Terrae*
des Anglais à l'extrémité de Cornouailles. Sur
les photos qu'elle prit durant ces vacances et
qu'elle conservera jusqu'à la fin de ses jours,
on voit Paul adresser à Peggy son insaisissable
et séduisant sourire. Dans l'appartement étriqué de sa mère, prisonnière de l'obligation rou-
tinière d'élever des enfants qui n'étaient pas les
siens, Peggy regrettait peut-être aussi profondément que les autres le confort et la plénitude
de la Russie. Bien que toujours célibataire, elle
continuait à repousser les avances de M.
Hough, l'officier du *Huanchaco* qui voulait
l'épouser et qui, dans la revue interne de sa
compagnie, avait écrit sur elle un article louan-
geur exaltant son courage, et elle se défoulait
sur ses deux principales victimes, Lionel et
George. Jusqu'à ce jour, les aînés parlent d'elle
avec affection, mais c'est sans doute parce qu'ils
lui échappèrent assez tôt. Les cadets, par
contre, ne lui pardonnent toujours pas. C'est à
cette époque qu'on les retira du 10A, Oxford
Road pour les mettre en pension à St Paul's.
Depuis, ils ne l'ont plus jamais revue.

À Beauchamps, entre-temps, l'ultimatum du docteur Belilovsky produisait son effet. La «famille» se dispersa. La tante Sonia emmena son mari à Paris et lorsque celui-ci mourut, elle ouvrit une école de perfectionnement pour jeunes filles de bonnes familles qu'elle dirigea jusqu'à la fin de sa vie. L'oncle Kolya fit ses adieux à Pug et à ses forêts et partit pour la Bulgarie retrouver femme et enfants. Il termina ses jours à Sofia dans la peau d'un libraire tranquille et taciturne. De temps à autre, il envoyait à Paul une lettre pleine de mélancolie où il le priait de ne pas oublier son vieux frère, joignant à sa missive une carte postale où on le voyait poser devant la statue de son père, sur la place publique de Varna. Abandonnant ses vaches, le juge Misetsky rentra en Pologne, emmenant «dans ses valises» une infirmière anglaise qu'il avait rencontrée dans un hôpital de Hastings. Quant au colonel Malevsky, il se dirigea sur Paris pour donner un coup de main à Paul dans ses activités liées à la Croix-Rouge russe.

Paul lui-même s'absentait de plus en plus souvent de Beauchamps. Il n'y avait plus seulement les soirées chez miss Adams Brown, mais les mois entiers qu'il passait à Paris pour s'occuper de la Croix-Rouge. Dans un premier temps, il s'appliqua à réunir des fonds pour l'achat de matériel médical destiné aux armées blanches qui se battaient encore contre les Rouges en Sibérie; ensuite, quand la guerre civile prit fin, l'argent servit à aider les réfugiés qui affluaient en masse dans les capitales euro-péennes. Pendant quelque temps, la cause des émigrés russes fut populaire et s'attira les faveurs des nantis. Mais vint le moment où l'intérêt des philanthropes s'éparpilla; d'autres causes faisaient concurrence à celle-ci et les fonds bientôt tarirent. Paul alla voir Herbert Hoover qui avait organisé le financement des œuvres d'aide alimentaire aux populations sous régime soviétique, mais ce grand homme lui ré-pondit que le cas tragique des Russes blancs était un sujet «trop rebattu» pour le public amé-ricain: «Trouvez-moi un tremblement de terre, une grosse inondation ou une catastrophe du même genre, et je m'engage à rassembler des millions en un rien de temps.» Paul s'installa alors pour des mois à l'hôtel Ramsès, square des Batignolles, un endroit assez crasseux du nord-ouest parisien, situé près d'un dépôt de marchandises. Au sein de la communauté des émigrés russes de Paris, c'était encore un per-sonnage qui comptait. Quant à Natasha, elle vi-vait seule à Beauchamps mais, le week-end, elle recevait la visite de ses enfants et de Belilovsky.

Sur les photos qu'ils ont prises d'elle, elle est assise sur les marches de la vieille véranda de bois, les genoux remontés sous une robe à rayures qui a fait son temps — toujours la même —, les cheveux négligemment tirés en chignon avec une auréole de mèches grises; ses enfants l'entourent, et tantôt son visage

s'éclaire d'un sourire muet à quelque plaisanterie, tantôt il se referme sur des pensées rumi-
nées en silence. Plus elle se retirait du monde
et plus ses enfants cherchaient à la protéger.
Lorsque le gravier crissait sous les pas d'un
voyageur de commerce ou qu'arrivaient miss
Adams Brown ou des fermiers du voisinage
poussés par la curiosité, après un bref coup
d'œil jeté par le store, elle montait quatre à
quatre dans sa chambre avec de grands gestes
pour indiquer à ses enfants de renvoyer les in-
trus. Elle supportait ses peines en silence, les
départs urgents de Paul pour Paris et ses soirées
«comptables» avec la voisine. Quand elle n'en
pouvait plus, elle s'enfermait dans sa salle de
bains et, allongée dans sa baignoire, elle mono-
loguait, un verre de porto à la main.

Paul semblait s'être accommodé à l'exil,
mais Natasha continuait à regretter «sa» Russie,
l'abondance qu'elle y avait connue, les champignons à l'automne, les fleurs sauvages tapissant
les prés de Doughino, les bottes de savoureux
fenouil qui s'entassaient sur les éventaires, et
aussi les champs de blé. Dans cette campagne
anglaise délimitée par ses haies régulières,
c'était ce qui lui manquait le plus, l'animale,
l'exubérante profusion de sa terre natale qui
maintenant, dans ces années 20, était ruinée,
pouilleuse, hantée par la famine.

Ses aînés grandissaient rapidement. Ayant
poussé comme des perches, les cinq la domi-
naient maintenant du haut de leur taille qui fri-

sait les deux mètres. C'étaient des garçons pleins de vie, forts en gueule, portés cependant à la mélancolie et aux idées nobles, tout comme leur père. Elle les appelait ses *dourachki* — ses petits foufous. À mesure qu'ils devenaient des hommes, elle les taquinait pour essayer, autant qu'elle le pouvait, de leur faire perdre un peu de leur sérieux. En société, elle présentait Nick comme «mon aîné, devant qui Napoléon est pratiquement inexistant». Quant à Vladimir, grand garçon aux bras ballants, dont le large visage aux traits tombants s'entaillait d'un sourire oblique, elle l'appelait «ma petite violette des bois». Chacun avait droit à un diminutif: Alec c'était Seyka, Lionel Lino et George, son dernier, Giesenka.

L'exil la rapprochait de ses fils. Dans le Caucase, ils l'avaient vue se transformer en tigresse, mais à présent qu'elle était grisonnante et approchait la cinquantaine, elle recousait leurs boutons, leur préparait des gâteries pour leur retour de l'université ou de leur travail, cuisinait, faisait la lessive et, plus que jamais, devenait le centre même de leur univers; chaque fois qu'ils quittaient la maison, elle ne manquait jamais de leur demander: «Avez-vous pensé à faire vos besoins?»

Paul et elle avaient rabâché tant et plus à leurs enfants que le passé était le passé et qu'ils ne devaient pas finir, comme tant d'émigrés, chauffeurs de taxi avec leurs valises toujours prêtes en prévision d'un retour à Saint-

Pétersbourg. Le premier à quitter le toit familial fut Alec, l'ex-enfant rebelle et taquin, celui qui ressemblait le plus à sa mère. À Kislovodsk, il s'était découvert une passion pour la géologie et, en Angleterre, il s'était inscrit à la *Royal School of Mines*, l'École des mines, d'où il sortit diplômé. Il trouva bientôt un engagement et partit pour la Sierra Leone travailler comme ingénieur dans une mine d'or. Nick, le rêveur et le philosophe de la famille, voulait devenir écrivain, mais son père avait exigé qu'il obtienne un grade universitaire dans un domaine pratique, de sorte qu'il s'était mis à bûcher jusqu'à ce qu'il décroche un diplôme en génie électrique à l'Université de Londres. Blêmissant à l'idée de vivre une vie de banlieusard, il répondit à une annonce de journal offrant le voyage et la pension complète à des aspirants moissonneurs au Canada. C'est ainsi qu'il embarqua en 1924 pour le nord de l'Alberta. Dima ne tarda pas à le rejoindre, attiré par la promesse de son frère de lui trouver un travail sur un chantier de bûcherons où l'on taillait des traverses pour voies ferrées. Nick était un peu hâbleur sur les bords, car Dima découvrit en débarquant qu'il n'y avait ni chantier, ni emploi. Mais ils s'en sortirent tous deux en moissonnant et en travaillant dans des fermes des plaines glacées du nord de l'Alberta.

À l'automne 1927, Dima revint en Angleterre, musclé et tanné par le soleil. Il avait plein d'histoires de voyages en wagon de marchandises et dans des champs à perte de vue, au sein de ces prairies canadiennes qui lui rappe-laient les grasses étendues de la vieille Russie. Tout l'hiver qui suivit, 1927-1928, Paul le passa à l'étranger, à recueillir des fonds pour la Croix-Rouge, et c'est Dima qui géra la ferme avec Natasha pendant que les deux derniers, Lionel et George, terminaient leur année scolaire à St Paul's. Au printemps, Dima était décidé à vendre la propriété. Le prix du lait chutait et la ferme était trop petite pour que son exploi-tation soit rentable. Il fit venir quelques-uns des anciens professeurs de l'école d'agriculture qu'il avait fréquentée et ceux-ci, après avoir ins-pecté les lieux, déclarèrent que l'ensemble constituait une charmante propriété pour une famille, mais ne présentait aucun intérêt d'un point de vue économique. C'est ainsi que Dima, qui n'avait alors que vingt-trois ans, mit en vente la ferme. Lorsque l'affaire fut conclue, il envoya un télégramme à son père pour lui an-noncer la nouvelle. Qui plus est, il lui fit savoir qu'il comptait repartir pour le Canada en em-menant avec lui sa mère, George et Lionel. En ce cas, lui répondit son père, il resterait, lui, à Paris, où il continuerait à travailler pour la Croix-Rouge.

Jusqu'à ce jour, la décision de Dima est un sujet qui, en famille, déchaîne les passions. Pour Dima, la question était simple: comme la ferme tournait à perte, il n'y avait pas d'autre solution que de la vendre. Pour Lionel et

George, qui n'avaient de la Russie que le vague souvenir d'un pays de terreur et de privations, Beauchamps représentait le seul véritable foyer qu'ils eussent connu. Tiraillée entre un fils convaincu que la famille se ruinerait si elle ne tentait pas une percée au Canada et un mari de plus en plus pris par le monde des émigrés de Paris, Natasha opta pour son fils. C'est en spectateurs impuissants que Georges et Lionel assistèrent au déchirement de la famille.

Au début de l'été 1928, après la vente de la ferme et de la maison, Dima fit venir des commissaires-priseurs pour liquider ce que contenait la demeure. Les experts explorèrent les coins et les recoins, établirent un catalogue et, devant la foule assemblée sur la pelouse, ouvrirent les enchères. À chaque coup de marteau, George, Lionel et Natasha voyaient leurs meubles partir l'un après l'autre, chargés sur des charrettes, et les animaux de la ferme entraînés par leurs nouveaux maîtres qui les tiraient par le licou. Ce qui restait de leurs biens propres, un minuscule tas de vêtements et quelques trésors de Russie, fut entassé une fois de plus dans la vieille malle du trousseau de Natasha. On l'expédia à Southampton où, en septembre 1928, elle fut chargée à bord du vapeur *Montrose*, à destination de Montréal. Quand le bateau leva l'ancre, George, qui avait alors quinze ans, se glissa dans le lit de sa mère et la serra étroitement dans ses bras pour l'empêcher de pleurer.

Ils voyagèrent avec des passeports Nansen, réservés à l'époque aux réfugiés apatrides. Ceux de Lionel et de George étaient tamponnés d'un visa canadien les admettant au pays à titre de travailleurs agricoles. Au moment de débarquer à Montréal, Dima prit le canotier que portait George et le balança dans le Saint-Laurent: «T'auras pas besoin de ça ici!» lui lança-t-il d'un ton péremptoire.

Dima les installa dans un appartement sans eau chaude d'un immeuble — le «Victoria Apartments» — de l'est de Montréal. Pour Natasha, l'hiver de 1928-1929 fut très éprouvant. Cet exécrable appartement était infesté de punaises et dans cette ville étrangère et glacée, l'argent filait si vite qu'elle en était réduite à aller en tramway au marché Bonsecours marchander quelques légumes pour nourrir ses enfants. Mais aussi minces que fussent leurs ressources, elle les envoya dans une école privée très huppée, le Lower Canada College (le Collège du Bas-Canada). Pour payer les frais de scolarité, elle se priva elle-même du nécessaire et se mit à acheter, avec le produit de la vente de la ferme, des actions minières de quatre sous. Elle entrait dans la soixantaine, le corps décharné et le visage anguleux, avec de grands cernes sous les yeux, toujours vêtue de l'austère et éternelle robe noire qui lui tombait aux chevilles et que fermait au cou l'une des broches de sa mère. Au cours de cette année-là, Nick rentra de l'Alberta avec sa fiancée, la fille d'un juge d'Edmonton du nom de Woods. Cette dernière n'a pas oublié sa rencontre avec Natasha, dans cet appartement sombre et exigu, et la réflexion qu'elle se fit alors: Cette femme est la créature la plus triste et la plus solitaire que j'aie jamais rencontrée.

Au printemps 1929, au terme d'une année scolaire fort pénible, George partit pour la côte Ouest avec l'intention de trouver un emploi pour l'été dans les chemins de fer. À la gare centrale de Montréal, Natasha lui glissa vingt-cinq dollars dans la main et, à sa manière inimitable, le mit en garde contre le danger de fréquenter des «femmes de mauvaise vie», chose qui risquait de provoquer la chute de son nez. L'été de ses seize ans, il le passa la hache à la main sur les rives du lac Kootenay, en Colombie-Britannique, à couper des arbres et à planter des piquets pour le passage de la voie ferrée reliant le col de Crow's Nest à la ligne de chemin de fer de la Kettle Valley qui aboutissait à Vancouver. Le tracé de la voie suivait l'à-pic du canyon surplombant le lac, et le bûcheron devait bien connaître son métier pour éviter une chute fatale. George abandonna le langage châtié de la St Paul's School pour l'argot des chambrées. Il se vit gratifié d'une impressionnante cicatrice au genou à la suite d'une joute de lancer de hache qui l'avait opposé à un Irlandais, et il apprit à riposter quand ses compagnons le balançaient, lui et sa literie, dans le torrent qui dévalait à l'arrière du camp.

Dans l'album de Natasha, il y a une photo de George, prise durant cet été 1929. On le voit debout sur le ballast de la voie au bord du lac Kootenay. Autour de sa tête, il a noué un mouchoir pour se protéger de l'ardeur du soleil et il porte un bleu de travail, des jeans et de grosses bottes. Deux de ses camarades l'entourent, bras dessus bras dessous, et il semble aussi solide, aussi heureux qu'eux. Ceux-ci l'appelaient alors «le Douk», parce que les seuls Russes qu'ils connaissaient étaient des Doukhobors, membres d'une secte religieuse vivant en reclus qui, après avoir émigré de Russie, s'étaient établis dans des vallées isolées de Colombie-Britannique. Son patron passait ses soirées à parcourir les volumes de l'*Encyclopedia Britannica* et un soir, il tomba sur un article consacré à son grand-père Nicolas Ignatieff. Lorsqu'il demanda au jeune coupeur de bois s'ils étaient parents, George prit conscience qu'il préférait être considéré comme un honnête bûcheron que comme un comte. À l'automne, il revint à Montréal, tout aussi emballé par la magie de l'Ouest que ses frères l'avaient été, et pénétré du sentiment d'avoir fait ses preuves.

À quelque chose, malheur est bon: l'effondrement de la Bourse, en octobre 1929, allait éviter à George d'avoir à retrouver la distinction pincée des gens du Lower Canada College. Natasha avait tenté de faire fructifier son argent en achetant des actions en Bourse, mais dans le krach qui s'ensuivit, le produit de la vente de Beauchamps se trouva réduit de moitié. À ce moment-là, Nick avait déjà été embauché à l'Ontario-Hydro comme ingénieur électricien et, à son instigation, ils déménagèrent tous dans une ferme louée à Thornhill, dans la banlieue nord de Toronto. La Dépression réunit les membres éparpillés de la famille. Dima avait une exploitation agricole du côté de Peace River, dans le nord de l'Alberta; au cours d'une tempête, sa ferme fut détruite par la grêle et il retourna à Toronto travailler comme professeur assistant en chimie des sols à l'Université de Toronto. C'est sur son salaire que la famille vécut les deux années suivantes, 1930 et 1931.

Enfin, en 1932, après quatre ans de séparation, Paul débarqua de Paris. La crise avait complètement tari les dons de charité à la Croix-Rouge russe et réduit sa tâche au minimum. À présent, il avait soixante-deux ans, et après quatre années passées dans sa chambrette de l'hôtel Ramsès, square des Batignolles, il était temps de retrouver les siens. Quel rôle joua-t-il dans les intrigues politiques des émigrés de Paris, dans cet imbroglio de comploteurs blancs et d'agents provocateurs rouges? On n'en sut rien, car il garda bouche cousue. Il ne fut jamais question non plus de la manière dont Paul expliqua son absence, ni des conditions dans lesquelles Natasha accepta de revivre avec lui. Ils conclurent entre eux une sorte de trêve et emménagèrent successivement dans une série de maisons que les garçons louèrent pour eux à Toronto. Sur les photos de cette époque, ils se tiennent toujours à distance l'un de l'autre: Paul, coiffé d'un feutre mou cavalièrement incliné sur le côté, garde une expression charmeuse et détachée en esquissant un soupçon de sourire sous son épaisse moustache; Natasha, voûtée, sourit en cillant des yeux, un foulard noué autour du cou sur sa robe noire, toujours la même.

En 1936, Dima leur trouva un lopin de terre à Upper Melbourne, petite localité des Cantons de l'Est, au sud-est de Montréal, où l'on fabriquait de la pâte à papier au bord de la rivière Saint-François. Paul y supervisa la construction d'une maisonnette en briques de deux chambres à coucher, pourvue d'un porche grillagé et d'un toit à pignons surélevé pour l'évacuation des neiges. La bâtisse se dressait au milieu de sapins au sombre feuillage surplombant la rivière, et c'est là qu'ils s'installèrent, en projetant d'y faire pousser des légumes, d'entretenir un jardin et d'attendre la venue de leurs petits-enfants. Natasha continuait discrètement à jouer à la Bourse, bien décidée à récupérer les pertes qu'elle avait subies en 1929. Bientôt les tiroirs de son bureau débordèrent de prospectus émanant de compagnies minières comme la White Lake Gold et la Porcupine Silver.

Devenu boursier de la fondation Rhodes, George partit pour Oxford en 1936. Ses parents n'étaient pas très favorables à son départ, car ils craignaient que, s'il s'établissait en Angleterre, il soit perdu pour eux. Son père, pourtant, lui offrit la montre en or du général Ignatieff et l'accompagna jusqu'au bateau. Quant à Lionel, il s'inscrivit en droit à l'Université McGill.

Dans ce nouveau pays dont les hivers ressemblaient à ceux qu'ils avaient connus, dont l'immensité leur rappelait les grands espaces perdus, Paul et Natasha finirent par obtenir leurs papiers de citoyens; ils purent enfin remiser au grenier leurs passeports Nansen, attributs des apatrides. À présent, ils n'étaient plus d'âge à tenter de perdre leur accent et à se lancer dans de nouvelles carrières, mais jamais ils ne cherchèrent à enfermer leurs enfants dans un ghetto d'émigrés ou à leur imposer des épouses originaires de leur terre natale. À l'exception d'un seul, tous se marièrent en dehors du cercle russe, et quand Marjorie Adams, Florence Hargreaves, Helen Fraser et Alison Grant entrèrent dans la famille, elles assistèrent à leurs propres noces à l'église orthodoxe russe sans rien comprendre à la cérémonie. L'une après l'autre, les étoiles de diamant du collier offert par le sultan de Turquie à la grand-mère des garçons furent desserties et transmises aux nouveaux membres d'une famille désormais canadienne. À toutes, Natasha et Paul souhaitèrent la bienvenue dans la famille, elle avec son timbre à la Garbo, lui avec les courtoises prévenances dont il entourait le beau sexe. Ces Canadiennes durent s'accoutumer au franc-parler des Russes sur des sujets que les bons protestants du Canada n'abordent jamais en société: la digestion, l'argent et les peines de cœur. Jeunes épouses, elles apprirent la cuisine russe, et en écoutant les histoires de Kislovodsk ou Kroupodernitsa, elles découvrirent la clef des humeurs de leurs conjoints, tour à tour renfermés, passionnés, hystériques ou mélancoliques. Ces jeunes hommes recherchaient dans leurs épouses l'énergie et le sens pratique; ils trouveraient aussi chez elle une qualité qu'ils appréciaient chez leur mère: l'esprit caustique.

En septembre 1939, Nick et Dima s'enrôlent dans l'armée. L'année suivante, ils font partie du corps expéditionnaire canadien en Angleterre. Alec y dirige déjà des usines de fabrication d'explosifs et George est officier subalterne du service extérieur auprès de la Maison du Canada à Londres. Seul est resté au pays Lionel, qui termine ses études de droit à McGill et vit avec ses parents dans leur petit bungalow d'Upper Melbourne, au Québec.

Au cours de l'été suivant, en 1940, alors que ses garçons sont de l'autre côté de l'Atlantique et que naissent ses premiers petits-enfants, Natasha s'installe devant sa machine à écrire et commence à taper ses *Mémoires* dans la petite chambre lambrissée située à l'arrière de la maison. Paul avait déjà écrit les siens des années auparavant, alors qu'il habitait encore en Angleterre et, ce faisant, il visait le grand public; mais elle, Natasha, c'est à ses enfants et petits-enfants qu'elle va s'adresser. «Mes fils, écrit-elle, me disent que j'ai une manière de m'exprimer très colorée et tout à fait particulière. Comme je n'ai aucune prétention à la qualité d'écrivain, j'écris tout simplement pour faire plaisir à mes garçons.» Cet été-là, elle y prendra elle-même beaucoup de plaisir. «La mémoire, écrit-elle encore, m'a bien ramenée sur ses ailes à mon heureux passé».

Elle utilise tous les papiers qui lui tombent sous la main, les cahiers de brouillon que les garçons ont achetés au drugstore Rexall du coin, des fiches de recettes de cuisine et le verso des listes de commissions. Elle tape avec deux doigts sans se soucier de la ponctuation, écrivant comme elle parle, dans l'anglais qu'elle a appris auprès des gouvernantes de Doughino, cet anglais dont elle sait qu'il sera la langue maternelle de ses petits-enfants. Dans le va-et-vient de sa mémoire, elle remue toutes ces années, grappillant ce qu'elle peut dans la nuit du passé; et pendant ces longs hivers de guerre où la neige s'entasse bien haut à l'extérieur de la maison, assise avec Paul au coin de la cheminée du salon, elle écoute les nouvelles des combats retransmises par la radio. En 1943, Dima prend part à la bataille de Monte Cassino en qualité d'officier des services de la guerre chimique dans l'armée canadienne et ses parents suivent avec angoisse l'évolution de la campagne d'Italie. D'autres bulletins de guerre, en provenance de la Russie, les tourmentent beaucoup, et leur cœur saigne chaque fois qu'on cite le nom d'une ville tombée aux mains de l'ennemi.

Je garde une photo de Natasha et Paul prise par Lionel au cours de l'hiver 1944. Ils sont côte à côte, elle et lui, par une froide après-midi, debout dans la neige qui s'étale devant leur maisonnette d'Upper Melbourne. Ils sont engoncés dans de longs manteaux qui donnent l'impression de les tirer vers les profondeurs de la terre. Natasha sourit, avec ce plissement d'yeux narquois qui lui est familier. Ses cheveux gris sont tirés en arrière en un chignon négligé, et le cou, droit et long, est emmitouflé dans une écharpe noire. Elle fléchit légèrement les genoux en les rentrant vers l'intérieur, ce qui donne à son maintien une gaucherie de jeune fille intimidée. Paul se tient un peu à l'écart et, avec son élégance coutumière, il est coiffé d'une toque d'astrakan perchée sur le côté, la cravate soigneusement nouée et la moustache relevée en croc. Noires sont ses orbites et saillantes ses pommettes sillonnées de rides. Cette fois, il ne sourit pas. Tous deux sont en pantoufles d'intérieur sur les dalles, îlots de sécheresse dans un océan de blancheur neigeuse. Des mois s'écouleront avant l'éveil du printemps, mais pour l'heure, la nuit va bientôt s'abattre sur la maison. C'est la dernière image de l'album.

IX

Les petits foufous

Ils ont bien vieilli, à l'heure qu'il est, les *dou-rachki* de Natasha — ses «petits foufous».

Il y a quelques étés, je suis retourné au Canada pour les revoir. Lionel vit dans une maison de repos au nord de Toronto et, septuagénaire, il ressemble à l'un de ces saints que les icônes orthodoxes figent dans une expression studieuse. Notre entrevue se déroule dans le café chinois d'un grand centre commercial, au nord de l'autoroute 401, auquel on accède après plusieurs carrefours qui coupent la terne platitude de cette banlieue. Tout le centre, café inclus, appartient à des Chinois de Hong-kong. Cinq ans auparavant, on ne voyait là que des champs.

Quand Lino et moi entrons dans le café, le patron chinois l'interpelle: «Salut, oncle. C'est parent à toi de Russie?» En prenant son temps, Lino répond: «Il vient de Londres.» Et le Chinois: «Tu dois être homme content, lui vient voir toi. — Je suis content», conclut Lino. Fléchissant les genoux, il se traîne jusqu'à une stalle où il s'assied précautionneusement. Il est coiffé d'un casque colonial et m'informe, en me montrant les initiales inscrites sur le ruban, qu'elles lui permettent de s'assurer qu'il l'a bien mis à l'endroit. Une fois par mois, il monte dans l'autobus qui le mène à ce centre où il se fait couper les cheveux. «Il n'y a plus grand-chose à couper», constate-t-il en frottant son crâne dénudé. Après la séance chez le coiffeur, il entre au café où il déguste son thé et des *cookies*, ces biscuits chinois aux amandes. C'est là sa principale sortie.

Quand il était tout petit et que son père le portait, il grimaçait comme un petit fou pour le photographe qui les faisait poser devant la cabine en bambou de la plage de Misdroy. C'est un Mestchersky, il ressemble à sa mère, mais en plus maigre, avec des traits plus fins que ses frères. Les folles grimaces de son enfance ont cédé la place à un soupçon de sourire. Apparemment le passé ne présente pour lui aucun intérêt.

Je lui raconte que je suis allé revoir Beauchamps. Il dit: «Les mauvaises herbes ont dû envahir l'endroit, à l'heure actuelle», et il se met à sourire en grignotant un bout de biscuit. Je lui demande s'il se souvient de sa chambre d'où il avait vue sur la mer. Il paraît surpris: «La mer?»

Après un temps, il ajoute: «Je suis atteint de quelque chose qui s'appelle la maladie de Parkinson. Tu sais ce que c'est? C'est à cause de ça que mes mains tremblent.» Il me montre ses mains aux doigts arachnéens: ce sont celles de sa mère. Elles vibrent légèrement, agitées d'un frémissement à peine perceptible, comme le bruissement d'un courant sur une ligne. «J'ai eu aussi ce qu'ils appellent une dépression. C'est là, dit-il en pointant le doigt sur le sommet de son crâne. On m'a fait des traitements, tu sais.»

Mon père a dû signer des formulaires. Ils ont mis un mors entre les dents de Lionel; ils l'ont allongé, puis ils l'ont attaché et ont fait passer un courant entre ses membres. Ils ont, comme on dit, stabilisé son état.

«À l'hôpital, j'ai vu des gens extrêmement intéressants, des gens que je n'aurais jamais rencontrés ailleurs. Ils étaient déprimés, eux aussi.» Ce voyageur qui n'a plus que la peau et les os, le plus doux, le plus gentil de tous les frères, a été enfermé, mis en cellule. C'est celui qui a payé le prix.

«Je me demande souvent: mais qu'est-ce que c'est que cette dépression? Je crois que je le sais.» Il tient sa tasse de café entre le pouce et l'index et l'approche délicatement de ses lèvres, dans un geste d'une autre époque. À la radio, on entend une chanson de Tina Turner. Il est à mille lieues de Saint-Pétersbourg. Il dit:

«La dépression, c'est quand on n'a pas de but dans la vie.»

C'est celui, m'ont dit ses frères, qui a le plus souffert de l'exil, de la dislocation de la famille en Angleterre et du départ pour le Canada. Il aurait pu rester à Londres, au sein de la communauté russe; il aurait continué à faire du théâtre amateur au sein d'une compagnie d'art dramatique. Quelque chose s'est cassé en lui. Mais si sa maladie est tenace, lui-même ne l'est pas moins. Après un faux départ dans la vie — un mariage suivi d'un divorce —, il a obtenu un doctorat et enseigné la littérature russe à la Western University de London, en Ontario, jusqu'à sa retraite. Je lui dis que j'ai lu la poétesse russe Anna Akhmatova. Il étale ses mains sur la table pour en observer le frémissement: «En traduction? C'est vraiment dommage.»

Son regard se fixe sur moi: «Connais-tu *La Pure Vérité*?» C'est une revue américaine d'inspiration évangélique. Tous les dimanches, Lino regarde à la télévision la célébration des services évangéliques transmise de Pasadena, en Californie. Mon père l'emmène assister aux offices de l'église orthodoxe, mais c'est la religion électronique californienne qui le touche au plus profond.

«Pourquoi sommes-nous nés? me demande-t-il. Sais-tu pourquoi?» Il aurait dû se faire moine, mais il a manqué sa vocation et n'a jamais trouvé un lieu de retraite. «Nous sommes nés de la chair. Nous avons mangé le fruit de la connaissance et nous avons été bannis de l'Éden.» À la radio, c'est maintenant Neil Young qui chante *I've been searching for a heart of gold*. Le patron chinois tambourine sur le comptoir en attendant que ses frites finissent de cuire.

Il poursuit: «Et pourquoi sommes-nous ici, sur cette terre?» Il suit des yeux une voiture qui fait le tour du parking. «Nous sommes ici pour être sanctifiés; pour être spiritualisés.» Il prononce ce mot comme s'il le tenait avec des pincettes. «Pour participer de l'esprit.»

L'exil lui avait ravi son but, sa raison de vivre, mais maintenant il l'a retrouvé. Il jette un coup d'œil sur sa montre. Il faut rentrer: c'est l'heure du déjeuner à la maison de repos. De l'extérieur, celle-ci ressemble au siège social d'une grosse entreprise, à ces bâtisses aux vitres teintées de brun qui se tassent le long du ruban de l'autoroute. Dans le hall d'entrée, on appelle quelqu'un par haut-parleur et la cloche sonne pour le déjeuner. C'est le moment que Lino choisit pour entonner:

Au loin, en de sauvages contrées,
Règne encor l'obscurité primitive.
Lève-toi, ô étoile matutine,
Lève-toi et ne te couche jamais.

«*Au loin*, les sauvages contrées? lance-t-il, en jetant sur le hall un coup d'œil circulaire.

C'est *ici*, les contrées sauvages!» Il se laisse embrasser, se traîne d'un air décidé jusqu'à l'ascenseur, et le voilà parti.

* * *

La maison qu'habitent Alec et Marjorie Ignatieff, avenue Reid, à Ottawa, derrière l'hôpital municipal, est un petit bungalow entouré d'une palissade dans une rue bordée de résidences à peu près toutes pareilles. La télévision trône dans le salon et Alec, installé sur un sofa en chintz, la regarde de son seul œil valide. Il est d'une maigreur incroyable, ses traits sont gris et l'œil qui ne voit pas est recouvert d'un voile; pourtant, en dépit de cela, il est encore le plus beau des fils de Natasha. Quatre-vingts ans de vie active ont décharné cette charpente osseuse signée Mestchersky; mais dans l'immobilité silencieuse et ravagée à laquelle le condamne son âge, il ressemble encore au petit garçon costumé en marin. Il se laisse embrasser et me confie dans un murmure: «Je descends la pente à toute allure.» Au sein de la famille, cette phrase est devenue une plaisanterie classique: toute sa vie, Alec «a descendu la pente à toute allure». Marjorie prétend qu'il a développé un fort complexe de *Nunc Dimittis**.

---

* Allusion — dans sa version latine — à l'invocation du vieillard Siméon qui, après avoir vu l'Enfant Jésus lors de la Purification de la Vierge, crie au Seigneur qu'Il peut maintenant le laisser partir vers l'autre vie, car ses yeux ont vu la Lumière (*N. D. T.*).

Mais quand je cherche son regard, je n'y trouve pas le clin d'œil qu'elle m'adresse d'habitude. Articulant doucement, il évoque la maison de Saint-Pétersbourg, le dédale de corridors qui menait aux cuisines et, ce faisant, il imite une voix surgie du fond de sa mémoire: «*Grafchiki* (petit comte), que faites-vous à la cuisine? Vous êtes un noble, vous ne devriez pas être ici!» Et je peux imaginer la cuisinière en sueur en train de le pourchasser dans le couloir de l'appartement, rue Fourstatskaya.

Je lui parle de Kislovodsk et il se souvient d'avoir vu un jour un soldat déguenillé qui battait une bohémienne et l'injuriait copieusement: «Espèce de salope! C'est fini, le temps du tsar Nick le Sanguinaire!» Il évoque aussi ce jour d'automne 1918 où il accompagna sa mère chez des villageois des environs de Kislovodsk. Comme il approchait d'une masure, il entendit une voix rauque lui crier de l'intérieur: «Enfant, ne va pas plus loin! Il y a la peste ici.» En fait, c'était le typhus.

Dans la lumière déclinante de l'après-midi, il remonte au tout début, à cette autre lumière dans laquelle baignait le salon de Kroupodernitsa. Nous sommes en 1910. Il vient d'être réprimandé par sa tante Mika parce qu'il a prononcé un mot de travers. Quel mot était-ce déjà? Il cherche, la tête penchée. Mika lui enseignait la Bible, et elle lui faisait répéter le texte de l'Évangile, la scène où le Christ comparaît devant Pilate. Il avait alors quatre ans et il écorchait régulièrement le nom de Ponce, l'appelant quasiment *ponchiki*, qui signifie en russe «brioche». Du coup, Mika le prend par les épaules, le fait pivoter sur ses talons et le met au coin. Son œil clairvoyant s'absorbe dans une contemplation qui remonte le temps: «Je regarde par la fenêtre la lumière qui décroît sur la gauche. Un ciel qui va en s'assombrissant.» Son élocution est floue et les mots ressemblent à ceux d'une page d'écriture trempée par la pluie. Puis c'est le silence, bientôt interrompu par la télévision, les nouvelles de six heures, et le cliquetis des tasses de thé. Sa mémoire me rappelle ces films tournés sous l'eau où l'on voit un navire naufragé: çà et là, dans les fonds de vase et les ténèbres glauques, on distingue un tesson de bouteille, un fragment de poterie, un doublon.

Lui, c'était le fils rebelle. «Elle ne se laissait pas embrasser, dit-il de Natasha. Elle, parfois, nous embrassait sur le front. Elle voulait bien que Lionel et George s'asseoient sur ses genoux. Mais moi, je suis bien certain de n'être jamais allé sur ses genoux.» C'est lui qui, le premier, partit du 10A, Oxford Road, lui qui donna de violents coups de poing sur le piano et refusa de se prêter une fois de plus aux diaboliques exercices de Peggy Meadowcroft. De là, il partit pour l'École des mines, puis descendit vraiment au fond des mines, celles d'étain en Cornouailles, celles d'or dans la Sierra Leone. La mine, voilà ce qu'il fallait à ce solitaire: aller au fond de la terre, plié en deux dans l'obscurité des puits; et qu'a-t-il donc fait après la guerre? Il est rentré au Canada et il a dirigé le département des mines au ministère de l'Énergie.

Maintenant, il a cessé de parler, alors sa femme prend la relève: «Il a toujours été l'original de la famille.» — «Pourquoi épousez-vous ce sale caractère?», telle est la première phrase que Paul ait dite à Marjorie, le jour où Alec présenta sa fiancée à son père. Commentaire de celle-ci, l'air douloureux: «Il était trop dur avec ses fils.» Alec se met à rire, d'un rire sec, proche du ricanement. Silence. Je me lève pour prendre congé. Au prix de grands efforts, il parvient à se soulever. Il m'avait toujours dépassé de plusieurs centimètres, ce géant filiforme d'un mètre quatre-vingt-dix, et maintenant je suis plus grand que lui. Je me penche pour l'embrasser sur le front.

Dans l'allée, quand je lui fais mes adieux, Marjorie dit, en me pressant la main: «Tu es venu trop tard.»

* * *

Nick... J'ai une photo de lui, l'aîné des frères Ignatieff, qui date des années 30: il est à cheval, quelque part dans l'Ouest, le port altier, l'allure dégagée, élégamment vêtu d'une veste en daim sur des jodhpurs. Sous le soleil qui fait briller son large front et ombre ses yeux enfoncés, il a la mine irritée d'un homme que mécontente cette intrusion de l'appareil photo. Il aurait voulu être écrivain, mais pour faire plaisir à son père, il est devenu ingénieur électricien. Quand il perdit son emploi dans les années de la Dépression, il se sentit déchargé d'un grand poids. Sac au dos, il s'enfonça dans les étendues boisées du nord de l'Ontario, passant par des centres miniers comme Timmins et Cochrane, avant de traverser les prairies à bord de trains de marchandises, en compagnie de trimardeurs qui couraient les voies ferrées à la recherche d'un travail. Il rédigeait aussi des articles, insistant dans certains sur la nécessité d'ouvrir la route du Nord aux colons immigrants, décrivant dans d'autres les vagabonds rencontrés en chemin; et tout ce temps qu'il passa ainsi à errer, il eut le sentiment qu'il vivait les jours les plus heureux de sa vie. Il dormait à la belle étoile, au bord des lacs septentrionaux, dans des wagons de marchandises, sur un sofa à l'entrée des cabanes des missionnaires qui ratissaient les gares de triage à la recherche de brebis égarées à ramener dans le droit chemin. Il tenait le coup en se nourrissant de raisins et de pain, de fruits et de café. Avec sa grande taille et son teint bronzé, son allure athlétique et son front légèrement dégarni, il dégageait une autorité naturelle qui le faisait paraître plus âgé qu'il n'était; et comme il avait le don de se faire des amis haut placés, il se retrouvait finalement en première classe. Ses frères éclatèrent de rire le jour où, à Toronto, ils reçurent du «vagabond» une dépêche leur demandant d'emballer son smoking et de le mettre à bord du premier train du Nord à destination de Cochrane. Nick avait effectivement rencontré le président de la compagnie à l'un des embranchements de la ligne du Nord, et celui-ci l'avait invité à voyager dans son wagon privé. Durant tout le trajet en train qui longeait le lac Supérieur, l'important personnage fuma son cigare en écoutant le jeune et volubile Russe exprimer ses idées sur la manière d'ouvrir le Nord aux colons immigrants. La nature de Nick le portait à se lancer dans des projets, à imaginer des utopies, à dresser des plans, à faire des discours, et il se comportait constamment comme un acteur de café-théâtre qui se croirait sur la scène de la Comédie-Française.

Toute sa vie, il régla ses comptes avec l'expérience soviétique et dressa le bilan de l'échec des valeurs et des attentes qui avaient été les raisons de vivre de son père. En 1936, il écrivit pour la revue de Toronto *Saturday Night* un article où il encensait la nouvelle constitution soviétique élaborée par Staline. Il s'efforçait de justifier le régime de terreur, les purges politiques et le collectivisme forcé en les présentant comme les douleurs de l'enfantement d'une nouvelle société. Dans le conflit avec Hitler qui bientôt éclaterait, affirmait-il, l'URSS serait à nouveau une alliée. C'est toujours la Russie qu'il voyait, éternelle et immuable sous la carapace du régime sovietique. À son tour, estimant que Nick faisait preuve de naïveté et se laissait emporter par ses sentiments, son père prit la plume pour lui répondre:

«La terre sera rendue aux paysans! Il y aura la paix! Les soldats rentreront dans leurs foyers!... Où sont maintenant toutes ces promesses?» demandait Paul; et il poursuivait: «La terre appartient à l'État; les kolkhozes, ces exploitations agricoles collectives, sont gérés par des profanes, des gens de la nouvelle bureaucratie; plus que jamais, le paysan est réduit à l'esclavage et il y a plus de soldats embrigadés maintenant qu'à toute autre époque: la nation tout entière est militarisée.» Cette réponse, que publia le *Saturday Night*, était signée: «Votre père qui vous aime et demeure votre ami.» Nick ne put s'empêcher de répliquer: «Il n'est rien de plus stérile que d'appartenir à une classe qui n'apprend rien et n'oublie rien.» Et il signa ce billet: «Nonobstant, votre fils respectueux, Nicolas.»

Quand la guerre éclate, Nick est mobilisé dans les services de renseignements anglais, à la section russe des bureaux de Londres. Un jour, il est appelé à se présenter au palais de Buckingham pour faire au roi George VI un exposé sur l'URSS, le nouvel allié. Mais à mesure que le conflit s'étend, il s'aperçoit que les dirigeants du Deuxième Bureau évitent de communiquer aux Soviétiques certains renseignements militaires. Cette attitude l'écœure au plus haut point et il aura de violentes prises de bec avec son frère George sur la nécessité de faire confiance aux Russes et d'aider ces frères d'armes. Pour sa part, George s'était toujours montré plus circonspect que son frère à l'égard des Soviétiques.

Après la guerre, Nick retourne au Canada retrouver une épouse qu'il connaît à peine et un fils qu'il n'a jamais vu. Solitaire par tempérament, sujet à des humeurs, difficile à vivre et peu susceptible de se faire oublier, il est nommé directeur du Hart House, foyer universitaire de l'Université de Toronto, où il aide d'anciens militaires comme lui à reprendre leurs études, tout en donnant des cours et en écrivant des articles sur la question soviétique; en même temps, il s'efforce de lutter contre le courant maccarthyste qui se traduit par l'hystérie anticommuniste. En mars 1952, il donne une conférence à l'École militaire supérieure de Kingston sur les intentions stratégiques de l'URSS où il soutient — à l'heure même où l'on vient d'apprendre que la Russie possède la bombe H — qu'une nation saignée à blanc par la guerre n'a aucun intérêt à se lancer dans une action militaire contre l'Ouest. À maintes reprises, il reviendra sur le thème de l'essentielle continuité politique entre l'absolutisme de la vieille Russie et la dictature de la nouvelle, affirmant que la vision slavophile de son grand-père tournée contre l'Occident se retrouve dans l'idéologie communiste de l'encerclement capitaliste. Il a déjà entrepris la rédaction d'un livre dont le titre illustre sa thèse: *The Eternal Crisis — Russia and the West* (La Crise éternelle — la Russie et l'Occident).

Le 27 mars 1952, il prononce son discours annuel devant un parterre d'étudiants assemblés dans l'amphithéâtre du Hart House. À ce stade, la Russie passée et présente accapare toutes ses pensées. Il commence son discours en évoquant cette après-midi d'automne 1918 où, perché sur une colline du Caucase, il observait les deux armées en présence, Rouges et Blancs en train de s'entre-tuer pour la possession de Kislovodsk:

«J'avais alors quatorze ans... Je me souviens d'avoir intensément pensé pour la première fois: ces hommes faits, quels pitoyables imbéciles ils doivent être pour se faire cela, un jour pareil en un pareil endroit... Quel sacrilège! Tout au long des mois, des années de tension, d'agitation et de souffrances que j'ai vécues par la suite, j'en suis resté troublé et j'ai refusé d'accepter les explications dont me gratifiaient mes anciens et mes supérieurs... Quand mon père, nos amis et toutes nos connaissances me répétaient que le seul moyen de combattre le communisme était de recourir à la force, quand ils affirmaient même qu'en pendant les communistes on rendait service à la société, je ne pouvais admettre leur point de vue et demeurais hanté par une vision: celle de cette jeune mère, dont il se trouve que c'était une communiste

324

active et l'épouse d'un de leurs chefs capturés, pendue à un gibet érigé sur une hauteur en plein milieu de la ville, et dont le corps s'est balancé pendant trois jours.»

Bien souvent, je me demande pourquoi le souvenir de ce gibet dressé sur la hauteur de Kislovodsk lui est revenu particulièrement ce soir-là et si cette image, enfouie dans sa mémoire, ne venait pas renforcer l'impression d'étouffement qu'il éprouvait devant le maccarthysme de son entourage, le chauvinisme de la politique estudiantine et les engourdissantes civilités de la vie torontoise. Le lendemain après-midi, alors qu'il changeait un pneu de sa voiture dans le parking au pied de la tour du Hart House, il s'effondra, victime d'une crise cardiaque et mourut sur-le-champ. Il avait quarante-huit ans; jusqu'à la fin de ses jours, il était resté ce personnage insaisissable et romantique, obsédé par un pays que la vie ne lui permit pas de revoir.

* * *

D'une cabine téléphonique du grand hall de la gare Centrale de Montréal, tout bruissant de voix qui se répercutent en écho, j'appelle Dima chez lui pour lui annoncer que mon train arrivera à Richmond dans une heure et demie.

«Parfait, mon garçon! Nous sommes tous présents et prêts à te recevoir.» Sa voix éclate dans le récepteur et je suis obligé de l'écarter de mon oreille. Ses frères l'ont surnommé «le Préfet».

Le train qui va de Montréal à Richmond traverse le Saint-Laurent au sud-est et prend la direction de Saint-Hyacinthe et d'Acton Vale, localités baignées de soleil où l'on peut voir, par cette après-midi d'août, des hommes se passer des verres de bière à l'extérieur de leurs maisons de briques et commencer à allumer le barbecue, pendant que, sur les pelouses piquetées d'arroseuses, des jeunes se livrent à des jeux de plein air en arborant des T-shirts molletonnés à l'emblème de l'Expo. À présent, ces bourgades sont plus françaises qu'elles ne l'étaient du temps de Natasha. Tous les panneaux où on lisait autrefois *Hardware* portent maintenant l'inscription «Dépanneur», et le chef de train annonce les arrêts en français. Dans le wagon, des familles croquent des chips — qu'on appelle ici des croustilles —après une journée d'emplettes à Montréal, tandis que, çà et là, des enfants dorment sur les genoux de leurs parents. Dans ce coin du Québec, la plupart des pères de famille travaillent à la fabrique de motoneiges Bombardier, quand ce n'est pas dans les mines d'amiante de Thetford ou dans les fermes d'élevage qui jalonnent les douces ondulations de la campagne. Les céréales mûrissent sur pied et les vaches trouvent le chemin de l'étable.

Lorsque je commence à sentir les émanations de soufre de l'usine de pâte à papier

Windsor Mills, et que je distingue les premiers reflets de la rivière Saint-François et le pont que franchira le train, je sais que je suis pratiquement arrivé. C'est ici qu'en 1936, Dima fit venir Paul et Natasha et qu'au bord de la rivière ils construisirent la petite maison en briques sur un terrain que F.M. Robinson, le premier patron de Dima au Canada, leur vendit pour un dollar.

De la vitre du train, je le vois arpenter le quai à grandes enjambées, cherchant mon visage et tapant sur les carreaux à coups de badine. Droits dressés sur le sommet de son crâne, ses cheveux ont la consistance de la paille de fer. Voûté comme un grand arbre, cet homme qui a quatre-vingt-deux ans porte un extraordinaire short en velours côtelé d'un vert éclatant. Je tapote sur la vitre et il se lance alors dans une pantomime de bienvenue, agitant sa badine et m'envoyant des baisers de la main. Quand je descends sur le quai, il m'embrasse cette fois à pleine bouche et me corne à l'oreille: «Dis donc, mon garçon, ça fait plaisir de te voir!»

Ici, tout le monde connaît Dima, depuis les chauffeurs de taxi qui attendent les dames âgées rentrant de leur «magasinage» — c'est l'expression québécoise — jusqu'à l'instituteur retraité dont la femme descend du train, en passant par le chef de gare avec le sac postal du courrier express destiné à Sherbrooke, prochain arrêt sur la ligne. Comme il habite une grande demeure à l'extrémité de la ville et qu'il dirige le salut au drapeau lors du défilé de la Légion canadienne le jour de la commémoration annuelle de l'Armistice, il fait figure de petit seigneur de la région. Il salue tout ce monde d'un geste de sa badine et fait signe à Florence de nous conduire à la maison.

Sa femme porte des lunettes accrochées à une chaîne et conduit penchée sur son volant qu'elle serre très fort, les yeux rivés sur la route. C'est elle qui maintient son homme sur la brèche, ramène son organe vocal à un niveau auditif supportable, ébranle ses certitudes par ses boutades et lui rappelle que c'est la énième fois qu'il raconte la même histoire.

La voiture quitte l'autoroute pour s'engager dans une allée qui décrit une courbe jusqu'à Beechmore. Tel est le nom de cette grande maison victorienne à trois étages, surmontée d'un toit à pignons fortement pentu. Elle compte un nombre incalculable de pièces, hautes de plafond, une vaste cuisine où un poêle à bois brûle nuit et jour et des salles couvertes d'épais tapis où des horloges égrènent leur tic-tac sur des manteaux de cheminée en marbre. La construction date des années 1860; dans le vestibule, un mezzo-tinto de sir Wilfrid Laurier accueille l'arrivant, et le mobilier en érable québécois a été réalisé cent ans plus tôt exprès pour la maison. Cette résidence a les mêmes dimensions et le même «millésime» que Beechums. La maisonnette où habitaient Paul et Natasha se dresse juste en face, de l'autre côté de la rivière. Il y a longtemps qu'on l'a vendue; c'est Beechmore qui est maintenant le lieu de rencontre de la famille.

Après avoir ingurgité sa vodka et de l'eau chaude et s'être confortablement installé dans un imposant fauteuil conçu pour loger sa gigantesque stature, Dima me prend mon carnet de notes des mains et se met à dessiner le plan de la maison de Kroupodernitsa, sans omettre la moindre pièce, le moindre corridor, marquant même d'un X un interstice dans les lambris de la salle à manger où Alec et lui cachaient les topinambours qu'ils avaient en horreur, mais que leur grand-mère les obligeait à manger. Il n'éprouve aucune difficulté à évoquer cette maison qu'il n'a pas vue depuis Pâques 1915 et se souvient de tout comme si c'était hier: le cocher Mitro et les promenades matinales en voiture par les chemins du domaine; les bonnes qui transportaient des chaudrons fumants de confiture et les mettaient à refroidir sur les marches de la véranda; la façon dont sa grand-mère craquait des noix entre ses dents et en distribuait des fragments à ses petits-enfants. En me faisant ainsi le légataire de ses souvenirs, Dima a le sentiment que, par un processus tout à fait naturel, je communie dans le temps avec cette femme qui a dîné avec Disraeli et portait les diamants du Sultan.

Pourquoi n'est-il jamais retourné à Saint-Pétersbourg? Je lui pose la question et il me

329

répond qu'il ne veut rien avoir à faire avec les bolcheviks, «ces bâtards», ajoute-t-il avec une certaine délectation. Il est resté fidèle aux convictions de sa mère.

Dans la salle à manger, Florence sert le dîner dans de lourds plats en argent. Quand on évoque le séjour de Paul et Natasha à Upper Melbourne, elle éclate de rire au souvenir de ses beaux-parents descendant faire leurs achats à Richmond dans la Buick qu'ils appelaient «Sweet Mary». Natasha s'installait au milieu de la banquette arrière, toujours bien droite avec son chapeau, ses gants et son tour de cou, tandis que Paul conduisait à une allure de tortue, feutre incliné sur le côté, avec un hochement de tête quasi imperceptible à l'adresse des vieilles dames qu'il croisait sur son chemin et saluait en français en leur lançant par la vitre un «Bonjour Madame!»

À Richmond, Natasha avait coutume de discuter — toujours en français — les prix de son boucher, l'affable M. Duluth: «Voleur! Cochon! C'est trop cher! Jamais je ne paierai ce prix!» Jusqu'à ce jour, aucun des clients de M. Duluth n'avait osé marchander avec lui et il avait l'air d'aimer ça. Dans un obscur recoin de son esprit, Natasha devait se croire encore à l'*Okhotnyi riad* — la halle aux marchands de gibier — du vieux quartier Arbat de Moscou. M. Duluth finit par prendre goût à ce petit jeu et, lorsqu'un jour Florence entra chez lui avec Paul et paya le prix sans rechigner, le boucher parut surpris et dit à Paul en clignant de l'œil: «La jeune dame n'est pas comme la vieille, n'est-ce pas?»

Natasha adorait fureter parmi les rayons du drugstore Rexall, surtout dans les paniers d'articles soldés *one-cent* (un sou); elle accumula ainsi des stocks de savon, de papier de toilette et de laxatifs divers, comme si elle se préparait à soutenir un siège. L'argent qui rentrait à la maison n'y suffisait jamais: c'était tantôt le viatique que versaient tous les mois Dima et Florence, tantôt le montant d'une police d'assurance américaine venue à expiration, ou un petit extra qu'elle avait l'habitude d'investir dans des actions minières. Ses fils la taquinaient sur ses spéculations boursières, mais elle le faisait très sérieusement et se débrouilla pour récupérer jusqu'au dernier centime les sommes perdues dans le krach de 1929.

Elle était devenue célèbre pour ses conversations téléphoniques sur la ligne qu'elle partageait avec les amies qu'elle s'était faites dans le voisinage, comme Mme Moray, la femme du médecin suisse, ou Mrs Trigg, l'épouse du directeur de la banque. Chaque fois que ses voisines «coabonnées» percevaient le déclic signalant qu'elle était en ligne, elles soulevaient le récepteur et l'entendaient déclarer que sa femme de ménage était «grosse comme cinq vaches» ou parler d'elle-même en se qualifiant de «vieux corbeau».

Je cherche à savoir si mes grands-parents

étaient heureux au Canada. C'est Florence qui répond: «Lui, oui, je crois qu'il était heureux.» Au printemps et en été, Paul jardinait tous les matins. Il faisait pousser des choux-raves et des betteraves et travaillait la terre armé de sa fourche. Avec ses bottes de caoutchouc et son cardigan un peu fripé, il avait l'allure d'un gentilhomme russe d'une autre époque, l'air distingué avec sa moustache et son feutre cabossé réservé au jardinage. L'hiver, il s'enfermait avec Mr Twigg, le directeur de banque à la retraite, et s'appliquait à traduire ses *Mémoires* plats et expurgés qu'il avait rédigés dans les années 1920.

Et Natasha, dans tout cela? Florence sait bien comment se passe l'hiver dans ce pays, quand la neige atteint le rebord de la fenêtre, que chaque livre a été lu et relu et que, si l'on veut échanger quelques mots, on ne peut compter que sur Dima ou sur la femme de ménage qui a sans doute un cœur d'or mais pas nécessairement l'esprit rapide; et elle conclut: «Vous passez votre temps à essayer de chasser les idées noires; je veux dire par là, pourquoi ne pas laisser simplement tout tomber?»

Là-dessus, Dima enchaîne: «Juste avant d'embarquer en 1940, je suis venu passer un week-end avec eux pour leur faire mes adieux. Ma mère m'a pris à part et m'a dit: «Il faut que nous partions d'ici.» Elle trouvait les hivers trop durs, se sentait trop seule; elle dépérissait de ce que rien ne la stimulait. Ses enfants étaient tous loin d'elle et elle avait envie d'aller à Vancouver où le climat était plus doux et où elle aurait été près de Lionel qui était institu- teur là-bas. «J'étais furieux, m'explique Dima. Je les avais fait venir ici, je les avais aidés à construire la maison... Je lui ai dit: Non. Vous devez rester où vous êtes.» Il veut s'épancher davantage, mais il se tait; et au bout d'un moment: «Tu sais, je ne l'ai plus jamais revue...»

Ils me souhaitent bonne nuit et vont se coucher, me laissant fouiller dans les papiers de famille remisés dans le grenier sous les combles. Impossible de faire un tri dans ce désordre: c'est un fatras hétéroclite où s'entre- mêlent les passeports Nansen de Natasha et de Paul, avec d'horribles photos où ils posent guindés, les notes d'hôtel de Paul à Paris, square des Batignolles, les lettres en russe de la banque d'Azov au sujet de son patrimoine industriel parti en fumée, et même le catalogue de la vente aux enchères de la maison de Beau- champs avec, devant chaque article, le prix ins- crit par un commissaire-priseur d'une écriture nette et sans pitié. Installé tout là-haut, dans le silence de cette maison endormie, je me de- mande, en regardant mes mains noircies par la poussière des documents, ce qui m'a pris de vouloir fouiller dans ces vestiges de leur préca- rité — pourquoi faut-il que mes doigts remuent les cendres de leur dépossession?

Quand j'entre dans la cuisine, le lendemain matin, pour prendre mon petit déjeuner,

Florence est déja là, en train de préparer des toasts. Elle évoque l'époque de la guerre, quand elle allait leur tenir compagnie à Upper Melbourne: «Lorsque Natasha parlait de Hitler ou de Staline, elle ne les appelait jamais simplement par leur nom, oh non! C'était toujours "cet animal de Staline" et "ce chien enragé de Hitler".» Quand elle descendait le matin se servir son thé, si on lui demandait quelles étaient les dernières nouvelles, elle répondait avec vivacité: «Aujourd'hui, Dieu merci, ils ont descendu 189 de ces infects avions de ce chien enragé de Hitler.»

Pendant toute la durée de la guerre, Paul et Natasha suivirent de près, déchirés, la tournure des combats sur le front russe. Un des neveux de Natasha, Nicolas Mestchersky, faisait partie du cercle des émigrés blancs de Paris qui crurent qu'après la chute de la France leur seule chance de revenir au pouvoir dans leur patrie était de se joindre à l'armée allemande sur le front de l'Est. Il fut engagé dans la Wehrmacht à titre de traducteur. Pénétrant en territoire russe, il pensait être accueilli en libérateur, mais au lieu de cela, il dut procéder à l'interrogatoire de prisonniers, des soldats et des paysans sales et transis, dont la haine qu'ils éprouvaient contre lui et contre l'armée qu'il servait transparaissait en dépit de leur terreur. Jusqu'au début de 1942, on reçut des lettres de lui, postées dans la région de Smolensk, puis, brusquement, on cessa d'en recevoir.

Sa tante Sonia Wassiltchikoff qui, à l'époque, se mourait du cancer, sut ce qui lui était arrivé. Dans son lit d'hôpital, elle fit un rêve où elle voyait son neveu couché, face contre terre, dans une neige rougie de son sang. Au printemps suivant, un camarade de Nikita, officier en permission, se présenta à l'appartement de la famille et raconta à ses parents qu'il était tombé sous les balles d'un franctireur dans une propriété en ruines des environs de Smolensk. L'officier précisa avec regret qu'il n'avait pas été possible de donner à son corps une sépulture décente, la terre étant gelée à pierre fendre. On l'avait déposé dans une grange abandonnée et on l'avait recouvert de paille. Où était-ce exactement? La famille posa la question, mais elle devinait déjà la réponse. L'officier fit un effort pour se souvenir. La propriété se trouvait non loin du lieudit de Sichevka et, au fond du jardin, coulait une rivière appelée la Vasousa. C'était bien Doughino, et c'était là, parmi les colonnes fracassées du foyer ancestral des Mestchersky, que Nikita Mestchersky avait fait retour à la terre natale.

Quant au cousin Alexis Ignatieff, celui qui avait accueilli Paul à Paris, il était retourné à Moscou et donnait des cours à l'École militaire supérieure des Soviets, tout en conseillant les tailleurs des régiments qui réintroduisaient dans l'armée soviétique les épaulettes et les franges ornant autrefois les uniformes tsaristes.

Dans l'appartement qu'il occupait maintenant à Moscou, son ordonnance avait pris l'habitude de répondre au téléphone: «Le général comte citoyen Ignatieff à votre service!» Lassé de l'animosité que lui manifestait la communauté russe de Paris qui ne lui pardonnait pas d'avoir pris le parti de Lénine en 1917, ce personnage, le renégat de la famille, avait décidé de rejoindre l'URSS de Staline dans les années 30. Au Kremlin, on le nomma général et on lui confia la charge de veiller à ce que les corps d'armée soient parfaitement astiqués et fassent leurs exercices à l'ancienne. Le pouvoir le laissa même rédiger ses *Mémoires*, qu'il intitula *Mes cinquante années de service* et dans lesquels il fit ironiquement le procès de son pauvre cousin Paul, qui fut un temps ministre, un temps millionnaire, et qui maintenant «vieillit dans la misère et subsiste chichement en consommant les produits de son jardin, réduit à le cultiver lui-même dans ce Canada du bout du monde».

Pendant qu'Allemands et Russes s'entre-tuaient aux portes de Kiev, Paul dut s'interroger fréquemment sur le sort de sa sœur Mika. Les dernières nouvelles qu'il avait d'elle remontaient à l'été 1918, quand elle s'était retrouvée seule face à la progression des armées allemandes; et voilà qu'elle revivait la même situation, la soixantaine passée, si tant est qu'elle fût encore vivante. Soudain, au milieu de la guerre et aussi impensable que ce fût, lui parvint une photo où, dans un paysage de neige, on la voyait transporter un fagot en compagnie d'une paysanne: en marchant, elle se retourne et sourit à l'appareil. Combien de fois Paul dut-il contempler cette image de sa sœur perdue derrière la muraille de feu, les cheveux gris comme les siens, le visage ravagé comme le sien, cette chair semblable à la sienne irrévocablement hors d'atteinte... Mais elle avait tout de même réussi à lui transmettre, comme une lointaine étoile, le message qu'elle savait être le plus signifiant pour lui, griffonné au crayon au dos de la carte postale: «Ils n'ont pas oublié le chef de la chorale du village.»

À l'époque qu'évoque Florence, celle-ci avait déjà ses enfants — un autre Paul et une autre Mika — que leur mère emmenait avec elle quand elle allait voir leurs grands-parents. Le grand-père les entraînait dans des courses en luge pendant que la grand-mère leur préparait un yogourt à la russe arrosé de sirop d'érable; et s'il leur arrivait de pleurer pendant la nuit, ils entendaient leur grand-père demander, de son timbre épais de vieux Russe: «Est-ce un petit oiseau que j'entends babiller?»

Mais pour revenir à cette matinée à Richmond, cette fois c'est Dima qui m'entraîne par l'escalier menant à une remise située au-dessus du garage. Murs et plancher sont faits de madriers grossièrement équarris, venant des luxuriantes forêts qui poussaient en ce lieu, un siècle plus tôt, sans qu'on en fasse cas. Nous nous frayons un chemin à travers des cartons de vêtements d'enfants, des valises d'un autre temps, des boîtes d'outils, des établis de menuisier et des réserves de bois de charpente. Tout au fond de la remise, sous la lumière tombant d'une lucarne tendue de toiles d'araignées, dort, enserrée dans des courroies de cuir, une malle capitonnée et cabossée, dont la forme évoque les miches de pain Hovis. Sur la partie supérieure, je lis des initiales: NM pour Natasha Mestchersky, encore jeune fille, puis NI, la même, à l'âge adulte; et quand je chasse la poussière accumulée, toutes les étapes de l'exil surgissent brusquement, attestées par les étiquettes: un autocollant de la Canadian Pacific à bord du «ss. *Montrose*: Comtesse Natasha Ignatieff, Montréal — À remiser durant le voyage»; puis un autre, avec une inscription au crayon: «10A, Oxford Road, Putney», et une mention à la craie bleue, délavée mais encore lisible — comme des mots s'échappant des brumes d'un rêve: «Kislovodsk, via Mineralni Vodi». Nous ouvrons le couvercle. La doublure intérieure est en toile blanche, tendue sur des tiges et, au fond, il y a encore la griffe du fabricant, E. Deraisme, 729, rue Saint-Honoré, Paris, 1902. Elle est complètement vide.

Je suis comme l'explorateur qui, remontant le cours d'une rivière, découvre enfin, au bout d'une laborieuse grimpée, la bouillonnante fissure d'où jaillissent les eaux. Ici se trouve la source de notre aventure au Canada: tout ce qui, de cette autre existence, n'a cessé de me hanter depuis mon enfance a été transporté dans cette malle, les icônes, les volumes d'histoire de Karamzine en cuir gaufré, l'aiguière et le bassin d'argent que mon arrière-grand-mère utilisait pour se laver les mains le matin à Doughino, les albums de photos, les étoiles du sultan... Tout cela a coulé de la malle comme la sève d'un arbre familial dont les branches s'étendent jusqu'en Australie, en Angleterre et au Nouveau-Mexique, avec des ramifications encore inconnues dans le sol russe. Dima se souvient de ce jour de juin 1919 où la malle fut chargée à bord du *Flandre* sur le quai de Constantinople, il voit encore trembler les jambes du portefaix turc, dégoulinant de sueur alors qu'il monte la passerelle en vacillant sous le poids de tout ce passé qui tâtonne à l'heure de son entrée dans le présent. Mais le but a été atteint: cette odyssée de quatre-vingts ans a dessiné une boucle qui se referme chez moi, depuis Nice jusqu'aux madriers de cette remise de Richmond, au Québec, en passant par Kroupodernitsa, Saint-Pétersbourg, Kislovodsk, Novorossisk, Constantinople, Londres et Montréal.

Après le déjeuner, Dima et moi escaladons la colline qui mène au cimetière. Autour de nous, dans les champs, la lumière caresse la pointe des épis ondulants. Dans les ornières du chemin, il se penche sur une tige d'orge dont il saisit la tête et libère les grains d'un mouvement des doigts. Sa formation a fait de lui un chimiste des sols, un agriculteur converti aux méthodes scientifiques, tout comme l'avait été son père. Trente ans durant, Dima a œuvré en qualité de pédologue auprès de la FAO, pour l'alimentation et l'agriculture; il s'est efforcé d'améliorer le rendement des rizières et des parcelles cultivées par les paysans d'Asie et d'Afrique; il a émis des directives très explicites sur l'utilisation des nitrates et des phosphates, et sur les dangers que les fosses d'aisances faisaient courir à la chaîne alimentaire; et cela, il l'a fait tout en chantant «Alouette, gentille alouette» dans les soirées entre copains, parmi lesquels se trouvaient des Français qui l'avaient surnommé «Oncle Merde»...

Pendant qu'il observe ces grains d'orge, je lui demande: «N'aurais-tu pas préféré être à la tête d'une exploitation agricole?» Il me fait non de la tête, puis s'explique: «Il aurait fallu que je connaisse la mécanique, que je sache diriger une main-d'œuvre sous-payée. Il y a cent ans, peut-être que j'aurais aimé le faire...» J'éclate de rire: «Avec les serfs, sans doute?»

Il arque les sourcils et pointe un doigt vers moi: «Ce n'étaient pas des esclaves, mon garçon!

—Juste des gens sur qui on pouvait compter.

— Exactement.»

Il reprend sa marche d'un pas vigoureux, silhouette voûtée, projetant en avant ses immenses pieds et mains au bout desquelles s'agite la badine tapoteuse: «Au diable ces exécrables conneries modernistes!

— C'est de l'égalité que tu veux parler?

— Parfaitement. Au diable cette satanée égalité.»

Il marche devant moi et me lance par-dessus son épaule: «J'ai toujours su que j'étais un comte. J'ai toujours su que j'aurais à assumer ma condition.» De fait, il a toujours «assumé», ce jeune vieillard qui garde intacte la belle et franche humeur de ses douze ans.

Le cimetière presbytérien de St Andrew s'étend sur les vallonnements d'un terrain dominant de très haut le cours de la rivière Saint-François. Dima est membre du comité de gestion du cimetière; il veille à ce que le gazon soit bien tondu et les cyprès qui se profilent sur la ligne d'horizon bien taillés et régulièrement fumés. On a construit une autoroute à moins de cent mètres de la clôture du fond et il se fait du mauvais sang quand il entend le vrombissement d'une auto qui passe de temps à autre. Pour moi, l'endroit me paraît tranquille et inchangé. Tous mes souvenirs refluent pour se fondre dans une impression d'ensemble où se rejoignent la lumière tombant sur les noms gravés dans le marbre de ces solides presbytériens, les cyprès du bout de l'allée, le souffle de chaleur montant des champs et le miroitement de l'eau qui serpente en contrebas.

Dans ce cimetière, ce sont les seuls noms russes gravés sur une dalle: «En mémoire de

341

nos chers disparus, comte Paul Ignatieff, 1870-1945; comtesse Natasha Ignatieff, 1877-1944.» Ils partagent la même pierre, dorment dans la même terre. Une grande pelouse entoure leur tombe. Dima étend le bras et m'indique l'espace prévu pour nos sépultures: il y a de la place pour tout le monde, même pour moi. Un bref instant, il me paraît tout frêle, tout vieilli; il fait un signe de croix et je l'entends me dire: «Et c'est là, mon cher garçon, que je les rejoins.»

* * *

En août 1944, mon père rentra de Londres. Il avait été absent neuf ans. En 1936, il était parti étudier à Oxford comme boursier de la fondation Rhodes. De là, il s'était rendu en Bulgarie faire des recherches pour sa thèse qui portait sur son grand-père et la politique tsariste dans les Balkans. Il remplit des chemises de ses notes, contempla la statue de son grand-père sur la place publique de Varna et passa de longues heures en compagnie de l'oncle Kolya qui finissait ses jours dans sa librairie de Sofia. L'été 1938, il visita successivement Nuremberg, Munich et Vienne, aux premières loges pour assister à la montée du fascisme. En 1940 et 1941, il fut chargé de la prévention des incendies sur le toit de la Maison du Canada à Trafalgar Square et organisa l'évacuation des enfants de Londres que l'on embarquait sur des navires de transport. En 1942, il fit une tournée des hôpitaux pour prendre contact avec les soldats canadiens rescapés du massacre de Dieppe. C'est alors qu'il rencontra ma mère et tomba amoureux d'elle. À son départ pour l'Angleterre, ce n'était qu'un grand garçon; à son retour en 1944, c'était devenu un homme.

Lorsqu'il débarqua à Montréal, son père lui demanda de venir le plus vite possible à Upper Melbourne. Il lui parut que le vieillard avait la voix rauque. Quand il pénétra dans la chambre de Natasha et qu'il la vit dans ce refuge aux lambris de cèdre donnant sur une rangée de pins et sur des champs qu'illuminait la lumière d'août, elle lui dit aussitôt, de sa voix profonde: «Je suis là, dans mon lit, en train de mourir.»

Helen, la femme de Nick, était présente; ensemble ils aidèrent Natasha à s'asseoir dans son lit et lui donnèrent un bain. Elle avait tellement maigri que les os de sa poitrine saillaient affreusement et que sous ses pommettes se dessinaient d'énormes cavités. La fièvre allumait ses yeux et on n'avait aucune peine à la soulever, car elle était légère comme un enfant. Toutes ces années passées à nourrir les autres, elle ne s'était apparemment jamais alimentée elle-même. Habituée à aller et venir de la table à la cuisine, à servir ses hommes, à grignoter un biscuit, mordre dans un pruneau et avaler une gorgée de porto, elle n'avait jamais pris un vrai repas en leur compagnie. Sa grande terreur était de finir comme sa mère, rongée par le cancer, et elle était persuadée qu'on l'attrape en mangeant; elle s'était donc nourrie le moins possible et voilà qu'elle se consumait, entre autres, de malnutrition, qu'elle se mourait, en somme, de sa peur du cancer.

Toute cette nuit, George la passa près de sa mère. Ainsi suspendue entre deux états, mi-consciente, mi-inconsciente, elle lui pressait la main et lui révélait, avec cette espèce de spontanéité candide à la fois drôle et douloureuse qui lui était propre, les secrets les plus intimes de sa vie conjugale: ce n'était pas *sa* faute. Je n'ai pas su *le* rendre heureux. Ne condamnez jamais votre père. C'est moi qui suis coupable...

Mamenka, mamenka.

Elle confessa qu'elle avait péché en souhaitant mourir, en priant pour partir avant son mari. Sa prière fut exaucée.

La familla l'enterra dans le cimetière en haut de cette colline qui surplombe la rivière, par une belle après-midi d'août. Ses grands aînés étaient absents. Nick et Dima étaient encore pris par leurs obligations militaires, et Lino retenu en Colombie-Britannique. Mais il y avait George, Helen et Florence, escortés de tous ces gens de Richmond et d'Upper Melbourne avec lesquels le couple s'était lié; même le boucher, M. Duluth, se présenta et assista aux funérailles debout, de l'autre côté de la porte d'entrée, chapeau à la main.

Pour que Paul ne reste pas seul dans sa maison, sa bru Helen vint vivre avec lui et lui

tint compagnie tout l'automne et l'hiver 1944-
1945. Elle le surnomma familièrement Jedda.
Quant à lui, il l'appela sa *black beauty* (beauté
noire) et il connut sans doute un regain de vitalité en présence de cette grande belle-fille (avec
ou sans trait d'union) aux cheveux de jais, qui
descendait en ville à skis quand la maison était
ensevelie sous la neige et partageait avec lui la
joyeuse exubérance de son dernier-né, le petit
Nicolas. Paul lui raconta un jour comment, une
fois, il avait accompagné son père dans une randonnée à travers les villages cosaques du
Caucase pour acheter des chevaux sauvages aux
gens de la tribu. Mais ce fut tout, il n'y eut pas
d'autre histoire. Paul n'était pas homme à se
répandre en souvenirs; et quand le printemps
reparut, il enfila son cardigan, plaqua sur son
crâne son vieux feutre et se remit à planter ses
choux-raves. Sarclant avec persévérance le jardin de Natasha, il vit éclore à profusion, sous
le ciel d'août, les phlox et les delphiniums
qu'elle aimait.

Un soir d'août 1945, la veille du jour où
le Japon déposa les armes, mon père et Paul
écoutaient les nouvelles à la radio. Les Améri-
cains avaient lâché leurs bombes sur Hiroshima
et Nagasaki. Une nouvelle ère s'ouvrait, et au
seuil de cette ère se trouvait un homme né en
1870 dans la résidence de l'ambassadeur russe
au-dessus du Bosphore, un homme que
Charcot avait soigné et qui avait servi le dernier
tsar de toutes les Russies. Mon père jeta un

coup d'œil par la fenêtre sur les derniers reflets du jour parmi les pins et entendit Paul déclarer que jamais les Japonais n'accepteraient de se rendre tant qu'on ne leur garantirait pas qu'ils garderaient leur empereur. C'est en échangeant de telles réflexions que le père et le fils se sentaient le plus proches, eux qui n'abordaient jamais entre eux les problèmes personnels mais communiquaient toujours par le biais des nouvelles. George se retourna pour lui dire qu'il partageait sa manière de voir. Son père avait cessé de vivre.

* * *

Natasha et Paul sont morts deux ans avant ma naissance.

Quelqu'un a dit un jour que le culte du passé est une des formes les plus désastreuses de l'amour sans espoir de retour. Comme tout amour, le mien se repaît de chimères et se développe en les entretenant. Quand je me penche sur les dernières photos de l'album familial, que je les vois, debout devant leur petite maison par cette neigeuse après-midi d'hiver, je voudrais être à leur côté, remonter avec eux l'allée jusqu'à l'entrée, les aider à ôter leurs manteaux, leur faire du thé et rester près d'eux au coin du feu. Je voudrais entendre leurs voix et sentir la chaude pression de leurs mains sur les miennes.

Dans tout amour, il y a une touche d'ambivalence et des côtés étouffants. Quand j'étais plus jeune, je voulais me libérer du regard immuable de leurs portraits. Mais je voulais aussi qu'ils posent des jalons sur ma route, qu'ils m'aident dans mes choix et m'orientent dans la vie. Maintenant que j'ai des enfants et une famille, j'ai appris qu'on peut hériter certaines fidélités, des emportements, des traits de caractère et jusqu'à la forme des pommettes, mais que nul ne nous transmet ce qui est notre moi profond. Notre personnalité, c'est nous qui la créons de nos propres mains, en tel lieu et à telle heure, seuls ou avec le concours d'autrui. Il n'est rien, dans le sang, qui nous libère de nous-mêmes ou qui nous impose des choix. Nous ne pouvons hériter notre finalité. Je sais maintenant ce que Paul et Natasha ne peuvent me transmettre, et c'est ainsi que nous nous sommes réconciliés.

Je ne crois pas aux racines. Lorsque Natasha était encore toute petite, elle s'imaginait être un vert bourgeon sur un grand arbre qui descendait profondément dans la terre brune. Mais je suis le petit-fils de son déracinement, le descendant de sa dépossession. Je suis un écrivain canadien exilé qui a épousé une Anglaise et s'est construit un foyer donnant sur quelques platanes, dans un parc du nord de Londres. Telle est mon histoire et je la façonne à mesure que j'avance. Quant à leur histoire, trop de temps la sépare de la mienne, trop d'interventions du hasard pour que je puisse me croire enraciné dans quelque lointain passé russe. C'est d'ailleurs très bien ainsi: je veux pouvoir me désenchaîner si des chaînes me retiennent, repartir à nouveau quand je sens qu'il le faut. Je veux vivre en tablant sur mon intelligence, non sur mon ascendance, et je mets dans ma vie la distance de l'ironie, me méfiant de ce qui passe pour connaissance de soi, me défiant de toute appartenance que je n'ai pas moi-même choisie.

Je n'ai pas entrepris ce voyage pour aller à la découverte de moi-même, mais simplement pour tenir une promesse faite à deux personnes que je n'ai jamais connues. Ces «étrangers» me sont chers, non parce que leurs vies renferment le secret de la mienne, mais parce qu'ils ont préservé leur mémoire par égard pour moi. Ils ont allumé un fanal pour une génération qu'ils ne verraient pas de leur vivant. Ils ont eu foi en moi et c'est pourquoi je dois leur garder ma foi et la maintenir pour ceux qui viendront après moi. Rien ne me permet de savoir ce que mes enfants feront de ces ancêtres, de ces survenants de l'âge des routes poudreuses et des longues après-midi passées à l'ombre de la véranda, au cœur de la campagne russe. Mais je tiens à laisser la voie balisée et éclairée afin qu'à leur tour ils puissent aller de l'avant dans les ténèbres, comme je le fais, sûrs du chemin parcouru.

Table

Composition typographique:
Atelier de composition LHR

Achevé d'imprimer
en octobre 1990
MARQUIS
Montmagny, QC